클래식 중독

▪ 이 도서의 국립중앙도서관 출판시도서목록(CIP)은
e-CIP 홈페이지(http://www.nl.go.kr/ecip)에서 이용하실 수 있습니다.
(CIP제어번호: CIP2009002854)

클래식 중독

새것보다 짜릿한 한국 고전영화 이야기

조선희

마음산책

클래식 중독

1판 1쇄 발행 2009년 9월 20일
1판 3쇄 발행 2013년 10월 10일

지은이 | 조선희
펴낸이 | 정은숙
펴낸곳 | 마음산책

등록 | 2000년 7월 28일(제13-653호)
주소 | 서울시 마포구 서교동 395-114 (우 121-840)
전화 | 대표 362-1452 편집 362-1451   팩스 | 362-1455
홈페이지 | http://www.maumsan.com
전자우편 | maum@maumsan.com

ISBN 978-89-6090-062-2 03680

* 책값은 뒤표지에 있습니다.

마침내 클래식의 세상 한가운데 도착했다.
고전영화를 보는 2시간이
최신영화 2시간의 행복과 같은 밀도의 정겨움이 되었다.

전설의 영화가 말을 걸어올 때

한국영상자료원에 와서 3년 동안 정말이지 한국영화 실컷 보았다. 영화기자 할 때도 영화를 많이 보았지만 예전엔 주로 요새 영화들을 보았는데 여기서는 주로 옛날 영화를 보았다는 것이 다른 점이다. 영상자료원은 건물 전체가 통째로 클래식 영화를 중심으로 돌아가는 세상이다. 극장에서, 박물관에서, 자료실에서, 기술센터에서 그리고 온라인상에서도 어딜 가나 옛날 영화가, 또는 낡은 필름들이 돌아가고 있다. 영화사연구소에서 나오는 책도, DVD도 다 우리 고전영화들에 관한 것들이다. 이런 곳에서는 숨 쉬고 밥 먹고 일하는 것도 어찌 보면 다 한국영화사의 은혜이자 축복이다.

바깥세상은 온통 새것들, 새 영화들에 대한 열광으로 들썩이는데 이곳에선 늘 과거의 기억을 뒤적이는 손길과 역사에 대한 비평의 시선들이 조용히 교차한다. 한국사회 새것 중독을 가장 중증으로 앓고 있는 저널리즘 출신인 내게 이곳은 처음엔 대단히 낯선 별천지였다. 하지만 여기서 나도 많은 옛날 영화들을 보게 되었다. 업무를 위해 보는 경우도 있지만, 흐릿한 기억을 더듬으며 추억의 영화들을 찾아보기도 했고, 제목으로만 알던 문제작들을 학습 자세로 챙겨 보기도 했다. 그러는 동안, 영화 아카이브라는 특별한 공간에 대해, 그리고 한국영화사라는 특별한 시간에 대해 차츰 길이 들었다.

2000년대에 거꾸로 돌아가서 보는 옛날 영화는 한국영화의 진화 속도를 실감케 한다. 한국영화사에서 20년 또는 30년은 얼마나 긴 시간인지. 이미 국제 표준이 돼버린 우리의 영화 코드 앞에 한국 고전들은 참 낯선 텍스트다. 때론 신파조가, 화면의 때깔이, 배우의 발성법이 우리의 관람 습관에 저항해온다. 하지만 '할리우드가 〈바람과 함께 사라지다〉를 만든 것이 1939년인데 그 무렵 우리 영화의 수준은?' 이라는 상식 퀴즈 차원의 질문을 넘어선 다음, 영화 속에서 식민지 조선 땅이 보이고 조선 남자들의 우울에 젖은 눈이 보이고 당대 영화인들의 거친 숨소리가 느껴질 때, 영화 관람의 성질 자체가 바뀌는 것이다.

영화를 보는 것과 영화에 대해 쓰는 것은 전혀 별개의 일인데, 이 책에 실린 글들을 쓰기 시작한 것은 아주 특별한 계기 때문이었다. 〈한겨레〉 선배인 김선주 전 논설주간이 2007년 6월 회갑을 맞았을 때, 신문사에서 함께 일하다 지금은 뉴욕에 간 김미경과 나는 그의 회갑 선물로 인터넷 사이트를 하나 만들어주기로 했다. 사이트 이름은 '김선주학교/선주스쿨' www.sunjooschool.com 로 하고 이름에 걸맞게 교장실, 교실, 운동장, 도서실 등을 만들었다. 교실은 여러 필자들이 연재하는 고정란으로 꾸미기로 했지만 원고료를 줄 수 없는 형편에 외부 필자는 모시기 힘든지라 김미경과 나, 둘이 무조건 연재 하나씩 책임지기로 했다. 나는 어떤 소설의 제목을 대략 빌려 '옛날 영화를 보았다'라는 꼭지명부터 올려놓고서 에세이와 비평 중간쯤 되는 이 글을 쓰기 시작하였다. 그럼에도 글들이 에세이나 비평보다 기사에 자꾸 가까워지려는 경향을 보이는 것은, 기본 정보에 충실하도록 훈련된 기자생활 20년의 지울 수 없는 흔적 아닌가 싶다. 이 책의 글들은 대체로 선주스쿨 사이트에 올렸던 것이지만 장선우 편이나 〈난장이가 쏘아올린 작은 공〉 등 그간의 정황상 미발표로 두었던 꼭지들도 있다.

이 글들은, 본래 기자였던, 늘 새것의 센세이션만을 탐했던 내가 깊고도 멀리 그리고 천천히 흐르는 한국영화사의 강을 트레킹하면서 발견한 어떤 장소들에 관한 답사기라고 할 수 있다. 한국영화 클래식의 세계에는 얼마나 흥미로운 사람들과 작품들과 이야기들이 묻혀 있는지. 이만희나 김기영, 유현목, 하길종을 만날 때, 또는 임권택이나 이장호, 장선우를 다시 볼 때 얼마나 짜릿했던가.

한국영상자료원에서 3년은 내게 여러 모로 진기한 경험이었다. 이 책은 그 마침표인 셈이다. 여기 일을 하면서 만나게 된, 영상자료원 안과 밖의 모든 사람들에게 감사한다.

2009년 9월

조선희

■ 일러두기

1. 영화와 노래 제목, 언론 매체, 행사, 문서 제목은 〈 〉로 묶었고, 책과 장편 제목은 『 』로, 편명은 「 」로 묶었다.
2. 영화 제목과 제작 연도는 한국영상자료원 한국영화데이터베이스(KMDb, www.kmdb.or.kr)를 기준으로 표기했다.
3. 기사나 기고문 등을 직접 인용한 경우 원문 표기 그대로 살리되, 띄어쓰기는 현재 기준에 따랐다.
4. 주(註)는 글줄 상단에 맞추어 표기하였다.

잊혀진 천재가 된다는 것

종교가 그의 영화를 망쳐버렸던 걸까

1980년대 한국영화의 전위, 이장호 감독

〈바람 불어 좋은 날〉, 한국영화 뉴웨이브의 씨앗

영화감독과 소설가를 포함해서 스토리텔링을 하는 모든 작가들은 인생에서 한 가지 아주 결정적인 특혜를 누린다. 사람이 일생에 겪을 수 있는 불운은 커트라인도 없는데, 사회적으로 파문을 당하거나 개인사에서 낭떠러지를 경험하거나 간에 그 모든 고난과 절망이 적어도 작가에게라면 보상을 돌려준다는 것이다. 창작의 창고에 고통은 필수자재! 하기야 모든 좌절한 리비도가 다 예술창작의 에너지로 승화하는 것은 아닌 것처럼, 그것도 물론 삶의 성분들을 소화해내는 엔진의 성능에 달려 있긴 할 것이다.

이장호 감독은 1974년 〈별들의 고향〉으로 흥행기록을 수립하며 통쾌상쾌한 데뷔전을 치렀지만 불과 2년 만에 대마초 파동으로 감독활동을 금지당하면서 졸지에 청년실업자로 전락하고 말았다. 하지만 이후 10.26까지 3년 남짓의 낭인생활이 없었다면 한국영화사에서 '뉴웨이브의 원조'로서 이장호의 자리는 없었을 것이다. 이장호 감독은 신상옥 문하에서 익힌 상업영화 감각과 해방후세대의 재기발랄한 감수성을 자산 삼아 당대의 흥행감독으로 필모그래피를 쌓아갔을 것이지만 그저 그뿐이었을 것이다.

충무로에서 격리된 백수 시절에 그는 이른바 '민중문학', '민중예술' 하는 사람들과 어울렸는데, 그의 자유분방한 비주류 기질이 당대의 반체제 문화운동과 만나 '새로운 리얼리즘 영화'로 발화하는 계기가 되었다. 이때 이장호 감독은 염무웅의 평론집 『민중시대의 문학』1979을 열심히 읽었고 충무로 복귀작으로는 황석영의 『객지』1974를 찍어두었다. 결국 『객지』를 포기하고 최일남의 『우리들의 넝쿨』1979을 골랐지만 말이다. 4년의 강제 휴식 후 복귀했을 때 이장호 감독 주변은 뉴페이스들로 교체돼 있었다. 당대 트렌디 소설의 젊은 제왕이었던 최인호가 빠진 자리를 송기원, 임진택, 이동철 등 반골스러운 신규 멤버들이 채웠다. 음악의 김영동, 김도향까지.

이장호 감독은 1980년 〈바람 불어 좋은 날〉을 들고 충무로로 돌아왔는데 이 영화는 한국영화사에서 어떤 새로운 시대의 시작이었다. 1990년대 후반 이후 한국영화 르네상스는 1988년 장선우, 박광수, 이명세로부터 시작되는 '한국영화 뉴웨이브'의 워밍업 끝에 온 것이었고, 이 '한국영화 뉴웨이브'의 개화開花는 일찍이 1980년 이장호가 각박한 충무로의 토양 속에 묻어둔 씨앗에서 비롯한 것이었다. 결코 과장이 아닌 것이, 실제로 그해에 〈바람 불어 좋은 날〉이 명보극장에서 개봉했을 때 많은 영화감독 또는 비평가 지망생들이 부흥회하듯 모여들어 기氣를 받아 돌아갔는데, 가령 장선우나 김동원, 강우석 같은 이들이 모두 그때 명보극장에서 영화감독의 뜻을

바람 불어 좋은 날 1980, (맨 오른쪽) 과부춤 1983

군혔다고 고백한 적이 있다.

〈바람 불어 좋은 날〉은, 그리고 3년 뒤에 나온 〈바보선언〉[1983]은, 1980년대에 새로운 스타일의 영화를 찍고 싶어 했던, 또는 뭔가 사회적, 정치적으로 발언을 하고 싶어 했던 영화작가들에게 영감의 원천이었다. 또한 배창호, 장선우, 박광수, 김동원 감독이 모두 이장호의 연출부에서 감독수업을 했으니, 1980년대에 이장호는 신세대 영화감독들의 학교였다.

〈바람 불어 좋은 날〉은 스타일도 이야기도 새로웠다. 청운의 뜻을 품고 농촌에서 올라와 변두리 하층민으로 유입된 청년들을 중심으로 개발시대 서울 변두리의 표정을 잡아낸, 계급갈등과 치정을 적당히 버무린, 묵직한 주제를 다루면서도 화법은 경쾌하게 튀는, 리드미컬한 편집과 자유분방한 카메라워크의, 정치성 수위도 노출 수위도 아슬아슬한, 사회참여형 영화로도 상업영화로도 손색이 없는, 의협심과 영리함이 맞물린 수작이었다.

〈바람 불어 좋은 날〉은 1980년 초에 제작에 들어가 11월에 개봉했는데, 유현목 감독의 〈오발탄〉[1961]이 4.19 이후 해빙 무드 속에 건진 행운이었다면, 이 영화는 10.26 이후 서울의 봄이 준 선물이었다.

저 낮은 곳을 향하여! 〈어둠의 자식들〉과 〈과부춤〉

나는 〈바람 불어 좋은 날〉로부터 〈어둠의 자식들〉[1981] 〈과부춤〉[1983] 〈바보선언〉까지 1980년대 초반 이장호 감독 영화 네 편은 모두 수작이라고 생각한다. 〈바보선언〉은 이미 영화사적 평가가 끝난 작품이지만, 두 걸작 사이에 낀 〈어둠의 자식들〉과 〈과부춤〉도 나름 매력적인 작품들이나.

〈어둠의 자식들〉은 사창가 여자들과 그들에 빌붙어 사는 남자들 이야기다. 몸 팔고 술 파는 여자들 이야기는 1970년대 이래 하나의 하위장르를 이룰 정도로 범람했다. 하지만 영화 시작에서 끝까지 종횡무진 섹스신 뜨개질을 위해 창녀들을 동원하는, 어슷비슷한 창녀 캐릭터들을 상투적으로 변용하면서 섹스제국에 탐닉하는 영화들과 비교할 때, 〈어둠의 자식들〉은 확실히 구분되는 어떤 지점이 있다. 원작자인 이동철[본명 이철용]이 실제 사창가 출신이었다는 선입관이 작용한 탓일지는 모르겠으나, 〈어둠의 자식들〉에는 내부자의 시선에만 잡히는 어떤 '사람 사는 동네'의 리얼리티, 창녀 개인들의 서사가 존재한다. 그래서 나는 이 영화에서 이 경제적, 정서적 밑바닥 계급 여자에 대해 감정전이와 함께 깊은 슬픔을 느꼈다.

역시 이동철 원작이었던 〈과부춤〉은 흥행과 비평 모두에서 실패했다. 이야기 흐름이 뭉텅 토막 나기도 하고 캐릭터들의 등장과 퇴장이 종잡을 수 없고 시시때때로 저속촬영 시퀀스들이 등장하고, 어쨌든 흥행과는 당초에 인연이 없는 불균질 텍스트이긴 하나 그런 만큼 실험영화로서의 매력 또한 만만찮다. 과부들이 결혼상담소를 차려 사기를 치다가 더 센 사기꾼인 교회 목사한테 걸려 거덜 나는 이야기를 뼈대로 해서 달동네 골목 안에서 일어나는 에피소드들이 겹겹이 누벼져 있는 이 영화는 당대 사회에 대한 풍자익살극으로 더할 나위 없다. 날농네 골복에서 빈사 상태로 허우적대는 만삭의 여자가 나오는 마지막 시퀀스는 저속촬영 화면에 찬송가 연주를 입혀 무성영화의 느낌으로 연출했는데, 지금 보아도 단연 명장면이다.

나름 문제작인데 왜 제목을 단란주점 이름처럼 지었을까. 〈과부춤〉이 평가절하된 것은 제목 탓도 있다고 본다. 가령 〈바람 불어 좋은 날〉은 뭔가 새로운 미래의 시작에 합당한, 가벼운 흥분을 불러일으키는 제목이 영화의 지위를 공고히 하는 데 도움이 됐던 것 아닐까.

〈바보선언〉, 전무후무한 실험

이장호 감독은 1983년 작 두 편 〈과부춤〉과 〈바보선언〉에서 탈충무로적인 자유분방함을 폭발시키고 있는데, 우리 영화사에서 전무후무한 실험작이 80년대 초반, 콘크리트처럼 딱딱하고 무거웠던 공기를 가르고 나왔다는 점에 의외성이 있다. 평론가 정성일 씨는 "한국영화에 단 한 편의 포스트모더니즘이 있었다면 그 영광을 이장호 감독의 〈바보선언〉에로 돌려야 할 것이다"〈말〉1993년 11월호라고 말했다. 한국영화에서 모더니즘과 포스트모더니즘을 어떻게 구분하는지 정확히 알 수는 없지만, 〈바보선언〉은 가령 유현목의 〈춘몽〉1965처럼 면밀히 설계된 모더니즘적 양식실험을 넘어서는 어떤 무질서함의 질서, 부조화스러운 것들 사이의 조화, 우연과 즉흥성의 흔적들, 온갖 듣도 보도 못한 스타일들이 엉망진창으로 튀어나오는 것 같은 가운데 하나의 일관성을 달성하는 것, 그래서 포스트모더니즘이라 부르는 것 같다. 좌우지간, 감독이 속옷 차림으로 옥상에서 투신하는 오프닝을 비롯해서, 소년의 내레이션으로 극을 이끌어가는데 등장인물들의 대사는 영화 시작 40분쯤 지나야 등장하는가 하면, 카메라는 빨리 돌았다가 느리게 돌았다가 하고, 영화음악은 국악과 양악, 판소리와 찬송가에다 전자오락 음향까지 오가잡탕이고, 여대생을 꼬셔냈더니 창녀였고 택시 기사를 끌어들여놓고 보니 훔친 택시였고 하는 식으로 캐릭터와 스토리를 뒤집고 또 뒤집는 한도 끝도 없는 반전들. 영화 형식에서 최대한의 자유란 이런 것일진대, 이런 영화는 이전에도 없었고 이후에도 없었다.

재미있는 사실은 〈바보선언〉의 아방가르드적 지위가 주도면밀한 기획의 결과가 아니라는 점이다. 처음 이장호 감독은 〈어둠의 자식들〉 속편을 만들겠다고 제작신고를 했는데 너무 어둡고 부정적인 내용이라고 퇴짜 맞았고, 〈어둠의 자식들 2〉라는 제목도 불허통고를 받았다. 결국 심의용으로 가짜 시나리오를 꾸며서 제작허가는 받았지만 의무제작편수를 채워야 하는 영화사의 독촉에 떠밀려 이장호 감독은 촬영용 대본도 못 만든 채 가짜 여대생이라는 모티프만 들고 이화여대 앞에 가서 무작정 촬영을 시작했다.

"나는 〈바보선언〉을 내가 만든 작품이라고 하지 않는다. 독재 시대가 낳은 작품이다. 〈바보선언〉을 시작할 때 나는 철저히 영화를 포기하고 그것도 아니면 영화판을 떠나겠다는 결단을 내렸다."^{한국영}
상자료원 KMDb

자포자기의 자유라 할까, '죽기로 하면 살길이 열린다' 死卽生는 원리일까.

그러니까 당시의 사회현실과 충무로 시스템이, 데뷔한 지 10년이 가까워오는 30대 후반의 중진 감독을 때 아닌 전위로 몰아간 셈이다. 하지만 시간에 쫓기고 검열에 치여 즉흥성으로 밀고 간 결과물이 허섭스레기가 아니라 걸작이었다는 데, 이장호의 천재성이 있다.

동서양 음악의 잡탕인 〈바보선언〉이 마지막엔 찬송가로 끝나는 데 주목할 필요가 있다. 여주인공 혜영을 장사 지낸 뒤 똥칠이와 육덕이가 여의도광장을 걸어가는 장면에 찬송가 521장 〈어느 민족 누구게나〉가 깔린다.

"어느 민족 누구게나 결단할 때 있나니 / 참과 거짓 싸울 때에 어느 편에 설 건가 / 주가 주신 새 목표가 우리 앞에 보이니 / 빛과 어둠 사이에서 선택하며 살리라."

영화 〈난장이가 쏘아올린 작은 공〉^{이원세 감독, 1981}에서 〈강변에서〉 같은 김민기 음악이 삭제되던 시절에, 이장호 감독은 검열망을 비껴갈 방책으로 찬송가를 골랐을 것이다. 당시 운동권 노래로 많이 불렸으나 엄연히 찬송가였다. 초창기 시민운동이 탄압의 예봉을 피하기 위해 종교의 권능 뒤에 숨던, 그래서 기독교운동이 시민운동의 전위를 이루던 시절에 어울리는 선택이었다. 검열당국을 상대하기 위한 은유와 우회의 어법은 이 영화의 시작과 끝을 관통한다.

〈바보선언〉은 배급업자들이 외면해 1년 동안 창고에 처박혔다가 단성사에서 개봉작이 펑크 나면서 어렵사리 간판을 걸 수 있게 되었으니, '저주받은 걸작'이라는 말의 딱 떨어지는 사례.

그토록 황망히 잊혀진 감독이 되다니

1980년대에 20대를 보낸 우리 세대에게 이장호는 하늘에 별처럼 떠 있는 스타 감독의 이름이었다. 이장호 감독은 자신의 연출부 출신인 배창호 감독과 쌍벽을 이루면서 1980년대 한국영화를 주름잡았다. 2004년인가, 어느 대학 1학년 교양과정 수업을 하면서 이장호와 배창호 감독의 이름을 아는 사람 손들어보라고 한 적이 있다. 60명 학생 가운데 배창호 감독은 그나마 대여섯 명쯤이었는데 이장호 감독은 단 한 명뿐이었다. 배창호 감독은 여전히 영화를 찍고 있기 때문일 텐데 이장호 감독은 이미 과거의 감독이 돼버린 것이다. 젊은 세대 중에서 이장호 감독을 안다면, 영화 마니아거나 아니면 이따금 TV 오락 프로그램 또는 신앙 간증 프로그램에서 그를 보았거나 둘 중 하나일 것이다. 그 수업시간에 내가 느낀 쓸쓸함은 '세월의 무상함'이라는 말 그 이상이었다. 한국사회의 10년을 풍미한 영화감독인데 은퇴로부터 불과 10년의 시간이 대중의 시야에서 그를 그토록 과격하게 축출할 수 있다는 것. 세월의 무상함이 아니라 세월의 무서움이었다.

실제로 이장호 감독 경우는 연구 대상이다. 하나의 사회적 신드롬을 촉발시키며 데뷔해서 10년의 문화적 권세를 누렸는데 퇴장이 그처럼 황망할 수 있을까. 그는 혜성처럼 등장했지만 또한 혜성처럼 사라졌다. 그의 영화적 스승이었던 신상옥 감독 세대는 보통 100편 가까운 영화를 생산하면서 장수했는데 이장호 감독의 필모그래피는 고작 20편을 넘지 못했다.

이장호 감독은 1970년대 중반에 스타급 신인이었고 80년대 초반

『이장호』가 만든 — 이 어둠의자식들 2部

영상반란!

바보선언

DECLARATION OF FOOLS

줄듬 발이 지성인에게 선전포고!!

*당신의 허위와

*샷대질이 그녀를 죽였습니다!

원작
이동철
(동철) 강명곤
(혜영) 이보희
(육덕) 이희성

*불꺼진 가로등 사이로
펼쳐지는 그 검은 이야기들!

제작·박종찬
기획·김재웅

촬영·서정민

(株) 貨泉公社 作品

에 문제적 작가였다가 80년대 중반 흥행 감독이 되었다. 하지만 이 때쯤 그의 필모그래피는 방향을 잃고 비틀대기 시작했다. 극한에 몰려서 시나리오도 없이 〈바보선언〉을 찍어야 했을 뿐 아니라 찍고 나서 1년 동안 창고에 처박아두어야 했던 것, 문제작을 내놓았으나 몇 차례 흥행 참패로 충무로에서 기피 인물이 되어가고 있던 것, 그처럼 절체절명의 실존적 위기를 경험한 뒤 그는 모종의 결단을 내려야 했을 것이다.

〈무릎과 무릎 사이〉1984와 〈어우동〉1985에서 이장호 감독은 '성애 묘사'를 흥행전략으로 채택했고 여배우 이보희 옷 벗기기에 몰두했는데 이 전략은 적중했다. 두 영화는 약간의 정치사회적 해석의 실꾸리들을 품고 있긴 하지만 이건 대놓고 에로영화를 찍을 수는 없는 〈바람 불어 좋은 날〉 감독의 자의식이 창안해낸 알리바이 수준 아닐까 싶다. '다른 에로영화들과는 뭔가 달라도 다르다' 는 식으로! 흥행 감각에 탄력을 받은 이장호 감독의 다음 작품 〈이장호의 외인구단〉1986은 그러나 그의 마지막 흥행작이 되고 말았다.

1992년 김지미를 제작자이자 주연으로 해서 작품 스케일과 예산 규모 모두에서 야심만만한 대작 〈명자 아끼꼬 쏘냐〉를 내놓았지만 흥행과 비평 모두에서 실망스러웠다. 다시 3년 만에 재기를 꿈꾸며 내놓은 〈천재선언〉1995은 그의 은퇴를 재촉했을 뿐이다.

바야흐로 1990년대! 새로운 영화, 새로운 감독들이 몰려오기 시작했다. 풍경이 사뭇 바뀌어버린 전장에서 그는 신식 무기를 다룰 줄 모르는 늙은 병사와 같았다. 한동안 그는 "월드컵 전에 축구영화 찍을 생각인데" 하는 식으로 늘 충무로로의 귀환을 도모했다. 하지만 뉴웨이브의 물결이 구세대 감독들을 싹 쓸어간 공터에서 불과 영화 서너 편 찍고 중진 내지 대가가 된 스타 감독들, 그리고 대학 영화과에서 공급 과잉으로 밀려 나오는 예비 감독들, 그 틈에서 그의 자리는 없었다. 뉴웨이브 물결에 뉴웨이브의 아버지가 쓸려갔다는 아이러니!

하나님을 영접하고 영영 떠나버리다

그는 영화천재였음이 분명하다. 이 영화천재의 단명은 한국영화사의 분명한 손실이다. 영화계 사람들은 이장호 감독의 자유분방한 기질, 나쁘게 말하면 좌충우돌 기질을 탓하기도 한다. 실제로 그의 개인사처럼 필모그래피도 장르에서나 완성도에서나 들쑥날쑥 굴곡이 심하다. 물론, 시스템이 받쳐주지 않아 부지런히 영화를 찍어도 늘 발밑이 불안한 충무로 현실과 관련 있는 만큼, 그의 후배나 선배 감독들도 정도의 차이가 있을지언정 비슷하긴 하다. 하지만 어떻게 〈나그네는 길에서도 쉬지 않는다〉[1987]와 〈Y의 체험〉[1987]을 같은 해에 만들 수 있으며, 신차 홍보물 냄새가 물씬 나는 〈미스 코뿔소 미스터 코란도〉[1989]와 뉴웨이브 사회파 영화의 백두산 천지인 〈바람 불어 좋은 날〉을 같은 감독이 만들 수 있을까.

감독에 일로매진하지 못한 그의 오지랖도 문제 삼을 수 있다. 한국영화사에서 가장 성공적인 멀티 플레이어 신상옥의 제자로서 그를 역할모델로 삼았던 이장호 감독은 제작에도 손댔고 다른 감독들에 비해 카메오도 즐겼다. 에너지를 모으기엔 동선이 너무 퍼져 있었던 것인지도.

무엇보다도, 그의 종교가 그의 창작을 망쳐버린 건 아니었을까.

〈과부춤〉에서 기독교 광신도 집단을 그처럼 신랄하게 풍자했던 그가 10년 뒤 기독교적 영감에 가득 찬 〈천재선언〉을 만들었다. 〈천재선언〉은 아직 이장호에 대해 좋은 기억을 간직하고 있던 충무로와 영화 대중을 당혹스럽게 만들었고 작가로서 소생 불능이라는 낙인이 되었다. 종교의 피안에서 자연인 이장호는 마음의 풍파를 잠재우고 평안을 얻었겠으나 영화감독 이장호는 예술적 긴장이 무너지면서 당대와의 섭섭을 놓쳐버린 듯하다. 또는, 90년대에 대대적인 구조조정을 거치며 새롭게 들어선 충무로 제작시스템을 상대로 대화와 타협 속에 활로를 모색해야 했을 텐데, 왕년의 영광과 종교적 확신이 손 맞잡고 치명적인 장애를 일으켰을는지도 모른다.

물론 신앙심이 반드시 예술가의 정체성을 훼손하는 것은 아닐 터이다. 이장호 감독의 제자인 배창호 감독, 또 배창호 감독의 제자인 이명세 감독이 모두 기독교인이지만, 아마도 '하나님을 영접' 하는 태도에 뭔가 차이가 있으려니.

한국영화가 이장호를 잃은 것은 한국문학이 김승옥을 잃은 것에 견줄 만하다. 김승옥이 1960년대에 「무진기행」「서울, 1964년 겨울」 등을 발표했을 때 이제 한국소설의 미래는 거의 전적으로 이 청년의 어깨에 걸려 있는 것처럼 보였다. 하지만 그는 고작 마흔에 문학을 떠나 하나님을 영접한 뒤 영영 돌아오지 않았다.

✦ 덧붙임

청춘은 아름다워라, 1975년의 이장호 감독

어제는 비가 내렸네

키 작은 나뭇잎 새로

맑은 이슬 떨어지는데

비가 내렸네

우산 쓰면 내리는 비는

몸 하나야 가리겠지만

사랑의 빗물은 가릴 수 없네

윤형주의 이 노래를 즐겨 불렀던 가정선생님이 있었다. 이 노래가 유행했던 1975년에 나는 고등학생이 되었는데, 우리 강릉여고 1학년은 서울여대를 갓 졸업한 선생님이 가정을 가르쳤다. 시원스럽게 생긴 데다 서울말을 쓰는 이 선생님은 나른한 소도시의 여고생들에게 선망의 대상이었다. 하지만 안타깝게도 그는 1학기도 채 마치기 전에 부친상을 당해 서울에 다녀오더니 바로 사표를 냈다.

선생님의 마지막 수업은 하나의 장관이었다. 수업이 있는 학급마다 학생들이 무논의 개구리들처럼 왈왈 울어댔는데, 개구리들의 곡소리가 한 시간 단위로 이 논에서 저 논으로 이동했다. 우리 반도 예외가 아니었다. 65명쯤 되는 학생들이 하나같이 책상 위에 엎드려 울어댔다. 나 역시 엉엉 울었고 우리 반에서 단 한 명, 그것도 맨 앞자리에 앉은 번호 1번 아이 혼자 고개를 낭랑하게 쳐들고는 선생님을 빤히 바라보았다. 1번 아이는 어이없다는 표정으로 학급을 한 바퀴 둘러보기도 했는데 나는 '쟤는 정말 피도 눈물도 없나 봐' 하고 생각했다. 그 아이는 지금 소설가가 되었고 필명이 김형경이다. 아이들은 당장이라도 선생님 따라 서울로 전학을 갈 것 같은 분위기였지만 실제로 그런 아이는 한 명도 없었고 나도 아직 가족을 이

끌고 서울 갈 처지는 아니었다. 대신 아이들은 너나 할 것 없이 〈어제 내린 비〉를 입에 달고 살았다. 그 후유증인 모양으로, 지금도 무심코 입에서 이 노래가 흘러나올 때가 있다.

이장호 감독이 만든 영화 〈어제 내린 비〉[1974]는 1975년 1월 1일에 개봉했는데, 나 역시 주제곡을 입에 달고 살긴 했지만 정작 영화는 보지 못했다. 고교생 관람가 영화였고 당시 '고교 입학 내정자' 신분이었으니 영화를 보자고 마음먹었으면 불가능한 것은 아니었지만, 지금 생각하건대 이런 성인 취향의 영화는 당시로서는 저녁에 겁 없이 사복 입고 시내를 싸돌아다니는 조숙한 아이들이나 보러 갔겠다 싶다. 나는 그저 이 영화가 당대의 '샛별' 스타였던 안인숙이 나온다는 것과 이복형제 이야기라는 것 정도로 기억하고 있었다.

상태가 결코 좋지 않은 비디오로 30여 년 만에 영화 〈어제 내린 비〉를 보고 났을 때, '쩌엉' 하고 나의 내부에서 뭔가 깨지는 소리가 들려왔다. 중년의 카뮈가 서른에 죽은 아버지의 묘비 앞에 서서 "이제 내가 아버지보다 더 늙었네"라고 중얼거릴 때의 그런 기분일까. 그래, 이장호 감독도 한땐 청년이었지. 그리고 여고생이었던 나는 쉰을 바라보는 나이가 되었다. 게다가 영화 〈어제 내린 비〉는 노래처럼 사각사각 소곤소곤 보들보들한 그런 영화가 아니었다. 변성기를 건너뛴 것 같은 목소리의 윤형주 노래를 듣고 있으면 어제 보슬보슬 이슬비가 내렸지 싶은데 영화를 보니 보슬비가 아니라 번개와 강풍을 동반한 폭우였지 뭔가.

〈어제 내린 비〉의 원작자인 최인호와 감독 이장호는 모두 1945년생 해방둥이다. 최인호 원작 영화 〈별들의 고향〉을 대히트시키면서 야심차게 데뷔한 이장호 감독은 최인호의 대학시절 습작노트들 속에서 〈어제 내린 비〉를 두 번째 영화로 골랐다. 이장호는 서른에 이 영화를 찍었다.

여대생이 여관방에서 남자와 자고, 이복형이 동생을 사창가로 데려가고, 이복동생은 형의 애인이 된 여자친구와 여행을 떠나고, 마침내 두 남녀가 고가차도 위에서 전속력으로 자동차를 몰아 세상 밖으로 다이빙하고……. 영화는 시종일관 어떤 운명비극의 냄새를 풍기던 끝에 〈페드라〉Phaedra. 줄스 다신 감독, 1962 같은 결말에 이른다. 중산층에 속하는 이 가족은 허우대만 멀쩡하고 부모는 존재감이 없다. 몸 파는 여자에게서 혼외자식을 둔 아버지는 도덕적으로 이미 무너진 데다 자식세대에 대해 아무런 레퍼런스를 제공할 수 없을 만큼 무기력하고, 아들은 아버지가 아닌 이복형에게서 성교육을 받는다. 부모가 있지만 고아 같은 두 청년, 이복형제 사이의 핏줄보다 진한 우애는 절망의 낙진이다. 아버지로부터 인정받지 못하고 아버지를 인정하지도 않는 정신적 사생아 세대의 자기연민이라고 할까.

당시 기성세대에 속했던 평론가 이영일 씨 월평月評에 붙어 있는 「퇴행과 컴플렉스의 젊은이들」〈영화〉 1975년 3월호이라는 제목에선 신구新舊세대 간의 전선, 그 파르르한 긴장이 느껴진다.

70년대에 성인이 된 청년들, 그러니까 해방둥이 세대의 딜레마가 그러했을 것이다. 부모는 식민시대에 성장해서 군사정권 아래 늙어가는 사람들! 그 부모세대에 단절을 고하고 새로운 영화, 새로운 도덕을 선포하고 싶은 청년들의 태도는 그러나 결코 명랑씩씩하지 않다. 되레 절망적이고 스산하다. 딱딱하고 암울한 사회가 청년들에게 별 신통한 비전을 가르치지 못했기 때문이다. '70년대 청년영화' 식탁의 주요 메뉴였던 〈별들의 고향〉이나 〈어제 내린 비〉조차 그저 과거의 상업영화 멜로 버전을 개보수하고 있을 따름이다. 이장호나 최인호는 70년대에 하나의 전위였지만 태연히 살생부를 작성하고 아버지의 가슴에 칼을 꽂을 수 있는 그런 냉혈한 전위는 못 되었던 것이다. 그런 냉혈한 전위란, 이장호·최인호 세대의 이마를 밟으면서 폴짝 뛰어내린 장선우·장정일 커플의 도착까지 20년을 더 기다려야 했다.

그래서 〈어제 내린 비〉의 랩소디는 약간 서글프게 느껴지기도 하고 약간 따뜻하게 느껴지기도 한다. 다만, 질 운명이란 걸 뻔히 알면서도 세상과 한번 맞장 뜨자고 덤비는 그들의 패기가 가상하다.

역시나, 청춘은 아름다워라. "Schön ist die Jugend!"^{헤르만 헤세의 단}

편소설 「청춘은 아름다워라」의 원제

한국영화사가 가장 사랑한 러브스토리

만들면 다시 새로워진다

16편의 영화, 16개의 같고도 다른 〈춘향전〉들

'최초'들의 영화, 〈춘향전〉

한국영화사에서 거의 모든 '최초'는 다 〈춘향전〉이다.

첫 번째 〈춘향전〉[1924]은 국내 최초의 본격적인 상업영화였다. 최초의 극영화가 1923년 작 〈월하의 맹서〉냐 〈국경〉이냐 논란이 있지만, 〈월하의 맹서〉가 총독부의 저축장려용 계몽영화였고 〈국경〉은 흥행용 극영화였으나 단 하루 상영에 그쳤으니, 〈춘향전〉은 일본인 제작진이 만들긴 했지만 국내 최초의 본격적인 상업영화임에는 틀림없다. 스크린에 조선 사람이 나올 뿐 아니라 익히 잘 아는 우리 옛날이야기가 눈앞에 영상으로 흘러간다는 것, 그 자체로 당시 경성 사람들에게는 특별한 체험이었다. 〈춘향전〉은 장안의 화제가 되었고 흥행에 성공했으며 영화제작업이 신종 비즈니스로 각광 받는 계기가 되었다. 〈춘향전〉 이후 영화사들이 우후죽순 생겨났다.

그 다음, 토키[talkie, 말하는] 시대를 연 최초의 국산 발성영화도 〈춘

향전〉[1935]이었다. 또한 최초의 35밀리 컬러 시네마스코프^{Cinema-}

Scope, 화면비율 1.33:1의 스탠더드 사이즈보다 양옆으로 넓은 2.35:1의 와이드스크린도 〈춘향

전〉[1961]과 〈성춘향〉[1961]이었고 최초의 70밀리 영화도 〈춘향전〉[1971]이

었다. 국내에서 70밀리 실험은 이 한 편으로 끝났다. 마지막으로,

임권택 감독의 〈춘향뎐〉[2000]은 최초의 칸영화제 경쟁부문 초청작이

되었다.

  〈춘향전〉이 이처럼 한국영화의 중요한 순간마다 등장하는 것은

일단은 〈춘향전〉이 그만큼 자주 만들어졌다는 얘기일 것이다. 〈춘

향전〉은 우리 영화사에서 가장 많이 리메이크된 레퍼토리다. 〈방자

와 향단이〉[이형표 감독, 1972] 〈그 후의 이도령〉[이규환 감독, 1936] 식의 '자유

각색' 외전까지 포함해서 모두 16편. 특히 새로운 기술적 시도를 하

는 영화의 경우 제작비가 뛰게 되고 따라서 흥행 실패 부담을 덜 수

있는 안전한 아이템을 고르는 것이 당연지사! 여기서 〈춘향전〉은

비교적 안전한 선택이었던 셈이다. 〈춘향전〉은 불세출의 고정 레퍼

토리인 데다 설이나 추석 같은 명절 프로그램으로 딱이었다. 게다

가 1961년 신상옥 감독의 〈성춘향〉이 해외 수출에서 큰 성과를 거

둔 뒤부터는 '세계시장에서의 브랜드 가치'라는 덤까지 붙었다.

"암행어사 출두요!" 최고의 엑스터시를 제공하는 문장

  〈춘향전〉은 판소리로 구전돼오던 것을 소설 형식으로 정착시킨

것이다. 오랜 세월 이 사람 저 사람 입을 거치는 동안 살이 붙고 살

이 떨어지고 하느라 동네마다 소리꾼마다 조금씩 버전이 달라졌고

그래서 소설 『춘향전』도 이본異本이 100가지가 넘는다고 한다. 그

러다 보니 디테일이 더욱 풍부해졌다.

한데, 판소리 다섯 마당에는 〈춘향가〉 말고도 〈심청가〉 〈흥부가〉 〈적벽가〉 〈수궁가〉가 있고 고전소설도 『춘향전』 외에 부지기수다. 그중에서도 『춘향전』이 현대 스토리텔링 문화에서 단연 최고의 지위를 누리는 이유는 무엇일까.

우선은 서사의 탁월함이다. 『춘향전』은 한 청춘남녀의 러브스토리다. 다만 이 사랑의 행로에 온갖 사회·정치·문화적 난관들이 겹겹이 치고 들어오면서 러브스토리가 전투를 방불케 하는 모험의 여정이 된다. 여주인공이 애정다툼으로 인해 투옥되고 고문당하고 살해 위협에 놓이는 이런 살벌한 러브스토리가 어디 흔한가. 이 같은 치명적인 삼각관계가 『춘향전』의 극적 긴장을 이끌어가는 핵심 동력이다. 여기에 이별과 재회, 원한과 복수, 억압과 저항, 고난과 극복, 출세와 영락 등 명암이 뚜렷한 이야기의 원형들이 드라마를 종횡으로 얽어나간다. 그러니 이야기 구조가 입체적이고 디테일이 풍부할 수밖에. 강력한 코미디의 매력 또한 『춘향전』의 강점이다.

뭐니 뭐니 해도 『춘향전』의 백미는 역시 마지막의 극적 대반전이다. 모순과 갈등과 불운과 오해를 첩첩이 쌓아가다가 일순간에 터뜨리는 한마디, "암행어사 출두요!"는 우리 스토리텔링의 역사에서 단연 최고의 엑스터시를 제공하는 문장이다.

인간세상 만화경을 확 펼쳐놓은 것 같은 등장인물군은 또 어떤가. 『춘향전』처럼 캐릭터가 잘 살려진 드라마도 드물다. 춘향, 몽룡은 나름 청춘 멜로의 주인공으로서 나무랄 데 없는 전형! 하지만 미색과 순정, 재능이나 성공 같은 주류적 가치를 온몸으로 밀고 나가다 보니 약간 단조롭고 짜증나는 구석이 있는 게 사실이다. 그래서

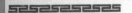

500年을 이어온 사랑의 眞理! 우리들의 "로미오와 쥬리엘"!
總天然色
CinemaScope
製作 金容德
成春香傳
監督 朴太遠
脚本 李文雄
株式會社 宇星社 作品

양해남 collection

오히려『춘향전』에서는 월매나 변학도 같은 조연의 카리스마가 주연인 춘향과 몽룡을 압도하기도 한다. 방자와 향단이는 또 어떤가. 춘향과 몽룡의 절도 있는 엘리트 연애담에는 빠져 있는 익살과 해학의 농지거리가 이 조연 커플의 담당이다.

게다가 등장인물들은 귀족과 하층민, 중인 등 여러 계급으로 나뉘면서 복잡한 힘 관계로 얽혀 있는데, 이런 신분 차이와 주종관계 위에서 인물들의 관계가 훨씬 극적으로 튄다. 가령, 몽룡에 대한 월매의 호칭. 몽룡이 춘향네서 초야初夜를 치르는 날은 입이 벙싯벙싯 벌어지면서 "도련님" "우리 사위님" 어쩌고 하다가, 몽룡이 당장 서울로 떠나게 됐다고 인사하러 오자 먹살 드잡이를 하는데 이때는 "이가놈" "사위자식"이 된다. 나중에 추레한 차림으로 돌아왔을 때의 대사, "서방인지 남방인지 니가 기다리던 이서방이 거지가 돼서 왔단다."

특히 지금 시대에 드라마로서의 경쟁력을 말하자면,『심청전』이나『흥부전』은『춘향전』의 상대가 안 된다.『춘향전』의 도저한 사실주의에 비하면『심청전』과『흥부전』은 다분히 설화적이다. 죽자고 바닷물에 뛰어들었는데 용왕의 부인이 되어 장님 아버지의 눈을 뜨게 한다는 것이나, 제비 다리 고쳐줬더니 제비가 보물이 한도 끝도 없이 나오는 박의 씨앗을 갖다준다거나, 모두 현대적으로 각색이 곤란한 비현실적인 설정들이다. 그리고 아버지가 눈을 뜰지 못 뜰지 보장도 없는 판에 바닷물에 뛰어들어 목숨을 바치는 외동딸의 효심도, 자식을 과도하게 많이 낳고 끼니를 못 이을 정도로 지지리 가난한데 마음은 한없이 착해서 형의 패악질에 화 한번 안 내는 흥부 캐릭터도 너무 봉건적인 패러다임이다. 무엇보다『심청전』과

『흥부전』은 상업영화의 재료가 되기엔 멜로가 약하다는 게 맹점. 러브스토리는 석기시대부터 현대까지 통하는 가장 대중적인 코드다.

그래서 영화제작자들은 당대의 스타들로 배우를 교체해가면서 끊임없이 새로운 〈춘향전〉을 찍어낸다. 사람들은 〈춘향전〉의 이야기를 결말까지 뻔히 알면서도 또 영화관에 간다.

최고의 춘향은 김지미, 몽룡은 조승우, 변학도는 박노식

영화판 〈춘향전〉 16편 중에서 필름이 남아 있는 것은 6편뿐이다. 〈춘향전〉홍성기 감독, 김지미, 신귀식 출연, 1961, 〈성춘향〉신상옥 감독, 최은희, 김진규 출연, 1961, 〈춘향〉김수용 감독, 홍세미, 신성일 출연, 1968, 〈방자와 향단이〉이형표 감독, 박지영, 신성일 출연, 1972, 〈성춘향〉한상훈 감독, 이나성, 김성수 출연, 1987, 〈춘향뎐〉임권택 감독, 이효정, 조승우 출연, 2000. 이 밖에 〈성춘향전〉박태원 감독, 장미희, 이덕화 출연, 1976은 예고편이 남아 있다. 홍세미와 장미희가 각각 22살과 19살 때 춘향 역할로 영화 데뷔했다.

지금 우리가 볼 수 있는 6편만 놓고 보자면, 그리고 그저 나 개인의 감각으로 볼 때, 춘향 역으로 최고는 김지미였다. 〈춘향전〉을 찍던 1960년 당시 김지미는 21살. 그는 1940년생이다. 1957년 김기영 감독의 〈황혼열차〉로 데뷔한 뒤 불과 3년 사이 40편 가까이 출연한 다음이라 이미 연기도 안정돼 있다. 김지미는 덕성여고 학생이면서 명동 백조다방에 '레지'로 나가던 시절에 김기영 감독 눈에 띄어 캐스팅됐는데 영화사 사장이기도 했던 홍성기 감독의 영화들에 출연하면서 12살 연상의 그와 결혼까지 했다. 남편이 감독한 영화 〈춘향전〉에서 김지미는 "이 고을에 춘향이라는 절세미인이 있다는데"

라고 구차한 설명을 달지 않아도 그저 바스트샷^{가슴 윗부분만 담는 촬영 화}면 하나만으로 사또 아들이 글공부를 접고 변학도가 스타일 구겨가면서 구애하는 이유를 말해준다. 동헌 마당에서 곤장 맞으며 비명을 지를 때조차 화면이 화사할 지경이다.

몽룡 역은 임권택 감독 〈춘향뎐〉의 조승우가 최고 아니었나 싶다. 가령, 김진규와 신성일은 멜로의 주인공으로서 모자랄 것 없는 당대 최고 스타들이었지만 영화를 찍을 당시 김진규는 39세, 신성일은 32세였다. 춘향과 몽룡은 이팔청춘, 다시 말해 십대 청소년들이었다. 〈춘향전〉은 아이가 어른이 되는 일종의 성장드라마다. 아무리 봉건시대의 조숙한 십대라고는 해도, 몽룡은 공무원시험 준비하는 수험생으로, 아버지에게 매일 숙제 검사를 받으며, 부모 몰래 데이트를 즐기다 꾸중 듣고, 전근 가는 부모를 따라 이사를 해야 하는, 자기결정권 없는 소년이다. 이 소년이 열심히 공부하여 시험에 합격하고 여자를 되찾아 사랑과 성공을 동시에 성취하면서 어른이 되는 이야기다. 김진규와 신성일에서는 이런 소년의 '간지'가 전혀 살지 않았다. 〈춘향뎐〉을 찍을 때 21살로 앳된 분위기를 물씬 풍겼던 조승우는 '귀티 나는 모범생 스타일이긴 하나 좀 놀게 생겼다' 싶은 것이, 원래 몽룡의 이미지에 가장 근접했다.

변학도 역은 김수용 감독 〈춘향〉에서의 박노식이 역시 최고다. 여덟팔자 콧수염 붙이고 눈꼬리를 치켜올리면 입을 열지 않아도 변학도 그 자체. 신상옥 감독 〈성춘향〉의 이예춘도 변학도로 제격이었다. 〈성춘향전〉에서 박태원 감독은 무슨 배짱인지 변학도로 신구를 캐스팅했는데, 그가 아무리 명연기를 펼친들 그 원만한 얼굴로는 턱도 없다. 또한 방자는 신상옥 감독의 〈성춘향〉과 김수용 감독의 〈춘향〉에서 두 차례 방자 역을 맡았던 허장강을 따라갈 사람이 없다.

| 불행의 씨 〈춘향전〉, 행운의 씨 〈성춘향〉
| 신상옥·홍성기의 엇갈린 운명

'최초'를 달고 다닌 〈춘향전〉의 역사는 늘 시끌벅적할 수밖에 없었지만 그중에서도 최고의 센세이션은 〈춘향전〉과 〈성춘향〉의 라이벌전이었다. 제작자 겸 감독 홍성기와 배우 김지미 부부의 〈춘향전〉과 역시 제작자 겸 감독 신상옥과 배우 최은희 부부의 〈성춘향〉은 동시에 제작이 진행돼 1주일 간격을 두고 1961년에 개봉했다. 둘 다 최초의 35밀리 컬러 시네마스코프를 표방했고 제작비도 똑같이 8천만 환씩이었다. 제작신고는 신상옥이 먼저였고 크랭크인은 홍성기가 빨랐으며 개봉 역시 홍성기 쪽이 1주일 빨랐다. 서로 먼저 기획했다고, 서로 아이디어를 도둑맞았다고 주장했고, 신상옥 쪽에서 홍성기 쪽의 제작을 막아달라고 영화제작가협회에 진정서를 냈으며, 신상옥 감독 사무실이 깡패들의 습격을 받고 직원들이 폭행당하기도 했다. 영화제작가협회 총회가 〈춘향전〉 지지파와 〈성춘향〉 지지파로 갈려 난장판이 되면서 아무런 결론을 내지 못하자 두 영화는 그대로 제작이 진행됐다.

결과는 신상옥-최은희 〈성춘향〉의 압승. 〈성춘향〉은 명보극장 단관에서 2달 반 동안 38만, 전국 4백만 명을 동원, 우리 영화 흥행사에서 최고 기록을 수립했다. 이 기록은 1968년 〈미워도 다시 한 번〉에 가서야 갱신됐다. 반면 홍성기-김지미 〈춘향전〉의 관객은 〈성춘

성춘향 1961

향〉 시사회 수준이었다고, 한 신문기사〈한국일보〉1962. 1. 27가 쓰고 있다. 〈성춘향〉은 아시아영화제와 베니스영화제에 초청됐고 일본, 미국, 아시아 여러 나라들에서 개봉해 한국영화의 해외 진출에 물꼬를 텄다.

이 승부로 두 커플의 운명은 명암이 극명하게 갈렸다. 신상옥 감독은 당시 서른여섯으로 데뷔 10년을 맞고 있었고, 〈성춘향〉의 대대적인 성공은 신필름을 세우면서 감독 겸 제작자로 발돋움하던 그에게 날개를 달아주었다. 신상옥 감독은 이후 충무로 최고의 파워맨이 되었고 10년 동안 작품으로나 흥행으로나 절정을 맞았으며 1960년대 한국영화 르네상스 한가운데서 최고의 전성기를 누렸다. 신필름은 〈성춘향〉으로 돈벼락을 맞았고 세금만 10억 환을 냈다는 기사가 실렸다.〈한국일보〉1961. 12. 19

신상옥보다 2살 위인 홍성기 감독은 〈춘향전〉 직전까지만 해도 신상옥보다 잘나가던 감독이었다. 그는 1949년 최초의 컬러영화 〈여성일기〉로 주목받으며 데뷔했고 1950년대 중반부터 〈실락원의 별〉〈별아, 내 가슴에〉 등 멜로영화를 통해 이미 대표적인 흥행감독으로 전성기를 누리고 있었다. 그는 홍성기프로덕션을 만들어 제작에 나섰고 갓 스물의 김지미와 결혼했다. 하지만 〈춘향전〉을 계기로 홍성기 감독은 영화인생과 개인사 모두에서 급전직하 불운의 내리막을 걷기 시작했다. 홍성기 감독은 〈춘향전〉으로 빚더미에 올라앉았고 실패를 만회하기 위해 서둘러 만든 〈격류〉가 또다시 실패해 부도를 내면서 부정수표단속법 위반으로 구속당하는 처지가 됐다. 그 와중에 홍성기는 경리 여직원과 스캔들이 나고 김지미는 최무룡과 염문을 뿌리다가 홍성기와 이혼하고 최무룡과 재혼했다. 이것이 모두 〈춘향전〉 개봉 다음 해인 1962년의 일이었다. 김지미는 한 신문〈한국일보〉1962. 11. 20에 「다시 일어서면서—불운의 씨 〈춘향전〉, 밀려간 가정 자리엔 부채만」이라는 제목의 수기를 발표했다. 〈춘향전〉 제작하면서 값나가는 패물은 다 팔고 여기저기 김지미 이름으로 돈을 꾸었으나 흥행 실패와 함께 이것이 다 빚이 되었으며, 남편이 몇 달씩 집에 들어오지 않는 동안 자신도 촬영 현장에서 만난 최무룡과 사랑에 빠지게 된 얘기를 솔직하게 공개했다. 통 크고 손 큰 김지미에 관한 후일담은 영화인들 사이에 끝이 없는데, 최무룡을 이혼시키면서 부인에 대한 위자료를 본인이 물어줬다는 얘기도 그중하나다. 어쨌든 홍성기 감독은 그 뒤 이렇다 할 작품을 내지 못하다가 1970년 이후 은퇴하다시피 했고, 1986년 고혈압으로 쓰러져 2001년 세상을 떠날 때까지 불우한 말년을 보냈다.

그러면, 뚜렷이 엇갈린 승패만큼 〈성춘향〉이 〈춘향전〉보다 나은 작품이었던가. 지금 두 영화를 다시 보면, 〈춘향전〉의 유두연 각본이 〈성춘향〉의 임희재 각본보다 오히려 낫다. 감칠맛 나는 대사, 세심한 심리 묘사, 극적인 긴장을 끌고 나가는 솜씨도 그렇다. 하지만 '최초의 35밀리 컬러 시네마스코프'를 표방한 두 영화 중에, 일본

에서 현상 인화해 왔다는 〈성춘향〉은 원색이 살아 있는데 〈춘향전〉
은 색감이 죽어 있다. 그리고 무엇보다 〈성춘향〉의 기록적인 흥행
은 결정적으로 스타파워다. 시나리오가 아무리 섬세한들, 어차피
같은 원전에 이야기야 거기서 거기일진대, 막강한 스타 군단의 총
출동을 어떻게 당할까. 특히 코믹 연기에 강한 조연들이 드라마에
아연 활력을 준다. 배역의 명단만 쓰윽 봐도 알 만하다.

〈성춘향〉: 최은희(춘향), 김진규(몽룡), 도금봉(향단), 허장강(방
자), 이예춘(변학도), 한은진(월매), 김희갑, 구봉서, 양훈 등.

〈춘향전〉: 김지미(춘향), 신귀식(몽룡), 양미희(향단), 김동원(방
자), 최남현(변학도), 유계선(월매), 김현주, 최승미, 김칠성 등.

판소리와 영화의 중간 장르를 개척하다, 〈춘향뎐〉

임권택 감독의 〈춘향뎐〉은 칸영화제 경쟁부문에 진출한 '최초'의
한국영화이지만, 영화 형식에 있어서도 뭔가 '최초' 브랜드 하나쯤
은 가질 자격이 충분하다. 최초의 판소리영화? 〈서편제〉도 판소리
영화라 했었다. 그러면, 최초의 한국적 뮤지컬영화? 다분히 할리우
드 풍이긴 하나 〈남자는 괴로워〉 같은 국산 뮤지컬영화들이 있어
한국적 뮤지컬영화라는 표현도 애매하다면, 최초의 판소리 뮤지컬
영화 정도는 어떨까. 또는 최초의 조선식 뮤지컬영화?

어쨌든, 〈춘향뎐〉은 일찍이 한국영화사에 없던 형식이다. 역대
『춘향전』 영화판들이 『춘향전』의 이야기만 차용하거나 거기다 판소
리 한두 자락을 동원하는 수준이었다면, 〈춘향뎐〉은 소리와 영상이
대등하게 만나는, 판소리와 영화의 중간 장르를 개척하고 있다. 〈춘

향뎐〉은 조상현 명창이 판소리 〈춘향가〉를 5시간에 걸쳐 완창하는 무대에서 시작해서 이 무대에서 끝난다. 2시간 남짓의 러닝타임 동안 영화 장면들이 흘러가고 군데군데 조상현의 소리가 배경에 깔리는데, 이때 명창의 소리와 배우의 동작을 싱크로나이즈시키는 그 절묘함의 예술이 무릎을 치게 한다. 판소리 〈춘향가〉에서 '사랑가' 정도가 비교적 널리 알려져 있지만 영화 〈춘향뎐〉을 보면 〈춘향가〉에 우리가 몰랐던 얼마나 재미있는 대목들이 많은지 세삼 탄복하게 된다.

가령, 아랫사람들의 움직임을 묘사할 때는 중중모리나 자진모리의 빠른 장단이다. 자연, 거동이 가볍고 희화화된다. 조상현 명창의 소리는 보이스오버화면 속 인물의 대사가 아닌, 화면 밖에서 들려오는 해설 등 소리로 화면 밖에서 들려오고 배우들은 판토마임하듯 소리의 리듬에 동작을 맞춘다.

#1. 단오날 광한루에서 몽룡의 심부름으로 방자가 춘향을 부르러 가는 대목.

"방자 분부 듣고 춘향 부르러 건너간다. 맵시 있는 저 방자, 태도 좋은 저 방자, 연잎 벙치 눌러쓰고 충충거리고 건너갈 제, 조약돌 덥벅 쥐여 양유 앉은 저 꾀꼬리 툭 쳐 휘여 날려보며……."

방자는 작은 개울 건너다가 장난기가 넘쳐 조약돌을 하나 주워 나무를 향해 던져 올린다. 오월의 햇빛이 창창히 부서지는 나무숲에서 새들이 푸드득 날아간다.

#2. 기생점고에 빠진 춘향을 데려오라는 변학도의 명령에 나졸 둘이 패랭이 모자 삐뚤빼뚤 쓰고 방망이 하나씩 꼬나 잡고 앞서거니 뒤서거니 종종걸음치며 나서는 모양.

춘향뎐 2000

"군로사령이 나간다, 사령군로가 나간다, 산수털벙거지에 남일 공단을 안을 올려 날랠 용자를 떡 붙이고 충충충충 거덜거리고 나온다. 구정댓뜰 너른 마당에 덜렁거리며 나간다."

#3. 춘향을 형틀에 앉혀놓고 집장사령이 창고로 가서 곤장을 꺼내오는 대목.

"집장사령 거동을 보아라. 형장 한 아름을 안어다 동틀 밑에다 좌르르르르 펼쳐놓고 형장을 고른다. 이놈 골라 이리 놓고 저놈 골라 저리 놓더니마는 그중의 등심 좋고 손잽이 좋은 놈 골라 쥐더니마는……"

한편 진양조는 판소리에서 가장 느린 장단인데 사랑가의 앞부분이나 이별가는 그렇게 에로틱하게, 또는 애절하게 늘어진다.

비유와 풍자의 문학성이나 말장난의 경지로 보면, 〈춘향가〉를, 아니 우리 판소리들을 한국판 셰익스피어라 부를 만하다. 〈춘향뎐〉을 보았을 때 나는 판소리 〈춘향가〉 완창을 그대로 5시간 영상으로 만들었다면 어땠을까, 생각했다. 배급 문제를 잊는다면 가능했을 테지. 다만 이렇게 열린 형식의 영화를 실험한 사람이 당대의 현역 가운데 최고 원로인 60대 감독이었다는 사실이 놀라울 뿐이다.

| 청렴한 변학도, 현지처 춘향
| 고전 뒤집기

영화 〈춘향전〉들은 원전을 약간씩 변주한다. 어떤 에피소드를 넣거나 빼거나 특정 대목을 늘이거나 줄이거나 월매를 나름 줏대 있는 중년여성으로 그리거나 노골적인 뚜쟁이로 만들어놓거나 그런 식이다. 그러나 등장인물과 이야기 구조는 전체적으로 거기서 거기다. 변학도는 구제불능의 탐관오리이고 춘향은 만고불변의 정절녀다. 그런데 변학도와 춘향에 대해 완전히 새로운 인물 해석을 시도한 〈춘향전〉의 혁명적인 버전도 있다. 영화가 아니라 소설인데, 김연수의 단편 「남원고사南原古詞에 관한 세 개의 이야기와 한 개의 주석」 김연수, 『나는 유령작가입니다』(창비, 2005)에 수록이 그것이다.

여기서 변학도는 청렴하고 합리적인 고급 관료의 전형이다. 그리고 춘향은 지방 근무 나간 사또나 그 아들이 현지에서 데리고 놀다가 서울로 돌아가면서 버리는 뭇 여성의 흔한 사례다. 가령, 서방님이 불망기不忘記를 적어주며 영원히 사랑하겠노라 맹세했다고 춘향이 말하자, 춘향을 데리러 간 포졸의 대꾸가 절창이다.

"교방에 가면 불쏘시개로 쓰는 게 양반놈들이 적어준 불망기라 하더라. 기생 처지에 수절이 웬 말이냐, 기절이 딱이다."

기생의 딸은 기생명부에 당연직으로 이름을 올리는 게 당시의 법이었다는 것. 그렇다면 대쪽 같은 신임 사또 변학도가 춘향을 기생점고에 출석하도록 지시할 수는 있겠는데 어떻게 잠자리를 요구하고 결국 투옥시키는 단계로까지 발전할 수 있는가. 작가의 설명이 또 그럴듯하다.

작가는 삼정의 문란, 관료들의 부정부패와 같은 조선 후기의 시대 배경을 스토리라인에 전진 배치한다. 실제로 임진왜란과 병자호란을 지나 조선 후기로 가면서 지방 아전들의 부패가 극심한 데다 수령들의 협잡도 많아, 중앙에서 수시로 암행어사를 파견했다 한다. 지방 수령이나 그 아들들, 아전들이 관기 하나씩 첩으로 들어앉히거나 기둥서방 노릇을 하면서 관기 관리가 엉망이 되어, 기생명부와 실제 인원을 점검하는 월 2회 기생점고도 생략이 다반사였다. 변학도가 취임 첫 조치로 기생점고를 실시한 것은 아전들에 대한 일종의 선전포고였다. 변학도는 기생점고에 빠진 춘향을 불러다 문책하는데, 지적사항이 하나같이 일리가 있다. 춘향이는 양반 자제와 백년가약을 맺었으므로 양민이 되었다고 주장하지만 연애했다고 신분이 바뀔 수는 없다. 기생명부에서 이름을 빼려면 지금 당장 삼청동 책방 도령과 혼례를 올리든지 그러지 않으면 최소한 기생점고에는 빠지지 말라.

문제는 춘향의 캐릭터. 책도 많이 읽고 생각도 많은 여성이다. 호락호락하질 않고 나름대로 또박또박 논리적이다. 그런데 결정적으로 다음 발언, "충신은 두 임금을 섬기지 아니하고 열녀는 두 남편을 섬기지 아니한다고 했습니다. 사또는 다시 어지러운 때를 당하면 도적에게 굴복하여 두 임금을 섬기리이까!"가 변학도를 성질 뻗치게 했다. 두 차례의 전쟁 이후 아직 아물지 않은 상처에 소금을 뿌린 격. 변학도가 "수청 들렸다"라고 고함 친 건, 어디 네가 이기나 법이 이기나 보자, 하는 식이었다.

호남 지방에 어사가 떴다는 소문을 들은 아전들은 춘향 사건을 부풀려 사또를 탐관오리로 몰아넣으려고 작당했다. 그러나 변사또 생일잔치에 어사가 참석했을 때는 이미 부패 아전들이 줄줄이 투옥되고 춘향은 감옥에서 스스로 목숨을 끊은 다음이다. 그리고 어사도 이씨가 아니라 박씨다. 이도령은 어디 있는지는 모르겠으나 춘향을 잊은 지 오래일 게다. 결국 춘향은 신임 지방관과 부패 관료들 사이의 힘겨루기에서 희생양이 된 셈.

이 소설의 백미는, 믿거나 말거나 『춘향전』 태생의 비밀에 관한 부분이다.

변학도의 지시를 받고 간 포졸은 춘향을 잡아오는 대신 월매가 주는 술을 받아먹고 하옥됐다. 남몰래 춘향을 짝사랑했던 포졸은 심심하면 춘향이 얘길 떠들고 다녔는데, 이를 유심히 듣던 광대 하나가 타령으로 만들어보겠다고 했다.

소설 후반부에 변학도와 박어사가 주고받은 대화가 아래와 같다.

변학도 : "개구리도 죽을 때는 꽥 하고 죽는다고 그 좌수놈이 악에 받쳤는지, 저더러 수절 맹세하는 양민의 부녀자에게 수청 들라고 한 죄, 누대에 기리기리 전하리라고 소리칩디다. (…) 그 소리가 영 잊히지 않습니다 그려."

박어사 : "아니, 사관과 지필묵이 다 우리 손에 있는데, 백 년도 살지 못할 저희 같은 것들이 어찌 누대를 들먹인다 말이오."

이어 풍악을 울리라는 지시가 떨어지자, 광대 두 명이 들어서더니 하나는 돗자리 깔고 앉아 북을 치고 하나는 일어서서 소리를 한다. 변학도 일행은 이런 광경이 처음이라 어리둥절해진다. 어사가 저것이 무슨 놀이냐고 묻자 일행 중 하나가 요즘 변방에 유행하는 소리라면서 "판을 벌여놓고 소리를 늘어놓으니 판소리라 하면 될 듯합니다"라고 대답한다. 소설은 변학도가 여전히 불안을 떨치지 못하고 근심 어린 표정을 짓는 것으로 끝난다.

리얼리티로만 따지자면, 『춘향전』 원전보다는 단연 김연수 소설 쪽이다. 지방 소도시 기생의 젊은 딸이 수기를 썼다면 딱 떨어지는 내용 아닌가. 이 소설은 거의 작가의 창작이겠지만 비슷한 모티브가 들어 있는 이본이 있지 않았을까 하는 것이 내 추측이다. 〈춘향뎐〉이 영화판 〈춘향전〉의 역사에서 형식의 혁명이라면, 이야기를 한번 뒤집어보는 '내용의 혁명'도 시도해볼 때가 되지 않았을까. 하지만 김연수 버전은 결코 영화화될 수 없을 것이다. 우리 스토리텔링의 역사에서 최고의 대중성을 누린 〈춘향전〉의 생명은 바로 춘향과 몽룡의 판타지, 그 비현실적인 해피엔딩에 있기 때문이다.

어떤 아방가르드의 기억

아까운 재능이 고작 9편 찍고 퇴출되다

1990년대 충무로의 불량학생 장선우 감독

뒤늦은 걸작의 발견, 〈꽃잎〉

개봉영화가 지난 역사가 돼버리는 어느 만큼의 시간이 지난 뒤 장선우 감독의 영화들을 다시 보았을 때, 가장 놀라운 새로움으로 다가온 것은 뜻밖에 〈꽃잎〉이었다. 그의 영화들은 과거에 다 보았지만 영상자료원에 온 뒤 다시 한 번씩 보리라 마음먹었을 때 〈꽃잎〉만은 건너뛰고 싶었다. 1996년 개봉 당시 〈꽃잎〉에 대해 부정적인 평을 내놓았던 기자나 평론가들과 똑같은 이유에서였다. 소녀강간이나 폭력이 불편했고 광주를 피해의식과 악몽으로 다룬 것도 께름칙했다. 〈씨네21〉 시절, 하필 원고마감날 열린 단성사의 시사회에서 영화 엔딩크레딧이 다 올라가기 무섭게 누구는 감독 인터뷰, 누구는 영화평을 맡아 부산히 흩어질 때, 방금 전에 본 영화에 대해 내가 갖고 있던 느낌이 그러했다.

〈성공시대〉1988 〈우묵배미의 사랑〉1990 〈경마장 가는 길〉1991 〈화엄경)¹⁹⁹³ 〈거짓말〉¹⁹⁹⁹을 그 옛날에 볼 때도 그랬지만 '장선우 없는 한국영화 르네상스'를 보낸 지금 다시 보아도 '장선우 같은 감독은 이제 다시 있기 힘들지' 싶다. 굳이 장르로 묶을 수 없지는 않겠으나 장르의 관습에는 애초에 오불관언인 그의 영화들은 예전에도 새로웠고 아직도 새롭다. 그의 영화에는 단 한 편도 해피엔딩이 없고, 로맨스가 줄창 나오지만 그 로맨스들엔 결혼과 가정에 대한 환상이나 목표의식이 없으며, 근사한 매력남이나 청순가련한 처녀나 영웅이나 깡패, 또는 관객이 신뢰를 걸 만한 용감하거나 도덕적인 인물이 주인공으로 나오는 법도 없다. 주인공이 꿈과 목표를 이루는 법도 없고 갈등과 오해는 끝내 해결되지 않는다. 그러하니, 그의 영화들을 통틀어 감동의 눈물 한 방울 흘릴 기회가 없다. 상업영화 규범의 외곽에서 매번 엉뚱한 이야깃거리를 들고 나오는 장선우 필모그래피에서 〈꽃잎〉도 예외는 아니다. 다만 이 영화에 대한 내 첫인상이 아주 안 좋았던 것뿐이다.

하지만 다시 보았을 때, 〈꽃잎〉은 명백한 걸작이었다. 장선우 영화 중에서 최고 걸작이냐, 에 대해서는 왈가왈부가 있겠지만 나는 그렇다고 생각한다.

〈성공시대〉에서 〈우묵배미의 사랑〉 〈경마장 가는 길〉에 이르는 몇 년이 장선우 감독이 가장 빛났던 연대임에 틀림없지만, 〈꽃잎〉에 와서 장선우 영화가 영화적 표현의 자유자재로움과 능수능란함에서 하나의 절정을 찍고 있는 것 같다. 다큐와 픽션, 흑백과 컬러, 실사와 애니메이션, 과거와 현재의 몽타주를 비롯해서, 내레이션과 대사와 노래와 연기 등 요소들의 조합, 역사적 사건의 무게를 그대로 전달하면서도 그것에 압도되지 않는, 그러니까 뻔하게 정형화하지 않은 강력한 캐릭터들까지. 처음에 깨진 기억의 단편들이 튀어 나오다가 마침내 모자이크가 완성되기까지, 그러니까 엄마가 죽고 소녀가 미쳐버린 그날 거리에서 무슨 일이 일어났던가 하는 미스터 리를 추적해나가는 끝에 그 비극의 심장에 닿았을 때의 저릿함. 이정현이라는 열일곱 살 여고생에게서 그 광기와 신들린 연기를 끌어 낸 것이나 김추자의 〈꽃잎〉이라는 노래 하나로 영화의 이미지와 정서를 견인해내는 것이나, 그 모든 영화적 요소들을 동원해내는 솜씨에서 감독이 하나의 경지에 이르렀다. "꽃잎이 피고 또 질 때면 그날이 또다시 생각나 못 견디겠네……." 범속한 유행가 하나가 이 영화를 만나면서 어떤 역사적 아우라를 입게 되었다.

광주를 불러내는 가장 소름 끼치는 소환장치

하지만 그 무엇보다 〈꽃잎〉이 걸작인 이유는, 감독이 영화를 통한 정치적 발언에 성공하고 있다는 점이다. 10여 년 전, 나는 강간과 폭력의 야만적인 어법이 불편했었다. 나는 '광주의 진실을 정공법으로 다루지 않고 피해의식으로 다뤘다'는 진보 모범생들의 비판에 공감하고 있었던 것 같다. 또한 〈오! 꿈의 나라〉이은·장동홍· 장윤현 감독. 1989 나 〈부활의 노래〉이정국 감독. 1990 같이 광주를 언급한 독립영화가 있었지만 충무로에서 본격적으로 광주항쟁을 다룬 첫 영화라는 데 대한 과도한 기대와 환상도 있었을 테고, 성마른 기자의 마음이 관람을 방해했을 수도 있다. 하지만 제법 시간이 흐른 지금 영화는 사뭇 다르게 다가왔다. 〈꽃잎〉은 한마디로 광기에 가득 찬 울부짖음과도 같은 영화인데, 그것이 광주라는 총체적 진실과 그 정서에 가장 어울리는 이미지 아닐까.

야만의 시대는 야만의 눈으로 보아야 한다. '80년 광주'라는 사건의 핵심은 간단하다. 20년 군부정권이 내부 균열로 졸지에 붕괴되는가 싶을 때 죽은 장군의 부하들이 다시 탱크를 몰고 나와 계엄령을 선포했는데, 여기에 가장 격렬하게 반항했던 지역이 과거 식민시대 일본군이나 군정기의 미군도 한 적이 없던 야만적인 방식으로 열흘 동안 무차별 살육을 당했던 사건이다. 반항하기는 서울도 마찬가지였지만 서울은 면제되었다. 〈꽃잎〉은 우리에게 어느 만큼 눈에 익은 다큐멘터리 동영상의 표면을 열고 그 폐부로 들어간다. 그것은 죽거나 혹은 미치거나인데, 그것을 진저리치지 않고 좀 더 온건하고 편안한 방식으로 대면하게 해달라고 요구해서는 안 된다. 광주를 이야기할 때는 어떤 신파조나 숭고미도, 당의정이나 진통제도 절대 금지! 장선우가 선택한 '강간과 폭력'은 가장 적절한 화법이다. 관객은 생살이 찢어지는 느낌으로 1시간 40분의 고문을 견뎌야 할 의무가 있다. 장선우 감독은 언제든지 이 사건을 잊힌 기억 속에서 불러내는 가장 소름 끼치는 소환장치를 발명한 것이다. 100년이나 200년쯤 시간이 지난 뒤 광주를 돌아볼 때 〈꽃잎〉은 당대가 겪은 것이 무엇이었는지, 그 핵심을 가장 간명하게 전달하는 영화로 받아들여질 것이라고 나는 생각한다.

이 영화에서 상영시간의 상당 부분을 차지하고도 별 존재감이 없는 사람들이 있다. 서울서 내려간 '우리들', 소녀를 찾아다니는 오빠의 친구들이다. 이 대학생들은 '사람을 찾습니다' 피켓을 들고 기차역과 여관과 식당과 술집을 우왕좌왕한다. 이들의 배경에서는 조용필의 〈창밖의 여자〉나 9시 '땡전뉴스'가 나온다. 이들은 열심

장선우 감독 '96년 작품
당신에게 자석처럼 다가오는 그녀의 이름은…
꽃잎
A Petal
장선우 감독작품 이정현/문성근 이영란/박철민/설경구/나장진/추상미
주 미라신코리아
대우시네마

히 쫓아다녔으나 결국 소녀를 만나지 못하고 서울로 돌아간다. 이들은 광주의 진실 안으로 들어가지 못하고 상처의 표면에 가닿지도 못하고 그저 주변을 맴돌다 만다. 영화를 만든 감독도, 그것을 보는 나도, 그 '우리들'의 엉거주춤한 포지션 속에 물러서 있다. 광주 다큐멘터리를 보고, 영화 〈꽃잎〉을 보고 눈이 퉁퉁 붓도록 울어도 우리는 그렇게 맴돌기만 하는 '우리들'일 뿐이다. '우리들'을 존재감 없어 보이게 만든 건, 감독의 연출 의도임에 틀림없다. 돌아오는 버스 속에서 '우리들' 중 하나가 울음을 터뜨리고 한때 소녀가 발작을 하던 공동묘지 위로 눈발이 푸슬푸슬 날리는 마지막 장면에 이런 내레이션이 흐른다.

"당신은 무덤가를 지날 때, 아니면 강가나 거리 모퉁이에서 어쩌면 이 소녀를 만날지도 모릅니다. 찢어지고 때 묻은 치마폭 사이로 맨살이 눈에 띄어도 그냥 못 본 척 지나쳐주십시오……."

〈꽃잎〉은 지금도 이 사회의 공기 속에 결코 치유될 수 없는 상처의 흔적으로 떠도는 그것을 우리에게 환기시키고 있다. 문득, 그때 광주에서 인간사냥을 했던 군인들이 지금 우리 주위 어딘가에서 평범한 50대의 얼굴을 하고 같이 늙어가고 있다는 생각에 섬뜩해진다. 그때 발포 명령을 했던 남자는 우리가 가끔 TV에서 보지만 말이다.

코스모폴리탄 백남준과 토착민 장선우의 차이

고등학교를 자퇴하고 대학에서 시위로 두 번 제적되고 일찍이 「민중영화의 모색」〈실천문학〉 1985년 봄호 같은 평론을 쓴 장선우 감독이 데뷔하면 정치사회현실을 다루는 정통 리얼리즘 영화로 한국의 코스타 가브라스Kostantinos Gavras(1933~), 그리스 출신 영화감독. 대표작 〈계엄령〉 〈실종〉 〈Z〉가 될 것 같았지만, 코스타 가브라스의 길을 간 사람은 장선우가 아닌 박광수였다. 물론 〈서울예수〉를 찍었다가 개봉 못하고 〈붉은방〉은 캐스팅까지 했다가 묻어버렸으니 그에게 가브라스의 길은 원천봉쇄되었다. 하지만 그게 아니라도 그는 진보 모범생이 되기엔 머릿속이 너무 복잡했고 도그마에 투항하기엔 기질적으로 자유주의자였다. 〈꽃잎〉과 〈성공시대〉 정도가 운동권 출신 영화감독에 대한 기대에 부응할 뿐, 그의 필모그래피는 그야말로 각 방향으로 튄다.

장선우 영화를 한마디로 설명하는 말은 무엇일까. '1990년대 충무로에서 가장 아방가르드에 가까웠던 감독' 정도 아닐까. 한국영화에서 무엇을 아방가르드라 부를 수 있을까. 전위란 늘 이동하는 것이어서 시공을 초월한 절대기준은 없다. 시대의 맨 앞은 곧 맨 뒤가 되며 가령 동성애 이슈도 잠시 낯선 시절이 있지만 곧 익숙한 이야기가 되고 마는 것이다. 또한 아방가르드의 특정한 형식과 내용이 있는 것도 아니다. 다만 전위 작가들에게서 어떤 공통적인 태도를 추려낼 수는 있을 것 같다. ① 과거와의 단절, 필사적으로 새롭고자 함. ② 비상업적인 태도, 적게 쓰고 얼마 벌든 상관 않기. ③ 관객에게 아부하지 않기, 논쟁과 비난을 두려워하지 않음. 여기서 ②의 경우 그가 언더그라운드에서 충무로로 올라오는 길에 어딘가에 내던져버렸을 테고, 최소한 ①과 ③에 관한 한 1990년대 충무로에서 가장 합당한 사례는 장선우였음에 틀림없다. 그 역시 상업적 생존 전략과 예술적 자의식 사이에서 줄타기를 했겠지만 어쨌든 그는 1990년대 내내 언더그라운드에서 방금 올라온 것 같은, 지하의 냄새를 풀풀 풍기는 충무로 멤버였다. 자퇴와 제적으로 뒤죽박죽된 학창시절은 진즉에 끝났음에도 그는 여전히 불량학생이었다. 〈나쁜 영화〉1997는 영화판에서 정규군이 게릴라 식으로 찍은 영화였고, 〈거짓말〉로 그는 충무로에서 제적 위협에 놓였다.

대개의 아방가르드들이 자기복제 속에 상업화 내지 기성화하면서 다음 세대에 전위를 내주었으니, 혁명으로 시작했으되 자기혁신에는 약한 것이 지난 100년 성치적 아방가르드와 예술적 아방가르드의 공통점이다. 하지만 장선우 감독이 흥미로운 것은 그의 전복적인 상상력이 나이 들수록 하늘을 찔렀다는 점이다. 1990년대 후반 충무로 신입생들이 "한국영화도 이제 할리우드 못지않아"라는 입소문 속에 앞 다퉈 세련된 장르영화들을 자랑할 때, 이 선배가 내놓은 것이 어디서 당최 듣도 보도 못한 스타일의 〈거짓말〉과 〈나쁜 영화〉였다. 〈나쁜 영화〉를 찍을 때 그는 영화에 나오는 거리의 아이들과 똑같은 펑크 패션을 하고 다녔는데 영화로 보나 감독 개인으로 보나 나이 들수록 철없어지는 일종의 탈사회화 과정을 밟고 있음이 분명해 보였다.

그럼에도, 아방가르드의 지존인 백남준과 달리 장선우는 영화 매체의 신천지를 여는 데까지 이르지는 못했다. 시각적 매체 실험에 매진했던 아방가르드 영화의 한 가닥을 비디오아트라는 예술 장르로 진화 내지 정착시킨 백남준의 경우, 식민과 전쟁의 땅이 한 자유로운 영혼을 튕겨냈던 덕분에 그 반강제적인 디아스포라의 유민생활에서 혁명성이 자라날 수 있었을 게다. 반면 코스모폴리탄 백남준과 달리 장선우의 경우, 영등포 뒷골목의 어린시절과 몽둥이로 맞다가 날 샜을 남자 중고교로 시작해 충무로 시스템과 국가보안법과 검열제도에 늘 한쪽 발목이 묶인 채 서바이벌 게임을 벌여야 했던, 비열한 서울의 거리를 한 번도 길게 떠나보지 못한 토착민의 운명을 탓할 수밖에 없다. 나만, 온갖 시청각적 표현 방식을 실험하며 매체의 가능성을 탐험하는 데 몰두했던 초창기 유럽과 미국의 에디슨적 영화예술가들, 또는 백남준과 비교할 때 장선우의 다른 점은 영화를 통한 사회적 소통과 발언에 좀 더 관심이 있었다는 것과, 매체 양식의 새로움보다 그 내용의 새로움에 더욱 집중했다는 점이다. 결국 그것과 통하는 얘기지만, 루이 브뉘엘과 장 콕도의 초현실주의 영화들에 핏줄이 닿아 있는 영화적 판타지, 그러니까 뤼미에르가 아니라 멜리에스의 후예들이 좀 더 아방가르드 쪽에 가까웠으나, 장선우는 본질적으로 리얼리스트였다는 점이다. 하지만 문학이나 연극 같은 조상들로부터 멀리 달아나기 위해 온통 시청각적 판타지로 몰려가던 시절에 소설을 따분할 정도로 직역한, 스크린에서 원고지과 잉크 냄새가 풀풀 나는 흑백영화 〈어느 시골 사제의 일기〉로베르 브레송 감독. 1950 가 오히려 전위 취급을 받았던 것처럼, 상업 장르영화들이 창궐하는 시대에는 〈거짓말〉 같은 다큐적 리얼리즘이 전위가 될 수도 있는 것이다.

정성일이 꼽는 최고의 영화, 〈경마장 가는 길〉과 〈나쁜 영화〉

흔히 비평가들은 창작자가 되기에 실패한 자들이라고도 하지만, 창조주가 되지 못한 평론가나 기자들의 특권은 창조주의 노작勞作들을 가지고 맘대로 찧고 까부는 일. 이제는 감독 겸 평론가가 된 정성일 씨와 정선우 감독에 대해 이야기한 적이 있다. 장선우가 뛰

어난 감독이며 고작 9편(다큐멘터리 〈씻김〉1995과 선우완과의 공동
연출 〈서울황제〉1986 빼고)으로 마감하기엔 너무 아까운 재능이라는
데 의기투합한 뒤에 정성일 씨는 〈경마장 가는 길〉과 〈나쁜 영화〉
를, 나는 〈경마장 가는 길〉〈꽃잎〉〈거짓말〉을 최고 걸작(9편 중 3편
인데 최고라는 표현은 어폐가 있지만)으로 꼽았다.

글을 쓰면서 그에게 전화메모를 보냈다. 두 영화를 최고 걸작으
로 꼽은 이유를 전화메모로 답변해달라는, 한마디로 황당한 주문이
었다. 학식과 견문이 풍부한 이 평론가는 그 이유에 대해 책 한 권
을 쓸 수 있었겠으나, 휴대전화 글자수 제한으로 말미암아 영화 한
편씩 나눠 두 차례의 메모를 보내왔다.

"〈경마장 가는 길〉: 〈만추〉 이후 한국 모더니즘영화의 두 번째
절정. 이 영화 이후 모두들 장선우의 미로 바깥으로 나가지 못한 채
맴돌고 있다. 이 얼마나 경이로운가."

"〈나쁜 영화〉: 영화가 스스로 자기를 부수는 지경까지 몰고 간
다음 문득 그 경계가 세상임을 깨닫는다. 정선우가 불가佛家의 가
르침을 영화에서 정말 실현한 유일한 예. 나에게 장선우는 결국 〈나
쁜 영화〉이다."

정성일 씨가 두 영화를 걸작이라고 불렀으니 두 영화는 틀림없이
걸작일 것이다. 다만 그는 〈꽃잎〉에 대해서는 보기 불편했었다는
감상을 이야기했는데, 나는 어쩌면 지금 보면 달라질지도 모른다고
말해주었다. 〈꽃잎〉에 대해서는 앞에서 이미 회개간증을 한 고로
나는 왜 〈거짓말〉을 걸작으로 치는지에 대해 설득력 있게 주장하는
임무가 남았다.

작정하고 싸움을 걸어온 영화, 〈거짓말〉

〈거짓말〉은 1999년에 만들어져 두 차례 등급보류당하고 음란물 제작배포 혐의로 고발당하고 베니스영화제에서 외국인들이 먼저 본 뒤 제작 6개월 만에 극장 개봉한 영화다. 극장 개봉판은 제작사가 원본에서 17분 자진 삭제해 18세 관람가를 받아낸, 약간 짧은 편집본이다. 한국영화사에서 전 사회적인 외설 논쟁과 법정 시비의 센세이션은 두 차례였다.

1965년 〈춘몽〉이 첫 번째였는데, 유현목 감독이 '음화 제조 혐의'로 체포된 사건은 한마디로 당시가 전제국가였다는 방증일 따름이었다. 문화예술의 중세에는 여배우가 엉덩이만 까보여도 권력집단은 자신에 대한 도전으로 간주했다. 유현목 감독에게 어떤 도전 의지가 있었다면 타깃은 공권력이 아니라 영화적 표현 양식이었을 것인데, 이 편집증적 영화광은 엉뚱한 패거리들에게 잘못 걸려서 곤욕을 치러야 했다.

그에 비해 〈거짓말〉은 감독이 작정하고 싸움을 걸어온 경우다. 이 소설은, 그리고 영화는 도발과 도전의 투지로 부글부글 끓는다. 도전의 상대는, 검열당국과 기성세대, 또는 그 모두를 포함하는 한국사회의 상식이었다. 더구나 원작인 『내게 거짓말을 해봐』가 이미 작가를 감옥에 보내고 유죄판결을 받는 등 한국사회를 들쑤셔놓은 다음에 감독은 이 영화를 차기작으로 골랐다. 그야말로 '한번 해보자는 거'였다. 원작 소설인 『내게 거짓말을 해봐』는 1996년에 출판돼 작가 장정일 씨가 징역 10개월 형을 받고 법정 구속됐고 출판사는 일간지에 사과 광고를 싣고 책을 회수해 파기했으며 대법원까지

거짓말 1999

올라갔지만 2000년 10월, 역시 장정일 유죄로 법정 시비가 끝났다.
원작 소설에 대한 법정 시비가 계속되는 중에 영화가 1심에서 무죄
판결을 받았다는 것이 아이러니다. 배우 인터뷰 등 픽션임을 의식
하게 만드는 장치가 면죄에 결정적인 기여를 한 것으로 판결문에
나와 있다.

〈거짓말〉은 18살짜리 여고생과 38살짜리 조각가의 연애이야기
다. 그리고 한국영화에서 전체 상영시간 중 섹스신이 차지하는 분
량이 가장 많은 영화일 것이다. 비디오 전용 에로영화를 열외로 친
다면, 이렇게 막무가내로 벗고 덤비는 영화는 이전에도 이후에도
없다. 또한, 미성년섹스, 가학피학, 항문성교, 구강성교와 분뇨애호
까지, 대중매체가 체면상 기피하는 금기항목들이 총출동한다. 공평
하게도 영화 전반부에는 남자가 여자를 때리고 후반부에는 여자가
남자를 때리는데 도구는 나뭇가지에서 철사, 쇠파이프, 걸레자루,
곡괭이자루까지 거의 공구전시장을 방불케 한다. 두 남녀의 엉덩이
와 다리는 푸른 멍이 가실 날이 없다. 게다가 영화감독들은 베드신
을 찍을 때 성기를 가리면서 섹스의 전 과정을 묘사하는 기술에 관
한 한 올림픽 장애물경주에 나가도 될 만큼 선수들인데, 장선우 감
독은 〈경마장 가는 길〉이나 〈너에게 나를 보낸다〉1994에서 갈고 닦
은 이 실력을 〈거짓말〉에선 전혀 써먹지 않는다. 덕분에 안개 처리
만 없다면 지금까지 한국영화 통틀어보다 더 많은 음모를 한꺼번에

관찰할 수 있다.

그러니까 정말 야한 영화다. 노출 수위 또는 성적 표현의 수위로 친다면, 과거 영화들을 한꺼번에 '유치원생용'으로 격하시키고도 남을 '진정한 성인용'의 현신이다. 그런데 이상한 점은, 남녀 배우가 옷 입고 있을 때보다 벗고 있을 때가 더 많은 〈거짓말〉 전체가 〈해피엔드〉정지우 감독. 1999의 오프닝 베드신 한 번만큼도 에로틱하지 못하다는 점이다. 〈거짓말〉은 그 모든 선정적인 기사 헤드라인들에도 불구하고 아주 담백하고 깔끔한 영화다. 음향효과나 특수조명 등 관음증을 자극하는 어떤 장치도 개입하지 않았고, 카메라도 대개의 영화들처럼 에로틱하게 남녀 배우의 몸 위를 더듬는 것이 아니라 실제 상황에 입회해 있는 실황중계의 카메라처럼 실무적으로 움직인다. 한마디로 다큐멘터리 방식으로 찍은 픽션이다. 게다가 비쩍 마른 두 남녀 배우는 포르노배우의 육체미와는 애당초 거리가 멀고, 관객들이 관음증을 즐기기엔 베드신에서 배우들이 너무 말이 많은데 그 대사도 촉촉한 구석 하나 없이 밥 먹을 때의 대화나 다를 게 없다.

전통적인 에로영화의 어법을 따랐다면 〈거짓말〉은 동네 비디오 가게의 "쎈 거 하나"로 남았을 것이다. 하지만 그토록 야하지만 전혀 야하지 않다는 지점에서 이 영화가 걸작이 된다. 그래서 시종일관 맨정신으로 '성'이라는 것에 대해 많이 묻고 대답하는 탁월한 텍스트가 된다. 기자로서, 관객으로서, 내게 '성'에 대해 그처럼 본질적인 질문을 그토록 강렬한 어조로 묻는 영화는 이제껏 없었다. 〈거짓말〉은 '완전한 섹스'라는 질문에 대해 하나의 대답을 주고 있다. 대단히 흥미로운 방식으로.

스무 살 나이 차를 비롯해서 이름이나 돈이나 규범이나 상식이나 기혼이나 미혼이나 외부적인 모든 것을 다 깨끗이 지운 다음 다만 두 남녀가 서로 지극히 동질적인, 같은 종류의 인간이라는 것을 느낌으로 아는 순간 발정이 난다. 규율과 금제가 엄격한, 한국사회라는 학교의 두 자퇴생은 서로 필사적으로 끌어안는다. 그래서 〈거짓말〉은 슬프고 따뜻한 에로영화다. '치유'라는 말이 오남용되는 시대이지만, 〈거짓말〉의 섹스에는 '치유'의 코드가 있다.

남자가 묻는다. "너 맞을 때 좋니?" 여자가 대답한다. "그렇지는 않아. 그런데 너가 좋아하니까 나도 괜찮아." 군인인 아버지에게서 학대받고 자란 남자는 말한다. "너한테 맞을 때 정말 아파. 그런데 고향에 온 것 같아."

〈거짓말〉이 슬프고 따뜻한 영화로 받아들여지는 순간, 회초리로 때리고 맞는 것도 용서가 되고 똥을 먹는 것까지도 양해가 된다. 나는 그저 두 남녀의 너무나 본원적이어서 비정상적인 사랑이 마침내 〈샤먼카〉나 〈감각의 제국〉처럼 상대의 신체 부위를 먹거나 잘라서 가지거나 하는 식의 정신병리학적 극단으로 가지 않고 상식과 소통할 수 있는 아슬아슬한 경계에서 멈춘 것을 다행으로 여긴다. 또한, 소설 『내게 거짓말을 해봐』에 사족처럼 달렸던 엽기적인 에필로그를 뺀 것도 다행이다.

〈거짓말〉은 이 슬프고 따뜻하나 좀 이상한 러브스토리에 어울리는, 슬프고 따뜻하나 좀 이상한 해피엔딩을 가지고 있다. 그것은 지구 반대편인 브라질로 이민 떠나는 여자가 중간 기착지인 샤를 드골 공항 부근의 여관에서 하얀 세일러 교복을 입고 남자를 곡괭이 자루로 때린 다음, 밥 한끼 커피 한잔 마실 틈도 없이 하룻밤 사랑만을 나누고 헤어지는 것이다. 결혼이 목표도 아니었고 또 어떤 제도적 강제에도 오불관언이었던 두 남녀에게 어울리는 가장 이상적인 형태의 결말이다.

〈파리에서의 마지막 탱고〉의 남녀는 서로 이름도 묻지 않고 모든 사회적 좌표들을 초월한 완전히 독립적인 관계를 꿈꾸었지만 결국 실패하고 만다. 남자가 여자에게 구혼하며 매달리자, 약혼자가 있었던 젊은 여자는 남자를 죽이고 자신의 제도 속으로 복귀한다. 텅 빈 아파트에서 밀회를 나누며 남자는 "이 방 바깥은 하나도 중요하지 않아. 네 이름은 알고 싶지 않아"라고 말하곤 했지만 그것은 퇴행과 비겁의 위장이었으며 제도 속에 정박하고자 하는 욕망을 속이고 있었을 뿐이다. 그것에 비하면, 〈거짓말〉의 결말은 진심으로 산뜻하다.

외설 시비의 해외 스타들
〈감각의 제국〉〈헨리 밀러의 북회귀선〉〈파리에서의 마지막 탱고〉

이 능청맞은 포르노 〈거짓말〉은 한국영화 외설 시비의 대표선수로서 〈감각의 제국〉이나 〈파리에서의 마지막 탱고〉〈헨리 밀러의 북회귀선〉 같은 해외 스타들과 어깨를 나란히 할 만하다.

〈감각의 제국〉愛のコリーダ(사랑의 투우) : 1976년 오시마 나기사 감독. 1936년에 실제로 있었던 사건을 영화화했음. 프랑스합작으로 제작해 프랑스에서 개봉하고 칸영화제에 상영한 뒤 일본 검열당국에서 대폭 잘려 개봉했으나 오시마 나기사 감독은 1977년 뒤늦게 시나리오 출판 때문에 기소됐고 7년 재판 끝에 무죄 판결을 받았다.

〈파리에서의 마지막 탱고〉Ultimo Tango A Parigi : 1972년 베르나르도 베르톨루치 감독. 〈감각의 제국〉과 마찬가지로 성적 표현에 좀 더 너그러웠던 프랑스에서 '망명 개봉' 했다. 하지만 이후 이탈리아 법원은 영화를 압수하고 상영금지했으며 감독은 2달간 투옥됐고 5년간 투표권을 박탈당했다. 영화 상영금지는 1987년에 풀렸다.

〈헨리 밀러의 북회귀선〉Henry & June : 1991년 필립 카우프만 감독. 원작 소설인 『북회귀선』은 1934년에 첫 출판, 작가 헨리 밀러는 '풍기문란죄'로 기소됐고 영어권에서 27년간 금서가 됐다. 영화는 헨리 밀러 탄생 100주년에 나왔으며 그해에 신설된 NC 17등급(미성년자는 부모 동반해야 관람할 수 있는 R등급과 달리 미성년자관람 절대불가 등급)을 첫 번째 적용받았다.

혈연관계로 보자면, 〈거짓말〉과 〈감각의 제국〉〈파리에서의 마지막 탱고〉가 형제관계인 데 반해 〈헨리 밀러의 북회귀선〉은 외모는 닮았지만 족보가 다르다. 네 영화 모두 섹스에 탐닉한다. 과도한 발기에 위협을 느낀 공권력들이 거세시켜버리겠다고 가위 들고 덤볐을 정도로 네 영화 모두 성적 표현의 분량과 강도와 범위에 있어 당대 영화들의 평균을 월등히 상회했다. 파리나 도쿄 뒷골목의 핍쇼Peepshow, 또는 부정한 교접이 벌어지는 밀실을 백주대낮에 대형 스크린으로 중계하고 있다 싶었을 때, 통치행위에 가담하고 있는 아버지들은 공연히 얼굴이 화끈 달아오르고 뭔가 행동하지 않으면 안 되겠다는 충동을 느꼈을 것이다. 그럼에도 〈헨리 밀러의 북회귀선〉이 나머지 세 영화와 다른 점은, 이 영화만이 낭만적인 사랑으로서의 성, 우리 인생에 축복과 환희로서의 성을 다룬 진정한 쾌락주의 영화라는 점이다. 따라서 유일한 낙관주의 영화이기도 하고 유일하게 에로티시즘의 아름다움을 제공하는 영화이기도 하다. 이 영화에는 이성애와 동성애, 부부관계와 혼외정사, 집단혼음과 섹스쇼와 카니발 등 온갖 포맷의 섹스들이 거의 유엔총회를 하고 있고 육감적인 배우들과 관능적인 앵글과 멜랑콜리한 음악과 아름다운 의상들과 다양한 볼거리들이 이 에로티시즘의 카니발을 더욱 화려하고 풍성하게 만들어준다.

대신 나머지 세 영화와 같은 정치적 자의식은 전혀 없다. 나머지 세 영화 역시 주인공들이 자유로운 성을 즐기는 것 같아 보이지만 모두들 자신들의 피폐한 삶과 심리적 억압의 출구로서 성에 탐닉하고 있고 섹스행위가 다만 하나의 집착이나 강박일 뿐이다. 그래서 이들의 섹스는 공격적이거나 자기파괴적이며, 전혀 에로틱하거나 로맨틱하지가 않다.

〈거짓말〉의 남자 주인공 제이는 조각가이지만 작업을 접은 지 오래고 아내가 있지만 섹스를 그만둔 지 오래다. 이불 정리와 취침 자세를 체크하며 가차 없는 벌을 내리던 냉혹한 아버지로부터 벗어나고자 필사적으로 애를 썼으나 조각 작업이 아버지의 그림자라는 걸 아는 순간 손을 뗐고, 제이의 아내는 회초리로 맞거나 때려야 흥분되는 제이를 견딜 수 없어 파리로 떠나버렸다. 직업군인이었던 아버지는 제이의 아버지이면서 동시에 그 세대 모두의 아버지이기도 했다. 적어도 군사정권이 종료되기 전, 1990년 이전 세대의 성장기는 그 아버지 그늘 밑에 있었다.

〈감각의 제국〉에서 한 요정에 종업원으로 들어온 아베 사다라는 젊은 여자는 곧 주인 남자의 애인이 되고 둘은 숫제 이웃 여관방에 틀어박힌다. 여자는 남자를 감금하다시피 해놓고 이따금 딴 남자에게 몸 빌려주고 버는 돈으로 생활한다. 이들은 여자가 몸 팔러 나가는 시간을 빼고는 낮이나 밤이나 섹스만 한다. 여관방에서 섹스를 하는 동안 방문이 열려 있거나 종업원이 들어와 있기도 하고 옆에서 늙은 기생이 사미센三味線일본 전통 현악기을 연주하기도 하고 훤한 대낮에 길가에서 섹스를 하다가 행인에게 말을 붙이기도 하지만, 다른 어떤 것도 하등 문제가 되지 않는다. 손님에게 주인에게 늘 치이고 밟혀온 여자는 사기 주인을 완벽하게 소유하고자 하고 결국 목 졸라 죽인 뒤 성기를 잘라 가진다. 세상에 뜻을 잃고 섹스페인이 된 남자도 스스로 오르가즘 속에 기꺼이 침몰하기를 바란다. 그런데 이 섹스광인들의 시대배경이 1936년, 일본이 군국주의 전쟁에 국민을 총동원하기 시작하던 무렵이라는 점이 중요하다.

〈파리에서의 마지막 탱고〉의 남자 폴은 콩고대학에서 고래의 교미를 공부하고 대만에서 스페인어를 공부하고 믿거나 말거나의 세상 편력을 한 왕년의 보헤미안이지만, 결국은 파리에 정착해서 아내의 여관을 관리하며 아내의 매춘을 방조하면서 중년에 접어든 남자. 아내가 자살을 한 뒤 남자는 텅 빈 아파트에서 집 보러 온 예비 신부와 즉흥적인 섹스를 한 뒤 둘은 한동안 격렬한 섹스 파트너가 된다. 그는 여자에게 항문성교를 하면서 "거룩한 가문, 교회, 훌륭한 사람들……" 하고 외치는데, 일탈적이고 공격적인 항문성교의 이미지와 전복적인 정치적 상상력이 상승작용을 일으키는 장면이다. 〈파리에서의 마지막 탱고〉의 여자와 〈거짓말〉의 남자는 모두 아버지가 군인이었다.

〈거짓말〉의 원작 소설가와 〈파리에서의 마지막 탱고〉의 감독을 기어코 감옥에 집어넣어야 하는 것은, 단순한 성애묘사의 수위 문제가 아니다. 그것은 가장 광범하게 작용하는 '미시권력'으로서의 성 규범을 위반하면서 가족과 종교와 정치체제를 포괄하는 지배 이데올로기를 모욕한 데 대한 처벌이다.

헨리 밀러는 열 번쯤 결혼하고 금서만 골라서 쓰고 내키는 대로 떠돌아다니고 비난을 밥처럼 먹고 살면서 전형적인 보헤미안의 인생을 산 사람이다. 반면, 〈거짓말〉의 장선우나 〈감각의 제국〉의 오시마 나기사나 〈파리에서의 마지막 탱고〉의 베르나르도 베르톨루치는 모두 운동권 학생 출신이고 젊은 시절 혁명적 이상주의자들이었으며 한국의 1980년대와 일본의 1960년대와 프랑스의 1968년을 각기 겪은 뒤에 당대 사회와 일전을 불사하는 도발적이고 전복적인 포르노를 찍었다는 것이 공통점이다.

〈거짓말〉의 사촌들
〈백치들〉〈살로 소돔의 120일〉

〈거짓말〉의 근친에 〈감각의 제국〉과 〈파리에서의 마지막 탱고〉가 있다면 그 외곽에 라스 폰 트리에의 〈백치들〉Idioterne, 1998과 파졸리니의 〈살로 소돔의 120일〉Salo O le 120 Giornate di Sodoma, 1975이 있다. 사드마조히즘이 나온다는 이유로 〈거짓말〉과 사드 원작의 파졸리니 영화 〈살로 소돔의 120일〉을 하나로 엮으려는 사람들도 있지만, 최소한 영화 〈살로 소돔의 120일〉에 관한 한 나는 이것이 파졸리니의 정치적, 정신적 파산상태를 예술로 위장한 것일 따름이라고 생각한다. 〈거짓말〉이 훌륭한 이유는 '헛폼'이 없다는 점인데 〈살로 소돔의 120일〉은 오직 '헛폼'만 있다. 파졸리니의 기획은 근대 계몽주의와 부르주아 사회에 대한 반발을 나치 비판에 끌어다 붙이겠다는 그럴듯한 명분 아래, 잔혹성을 비판하는 것이 아니라 잔혹취미를 즐기고 있고 변태성욕을 풍자하다 탐닉하다 정신분열에 빠져 있으며, 그래서 결국 파졸리니와 나치가 손잡고 나란히 도착한 곳은 도덕과 이성의 막장이다. 개인적 배설과도 같은 이런 광기의 예술이 한 줌의 호사가적 평론가들에 에워싸여 성전에 모셔진다는 것이 불쾌하다.

라스 폰 트리에를 필두로 한 덴마크 감독들은 1995년 칸영화제에서 '반드시 들고 찍기', '특수조명 금지', '장르영화 금지' 등 「도그마 10계명」을 발표하고 1998년 〈백치들〉과 〈셀레브레이션〉을 들고 와서 칸영화제를 뒤집어놓았다. 도그마의 교주인 라스 폰 트리에의 첫 도그마 작품 〈백치들〉은 한마디로 이슈 없고 따분한 북유럽 복지국가에서 '요강 깨는 소리' 같이 들린다. 백치를 가장한 남녀들의 비밀결사는 백치 행동을 통해 가족을 포함해 모든 관계들을 파탄내고 사회적 파문을 감수하는데, 그 목숨을 건 비장한 출사표의 취지는 고작 '부르주아 교양주의에 항거하는 것'이다. 그것을 위해 그들은 스트리킹과 집단난교를 하고 중산층 사람들의 위선을 폭로할 목적으로 생트집 잡고 모욕 주기에 몰두하는데, 반항적인 사춘기 수준 이상의 별 진정성이나 진지함이 느껴지지 않는다. 다만 그들의 권태로움, 사회복지의 천국이 자살률이 높다는 아이러니를 이해하는 데 약간의 도움이 될 뿐이다. 라스 폰 트리에의 영화는 오버액션이 지나쳐서, 이들의 궁극적인 목표가 과연 영화의 새로운 언어인지 그저 센세이션일 뿐인지 헷갈리게 한다.

장선우와 '내추럴 본 아방가르드' 장정일의 조합

문질적 토대만이 아니라 성적인 관계야말로 한 사회를 지탱하는 하부구조다. 그래서 성 규범의 교란을 방지하고 감시하는 장치들이 발달해 있고 성 문화에는 늘 정치적 긴장이 있다. 종족의 번식과 노동력 재생산 이외의 남용은 좀 안 해줬으면 하는 것이 역사적으로 사회체제를 운영해온 사람들의 생각이다. 그래서 성욕이란 권력과 재산에 대한 탐욕과는 비교가 안 될 정도로 양질의 욕망이며 덜 착취적이고 훨씬 호혜적임에도 여러 금제들에 둘러싸여 있다. 권력과 재산에 대한 탐욕을 견제하는 장치는 교양이라는 간접적인 방식과 법제도라는 전문적인 방식 속에 들어 있지만, 성욕을 견제하고 감시하는 장치는 우리의 언어문화와 인간관계와 일상생활 속에 거의 강박증의 형태로 들어와 있다.

한국사회에서 막강한 권력을 잘못 휘둘러 누군가를 죽게 한 경찰 책임자는 항의와 비난의 대상이 되지만 그뿐이고 젊은 여자와 사랑에 빠져 분홍빛 이메일을 주고받고 진주목걸이를 선물하다 감옥에 간 고위 관료는 야유와 조롱의 대상으로 거의 인격살인을 당하게 된다. 이것은 공식적인 가치체계의 위계에서 정치권력이 맨 위이고 섹스는 맨 아래라는 사실을 말해준다.

〈감각의 제국〉의 명장면. 키치조가 오랜만에 여관방을 나와 후줄근한 하오리 차림으로 산책을 하는 길에 군인들 행렬이 지나가고 여자들이 일장기를 들고 환호하고 있다. 키치조는 부스스한 머리에 시선을 내리깔고 과도한 섹스 탓인 듯 휘청거리며 행렬과 반대 방향으로 걷는다. 〈감각의 제국〉은 처음부터 끝까지 정치적인 언급이 한 마디도 없다. 하지만 이 장면 하나로 파시즘에 대한 입장 표명은 충분하다. 그것은 완벽한 무시. 비판조차도 단어가 아깝다는 태도다. 이 장면에서, 행군하는 병사들과 일장기를 흔드는 여자들은 얼마나 비현실적으로 보이는지. 그 터무니없는 판타지에 비하면 키치조의 섹스는 충분히 이유 있는, 대단히 실용적인 행동으로 보인다.

〈거짓말〉에 비슷한 장면이 있다. 제이와 와이는 사랑에 필요한 소도구, 즉 몽둥이를 찾으러 거리로 나간다. 곡괭이를 들고 보도블록 공사를 하는 인부들 옆에서 나뭇가지를 주우면서 "이거 단단하네" "곡괭이자루로 맞으면 어떨까" "일 안 하고 살 수 없나" 이런 대화를 주고받는다. 작가는 이미 좌우 이념을 초월해 있다. 이 장면은 순식간에 가치체계의 위계에서 다른 모든 우선순위들을 밀어내면서 성욕을 가장 고급한 욕망의 위치로 바꿔놓는다. 사실 정치적인 문제들이 워낙 치명적이었던 지난 수십 년 동안 한국의 지식인 사회에서 이념 시비를 이 정도로 가볍게 뭉갤 수 있는 작가는 장선우(라기보다) 장정일 정도다.

장선우처럼 대학물 먹은 아방가르드들이 자신들의 사회화 프로그램에 저항하며 아버지 세대에 대한 단절을 선언하고 독자적인 규범을 창안하려 안간힘을 쓸 때, 중학교만 마치고 일찍이 소년원에 다녀온 천재 소년 장정일은 처음부터 교육과 습관으로 다져진 표준규격 바깥에서 맹랑하게 자기만의 언어체계를 구사했다. 그래서 장정일은 처음부터 아방가르드였고 포스트모던이었다. 그는 1988년, 자신의 소년원 수기와 랭보 풍의 시와 단편소설과 희곡과 일기와 평론과 이것저것을 뒤죽박죽 뒤섞어놓은 장르 초월의 어떤, 본인은 소설이라고 부르는, 그러니까 '해체소설'로 분류될 글 묶음 『그것은 아무도 모른다』를 첫 책으로 출판했다. 그 무렵 기형도는 그를 인터뷰하고 "대구에는 이상한 소년이 산다" 어쩌고 하는 기사를 썼는데, 그는 40대가 된 지금도 한국문학계의 '이상한 소년'이다.

프레시맨의 야심과 치기 어린 〈성공시대〉, 뉴웨이브의 시작

장선우 감독은 9편의 영화 가운데서 〈경마장 가는 길〉 빼고는 모두 각본을 직접 썼다. 〈성공시대〉와 〈성냥팔이 소녀의 재림〉2002은 본인의 오리지널 시나리오였고 나머지는 모두 소설 원작을 본인이 각색했으며 〈나쁜 영화〉는 이토록 각본을 중시하는 감독이 시나리오 없이 카메라를 들고 거리로 나갔다는 데 미학적 승부가 걸려 있다. 그는 각본부터 편집까지 영화의 전 과정을 장악하는 작가주의 감독의 전형이고, 이것은 1980년대 이전 그의 아버지 세대에서는 고집불통의 기인 김기영 감독 정도나 가능했던 작업 스타일이다. 장선우는, 한국영화 뉴웨이브 이후 한두 해에 영화 한 편씩 찍으면서 작품의 숙성 과정에 필요한 최소한의 시간을 확보한 첫 세대 감독이다. 그러니까 작품의 메시지나 완성도에 대해 전적인 책임을 물어도 무방하다.

장선우 감독의 영화가 특히 이른바 거대담론을 상대하려는, 큰 틀에서 현상들을 다루려는, 또는 현상 너머 본질에 접근하려는 태도를 가진 것이 그가 운동권 출신이고 또 이론가 출신인 데서 비롯한다고 본다. 〈성공시대〉〈화엄경〉〈꽃잎〉이 대표적인 예다. 뿐만 아니라 〈경마장 가는 길〉이나 〈너에게 나를 보낸다〉〈나쁜 영화〉

성공시대 1988

〈거짓말〉도 현상의 디테일들을 모자이크하고 있지만 결국 오락의 공식을 완성하는 것을 목표로 하는 대개의 상업영화들과는 달리 현대를 사는 인간의 실존에 대해 본질적인 질문을 던지는 도발적인 교본들이다.

〈서울황제〉가 공동연출인 데다 아마추어의 습작이라 치면 〈성공시대〉는 명실공히 장선우 감독의 데뷔작이다. 흔히 누아르나 갱영화를 자본주의사회의 음화陰畵라고 하지만, 장르의 관습 속에 자본주의의 그림자가 어른거리는 수많은 어두컴컴한 영화들과는 달리 〈성공시대〉는 자본주의의 밝은 대낮을 정면에서 찍어내는 드문 영화다. 김판촉, 성소비라는 주인공 남녀의 작명부터가 자본주의 풍자의 의도를 담고 있다. 〈성공시대〉는 시장에서 경쟁에 목숨 거는 성인 남자들, 그 인간군상을 그린 풍자 코미디다.

"사랑도 팔 수 있을 때 가치가 있죠."

처음엔 김판촉, 그 다음엔 성소비 입에서 나오는 이 대사는 이 영화의 캐치프레이즈다. 〈성공시대〉는 시장이 사람들의 호주머니와 상하관계만 관리하는 것이 아니라 이상이나 도덕이나 사랑같이 우리가 한 차원 높다고 생각하는 어떤 것들까지 몽땅 삼켜버리고 난 다음의, 그 평평한 일차원적 시장지상주의 세계를 그려 보인다.

〈성공시대〉는 영화계 프레시맨의 야심과 치기가 모두 들어 있는 작품이다. 그 야심과 치기 때문에 우리는 1988년 〈성공시대〉의 출현을 딱 부러지게 한국영화 뉴웨이브의 시작으로 선포할 수 있는 것이다. 저속촬영 빠른 화면을 자주 쓰는 슬랩스틱 코미디 〈성공시대〉는 채플린 〈모던타임즈〉의 토키 버전 같기도 하다. 〈성공시대〉는 저속촬영이나 자막 등 장선우 감독의 영화 스승인 이장호의 실험적 스타일을 그대로 계승했으며, 앞서 〈서울황제〉는 장선우 감독이 의식하든 안 하든 내겐 〈바보선언〉의 재구성처럼 느껴진다. 장선우 감독은 두 작품에서 이장호 제자로서의 영화 찍기를 끝내고 〈우묵배미의 사랑〉에서 자립한다. 슬랩스틱 코미디를 만들고 나니 리얼리즘 영화 한번 해보고 싶었을 것 같다.

홍상수류 영화의 원조, 〈경마장 가는 길〉

〈우묵배미의 사랑〉이 얼마나 사랑스런 러브스토리인가 하는 것은 더 이상 말을 보탤 필요가 없다. 이 영화는 지지리도 불우한 두 남녀의 지지리도 안 풀리는 러브스토리다. 일자리 찾아 떠도는 공장 노동자 남자와 여자. 그악스런 아내에게 맞고 사는 유부남과 주정뱅이 남편에게 맞고 사는 유부녀. 두 사람은 공장 사람들, 동네 사람들, 아내와 남편의 눈을 피해 조심스런 수화나 메모질로 교신하고 비닐하우스로 여인숙으로 피난 다니면서 마이너리티 사랑을 한다. "사랑도 팔 수 있을 때 가치가 있죠"가 〈성공시대〉의 슬로건 이라면 〈우묵배미의 사랑〉은 "좋은 남자랑 같이 있는데 맞아 죽으면 어때요?"다. 숱한 멜로드라마의 이루어질 수 없는 사랑들도 다 애절하거나 비장한 이별로 폼 나는 장르영화의 결말을 장식하건만, 〈우묵배미의 사랑〉은 마지막 파경의 설자도 시리멸렬하다. 계급적으로 치이고 설상가상 가정적으로도 치여 사는 두 남녀에게는 근사한 이별조차 허락되지 않는다. 정말이지 속수무책이다.

이것이 장선우가 계급문제를 다루는 방식이다. 〈파업전야〉1990에서와 같이 독립영화의 모범생들이 계급문제를 대하는 혁명적인 태도와는 거리가 있다.

〈경마장 가는 길〉은 한마디로 한국영화사에서 인간 또는 지식인의 위선과 야비함에 대한 가장 치밀하고도 기다란 보고서다. 프랑스에서 3년 반을 동거했던, 남자는 여자에게 박사논문을 주고 여자는 남자에게 섹스와 돈을 제공했던, 지금도 연인인지 아닌지 헷갈리는 두 남녀, 여자의 지식과 지성이 사기라는 사실을 알고 있는 유일한 증인인 남자와 그 남자를 떼어내버리고 지식과 지성의 완전범죄를 달성하고 싶어 하는 여자, 박사학위의 대가로 여자를 가지려는 남자와 박사학위만 따먹고 도망치려는 여자, 유식과 무식 사이의 협잡을 한 두 지식사기꾼, 그 비열함과 비겁함의 대결을 담은 장장 2시간 20분짜리 드라마다.

"여관에 왜 들어가야 돼요? 안 가면 안 돼요?" "꼭 해야 해요? 그래야 되는 이유가 뭔데요?" "그래야 된다. 나는 해야만 한다." "아

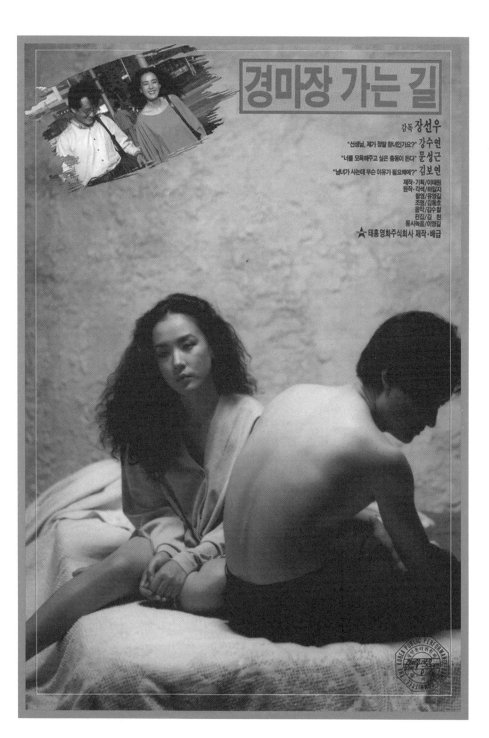

예 옷을 벗을 수 없게 만들어놨구나." 수십 개 다방과 식당과 여관으로 무대가 이동하는 가운데 이런 대사가 2시간 넘게 계속된다. 주인공 J와 R은 모두 비열한 방법으로 목표를 추구하는 종목에 있어 선수들이기 때문에 승부는 쉽게 나지 않는다. 남녀의 대화 속에서 공격과 방어의 펀치가 소리 없이 작렬하는 이 프로복서들의 액션영화는 K.O 할 듯 할 듯 하면서 연장전 15라운드까지 가는데, 홍 코너 청 코너가 모두 약간 피로해 할 뿐 절대 녹다운 같은 약한 모습은 보이지 않는 상태에서 러닝타임 최종 저지선인 2시간을 넘기고도 끝날 생각을 않는다. 정말 대단한 선수들이다.

그런데 놀라운 일은, 이 질기고도 질긴 비열과 비겁의 만리장성을 지켜보는 것이 하나도 지루하지 않다는 사실이다. 라벨의 〈볼레로〉처럼 같은 테마가 끝없이 되풀이되지만 반복과 변주의 매력을 조금씩 에스컬레이트시키면서 영화는 마지막 순간까지 극적 긴장을 유지한다. 〈경마장 가는 길〉은 물고 물리는 섹스의 정치학이라는 코드에서 〈오! 수정〉^{홍상수 감독, 2000}이나 〈질투는 나의 힘〉^{박찬옥 감독,} ²⁰⁰² 같은 홍상수 영화나 홍상수류 영화들의 원조가 되었다.

문성근·강수연이 아니었어도 이 영화가 걸작일 수 있을까. 두 배우 모두에게 〈경마장 가는 길〉이 최고의 연기였던 것 같다. 기나긴 롱테이크의 릴레이 속에서 장황한 대사와 가증스런 표정을 연기할 수 있는 배우는 오직 문성근, 강수연 외에는 없을 것이다. 어느 엉뚱한 술자리에서 내가 문성근 씨에게 "연기보다 정치가 더 어울릴 것 같다"라고 말한 적 있는데 술기운을 빌린 헛소리라 해도 나는 그 월권 멘트에 대해 진심으로 부끄러운 생각이 든다. 그런데 어떤 영화를 보면서 그 배우가 대체불가능이며 그 배우 최고의 연기였다고 느끼도록 만드는 것은 역시 감독의 연출력과도 무관하지 않을 것이다. 〈거짓말〉에서 두 신인 이상현과 김태연을 데리고 그런 불가사의한 포르노를 찍을 수 있는 것도, 〈꽃잎〉에서 이정현의 연기를 끌어낼 수 있었던 것도 감독의 능력이다.

〈나쁜 영화〉, 감독이 어느 결에 무정부주의자가 되었구나

〈만다라〉임권택 감독. 1981나 〈화엄경〉이나 모든 구도의 영화들은 결국 〈심우도尋牛圖〉본성을 찾아 수행하는 단계를 동자童子나 스님이 소를 찾는 것에 비유해서 묘사한 불교 선종화가 기본 포맷 아닌가 싶다. 산 넘고 물 건너 간난신고를 겪은 뒤에 진리를 찾는다. 그러나 그것이 처음부터 내 안에 있던 것임을 안 다음 비로소 마음이 자유로워져 거리로 나간다. 〈화엄경〉의 소년 선재는 엄마를 찾아다니며 산전수전을 겪고는 쓰레기더미 위에서 깨어난 뒤, 엄마에 대한 환상을 버리고 거지 소년을 데리고서 밥벌이를 위해 거리의 병을 줍기 시작한다. 어른을 기다리던 소년은 어느새 어른이었고, 관념 속에서 찾던 지혜를 거리에서 발견하는 것이다.

1993년 내가 〈한겨레〉 기자 시절, 영화 담당 6개월 만에 영화와 소설을 아직 구분도 못하던 아마추어 처지에서 "새로운 영화를 만드는 데는 성공했다. 그러나 어려운 경전의 세계를 쉽게 설명하면서 우리 사회의 현실에 밀착해 있는 그런 잘 짜인 '형이상학적 사실주의' 영화를 완성하는 데는 실패한 것으로 보인다" 어쩌고 하면서 잘난 척하는, 그것도 꽤 긴 리뷰 기사를, 그것도 영화 개봉 2주 앞두고 내보냈을 때, 장선우 감독이 엄청나게 충격받아서 어떻게 대

나쁜 영화 1997

중이 보기도 전에 "실패" 운운할 수 있냐며 장문의 항의편지를 보내온 기억이 있다. 〈꽃잎〉처럼 〈화엄경〉 역시 당장 기사를 긁어내야 하는 개봉영화 취재기자의 신분에서 10여 년 멀어졌을 때, 많이 달라 보였다. 영화의 용도와 영화사에서의 자리가 보였다. 어쩌면 내 나이와 관련 있을지도 모른다. 그러니까 동시대 대중, 그것도 주말 유흥의 레퍼토리를 고민하는 20대 여자들이 주도하는 관객 대중과 소통하기는 요령부득이었던 게 사실이다.

　장선우 감독은 장정일의 소설 두 편을 영화로 만들었다. 『내게 거짓말을 해봐』는 장정일 소설 가운데서 드물게 전통적인 내러티브를 갖춘 작품이다. 따라서 내용이 문제일 따름이지 형식 자체는 영화로 옮기기에 무리가 없다. 이야기와 문장과 어휘 자체의 파격과 도발로 충분했기 때문에 작가가 군이 형식에 집착할 필요는 없었던 것이다. 하지만 『너에게 나를 보낸다』1992는 문장으로 공상하는 즐거움과 지적인 유희를 위한 소설이다. 속물적인 작가와 지적인 창녀로 관습적인 캐릭터를 뒤집은 것처럼 이야기 구조도 풀어헤쳐야 했다. 따라서 줄거리 자체는 그닥 비중이 없다. 그런데 영화 〈너에게 나를 보낸다〉는 여러 가지로 엉거주춤한 작품이다. 그러니까 장선우 감독이 각색 불능의 소설을 잘못 건드린 것이다.

〈너에게 나를 보낸다〉는 고전적인 영화작법에 대한 약간의 회의를 드러내는데, 그것에 대한 미련조차 완전히 던져버린 영화가 다음 작품인 〈나쁜 영화〉였다. 1940년대 중후반 비토리오 데 시카^{Vittorio de} Sica(1901~1974), 대표작 〈자전거 도둑〉〈해바라기〉, 루치노 비스콘티^{Luchino} Visconti(1906~1976), 대표작 〈흔들리는 대지〉〈베니스에서의 죽음〉 등 이탈리아 네오리얼리즘 작가들은 지어낸 이야기가 아니라 현실에서 찾아낸 이야기를 보통사람들을 캐스팅해서 거리에서 찍는다는 새로운 규범으로 따분한 장르영화의 세상을 뒤흔들어놓았다. 문제의 네오리얼리즘이 흑해를 건너 고비사막을 지나 히말라야를 넘어 50년 만에 극동 아시아의 끝에 배달되었으니 그것이 〈나쁜 영화〉라고 할까. 네오리얼리즘 감독들처럼 장선우 감독도 '한때 좌파'였으나 〈나쁜 영화〉를 보면 감독이 어느 결에 무정부주의자가 돼버렸구나 싶다. 영화 찍는 방식도, 영화의 형식도 모두, 감독이 모든 종류의 권위나 제도의 구속으로부터 과격하게 벗어나고자 한 물증들이다.

정해진 시나리오도, 촬영 계획도 없이 우연과 즉흥성의 엇박자로 흘러가는 〈나쁜 영화〉는 픽션과 다큐멘터리의 중간 지점쯤에서 거리의 아이들과 어른들, 그러니까 가출 청소년과 행려 등의 뒤를 쫓아간다. 영화를 찍는 동안 행려 하나가 구속되고 한 아이가 본드 흡입과잉으로 죽는다. 생폭력과 욕설과 범행, 잔혹함과 비참함, 흔들리는 카메라, 그 모든 것이 관객을 불편하게 한다. 사회를 버렸거나 사회로부터 버림받았거나 간에 모두들 질서에서 튕겨나간 사람들인데, 사회부적응자이거나 아니면 사회부적응자이고자 하는 감독의 정체성이 이들에게 투사돼 있다. 〈나쁜 영화〉는 〈노랑머리〉

김유민 감독, 1999 〈눈물〉임상수 감독, 2000 등 충무로에서 하나의 계보를 시작했다.

〈성냥팔이 소녀의 재림〉, 장선우와 충무로의 악몽

2002년 작 〈성냥팔이 소녀의 재림〉은 영화 자체에 대한 평가를 떠나 산업적 성패가 영화와 감독의 운명을 결정한 아주 특별한 경우다. 나 역시 이 영화 자체에 대해 언급할 염이 나지 않는다. 이 영화는 한 편의 작품이라기보다 충무로에서 하나의 사건이거나 사고였기 때문이다. 장선우 감독은 늘 그래왔던 것처럼 이전과는 전혀 다른 새로운 영화를 만들고 싶어 했던 것 같다. 〈나쁜 영화〉와 〈거짓말〉 다음에 그 정반대편, 블록버스터와 판타지로 달아났다. 〈성냥팔이 소녀의 재림〉에서 장선우 감독은 우리 사회의 경계선을 삐딱하게 밟고 서 있는 〈나쁜 영화〉의 아이들을 데리고 블록버스터 판타지 속으로 들어갔다. 그는 이제 나이 쉰을 넘었지만 여전히 십대 내지 이십대와 접속하기를 원했고 신세대 대중에로의 통로로 컴퓨터 게임을 선택했고 하나의 시뮬레이션 게임 형식으로 영화를 만들었다. 다큐멘터리의 맨눈으로 찍었던 이전 작품 두 편과는 반대로 컴퓨터 그래픽으로 가상공간을 도배질했다. 이 영화는 장선우 감독의 사전에 없던 가장 적극적인 상업적 기획이었다. 베일에 싸인 CF 스타 임은경의 깜짝쇼나 아이돌 가수 강타를 캐스팅한 것도 그렇고, 영화는 깎아놓은 대리석처럼 시종 윤기가 반짝거린다. 장선우 감독 필모그래피에서 가장 상업적인 기획이 시장에서 가장 박대당했다는 사실이 아이러니일 뿐이다.

〈성냥팔이 소녀의 재림〉의 실패는 불가사의하다. 제작비 100억을 넘어 충무로 제작비 신기록을 갱신한 이 영화가 고작 관객 5만 명(서울 기준)을 동원하고 말았나는 것은 믿을 수가 없다. 영화 사전홍보에 어마어마한 마케팅 비용을 퍼부었음에도, 비장의 무기 임은경의 폭발력이나 장선우 감독의 이름값에도 불구하고, 사람들이 영화 보러 갈 생각을 별로 하지 않았다는 것이다. 제작비 절반이 여관비로 나갔을 '저렴한 영화' 〈거짓말〉의 30만과 비교해도 이해하기 힘들다. 홍보마케팅에 어떤 치명적인 문제가 있었을 것이다. 또한 30억 예산으로 출발한 영화가 일정과 예산이 두 배, 세 배로 늘어나는 과정이 생중계되면서 개봉도 하기 전에 악명이 높아진 점도 있을 것이다.

〈성냥팔이 소녀의 재림〉은 〈매트릭스〉가 되기엔 너무 복잡하게 꼬여 있었던 걸까. 선악이 뒤섞여 있고 피아彼我도 불분명하고 영웅은 카리스마가 없으며 천사는 정체가 모호한, 관객 대중이 따라가기엔 너무 복잡한 미로였던 것일까. 그러니까 장선우 감독이 블록버스터 감독이 되기엔 아직 컬트의 세계관에서 헤어나지 못했던 것일까.

어쨌든 영화는 거의 제작비 전체가 부채로 남는 최악의 재난으로 끝났다. 투자자인 튜브엔터테인먼트의 김승범 대표는 창업투자회사에서 출발해 영화 투자 전문회사 1세대의 간판이었는데 치명타를 맞고, 감독은 제작비를 물 쓰듯 하다 100억 말아먹은 파렴치범으로 제작자들의 기피 대상이 되었다. 거대예산 영화 하나가 나왔다 하면 해당 영화의 제작·투자자만이 아니라 충무로 전체가 온통 전자계산기 두들기며 손익분기점을 따지고 있고 8000원짜리 입장권만 사면 그뿐인 영화 관객들도 "3백만 들어야 뜬뜬이래" 하고 웅성거리는, 이토록 시장경제에 과민한 한국적 상황이 장선우 감독을 영화 현장에서 퇴출시켜버렸다. 그는 몇 편의 문제작과 흥행작으로 저축해놓은 크레딧의 잔고를 이 영화 한 편으로 바닥내버렸다. 이후 충무로는 한동안 거대예산 공포증에 시달렸고 중견 감독들은 연출 기회를 막아버린 감독에 대한 불신 풍조가 다 장선우 탓이라고 불평했다.

직선도로 위의 박광수와 예측불허의 장선우

장선우 감독은 2005년 여름, 자신의 조감독이었던 16살 연하의 여성과 함께 제주도로 내려가버렸다. 늘 극과 극으로 튀었던 자신의 필모그래피처럼 그는 서울로부터 가장 먼 곳으로 떠났다. 물론 과거의 가정을 청산하고 새 가정을 꾸렸다. 개인사에서 장선우의 지금은 여전히 아방가르드의 궤적 위에 있는 셈이다.

그의 영화도 그의 삶도 제도와 권위의 그물에 포박된 적 없다. 〈나쁜 영화〉를 찍는 방식만 무정부주의적이었던 것은 아닌 것 같고 그의 촬영 현장은 늘 느슨하고 헐렁한 것으로 유명했다. 그는 현장을 조직적으로 지휘 통솔하고 연출부를 훈련하는 쪽으로 별 뜻이 없었던 것 같다. 이 점에서 박광수 감독과 정반대였다. 내 기억에 1990년대에 박광수 감독은 연출부를 시험 쳐서 뽑고 매일 콘티 짜는 숙제를 내주는 식으로 연출부 운영이 거의 영화아카데미 정규 코스 수준이었다. 그것과 무관하지 않을 텐데, 박광수 감독의 연출부 출신은 이창동 감독까지 포함해서 이현승-김성수-여균동-오승욱 등 하나의 사단을 이룬다. 〈칠수와 만수〉1988에서 〈그들도 우리처럼〉1990 〈그 섬에 가고 싶다〉1993 〈아름다운 청년 전태일〉1995 〈이재수의 난〉1998까지 박광수 감독은 직선으로 뻗은 길을 똑같은 보폭으로 걸어왔으나, 장선우 감독은 다음 작품이 어느 방향으로 튈지 늘 예측불허였다.

왕년의 아방가르드가 집 장만과 자녀 교육에 신경 쓰면서 나이 들어가고 레닌이나 체 게바라가 정치 이념이 아니라 패션과 스타일로 남은 시대에, 장선우는 은퇴라기보다 조퇴해서 제주도 바닷가에서 자연을 벗 삼아 살고 있다.

사회심리학에서 일탈이론은 과도하게 순응하는 사람들만 있으면 사회가 발전이 없다고 한다. 부적응자의 반발이 변화와 진보를 가져오고 그들이 한 사회의 예술적 상상력을 확장시킨다는 것이다. "서른 넘은 사람은 그 누구도 믿지 말라"라는 게 60년대 버클리대학 학생들의 시위 구호였다지만, 사회부적응의 에너지가 오직 젊음을 연료로 발화하지는 않을 것이다. 장선우 감독의 역할이 이미 끝났다고는 생각하고 싶지 않다.

✦ 덧붙임

제주도의 장선우 씨

2008년 여름, 친구들과 함께 제주 올레 5호 코스를 걸으러 갔다. 그곳은 대평리라는 곳인데, 제주말로 '난드르'넓은 들라 했다. 우리가 묵은 민박집 바로 뒤가 장선우 감독네라는 말을 듣고 전화를 해보았다. 저녁 9시인데 장선우 감독은 발 닦고 자는 시간이라면서

차를 몰고 나왔다. 평론가 유채지나와 소설가 공선옥과 함께 우리는 '작은 난드르' 포구의 바닷가 술집에서 파도의 포말과 보슬비에 옷이 흠뻑 젖어가면서 새벽까지 소주를 마셨다. 제주에 온 지 딱 3년이라는 그는 아내와 함께 '물고기'라는 카페를 오픈하려 준비하고 있었다. 그를 찾아오는 손님이 심심찮게 있는 것 같았는데 카페까지 열었으니 어차피 은둔생활은 접었다고 보아야 했다. 〈우묵배미의 사랑〉의 원작자인 박영한 씨가 돌아가셨다는 소식을 전했더니 "알았으면 찾아갔을 텐데……" 하고 아쉬워했다.

2008년 한국영상자료원 개관할 때 〈나의 사랑 나의 영화〉라는, 감독에 대한 오마주 시리즈에서 김태용 감독은 〈제주도, 장선우 감독을 만나다〉를 찍었다. 여기서 그는 이렇게 말했다. "오리발 차고 들어가서 해녀들하고 물질도 한다. (…) 영화를 버리고 온 거잖아. 영화를 벗어나면 얼마나 행복할 수 있는지 상상했었고. (…) 그런데 1년 지나고 2년 지나니까 내가 잘하는 게 없어. 농사도 물질도. 노는 건 잘하지. 이 즐거움을, 내가 조금만 실력 있으면, 영화라는 매체에 좀 더 익숙하고, 하고자 하는 메시지가 옳은 거라면, 해보고 싶어. 몰라, 또 섣불리 진탕만탕 돈만 망쳐먹을지. 기다려봐야지."

난드르 포구에서 소주를 마시면서 그는 새로 쓰는 시나리오 얘길 조금 했다. 내 기억에, 붓다 같은 인물, 어떤 선사 얘기라고 했던 것 같다. 왕년에 〈화엄경〉을 찍었던 그는 제주도에서 선재 소년처럼 도道를 구하면서 〈화엄경〉을 실습하고 있는 것처럼 보였는데 진짜 〈화엄경〉 업그레이드 버전을 찍으려는 것일까. 이제는 그가 정말 잘 익은 〈화엄경〉을 찍을 수 있을지도 모른다는 생각이 들었다. 하지만 그가 충무로로 돌아올 땐 〈귀여워〉[2004]처럼 귀여운 저예산 컬트영화를 들고 오면 좋겠다는 막연한 기대가 무너질 때 서운했다. 그의 연출부 출신 김수현 감독이 찍은 〈귀여워〉에서 장선우 감독은 초현실적으로 대책 없는 박수무당을 연기했는데, 배우들 연기를 잘 시키는 감독은 스스로도 연기를 잘할 것이라는 가설을 입증하고 있었다. 어쨌든 그가 산천경개 좋은 대평리에서 너무 심하게 도를 통한 나머지 현실과의 끈을 놓고 우화등선羽化登仙해버리는 일이 없기만을 바랄 뿐이다.

웃음 뒤에 남은 것

바보들, 행진하다
스트레스死한 히피세대의 스타 하길종

> 동해바다엔 언제부터 고래가 살게 되었나

그러니까 내가 처음 본 '고래 시리즈'는 배창호 감독의 〈고래사냥〉이었지 싶다. 이미숙, 김수철, 안성기가 나온 이 영화는 1984년 개봉했고 풋내기 외신부 기자였던 나는 개봉관에서 이 영화를 보았다.

가출한 대학생 병태(김수철)와 도인풍의 거지 민우(안성기)가 사창가에서 벙어리 창녀(이미숙)를 구출해 포주 일당에 쫓기며 산전수전 고생 끝에 고향집 어머니에게 데려다주는 로드무비였다. 이미숙의 말갛고 날렵한 얼굴, 김수철의 자작곡 〈나도야 간다〉, 주인공 3인조의 좌충우돌 슬랩스틱, 모험의 여정 끝에 도달하는 '아마도 동해' 바다 위에 떠 있는 섬. 제목은 〈고래사냥〉이지만 이 영화에는 고래 한 마리 안 나온다. 다만 주인공 병태가 커다란 잠자리 안경을 쓰고 꺼벙한 표정으로 "고래 잡으러 집을 나왔어요"라고 말한다. 원양어선 타는 건 고사하고 오리배 저을 힘도 없어 보이는 목소리다. 그렇다고 걱정하는 사람은 없었다. 관객들은 그것이 하나의 상징적 언사임을 알고 있었다. '동해바다의 고래'는 70~80년대 문화 속에 이미 하나의 통신부호, 익숙한 코드가 되어 있었던 것이다.

그것은 당시 청년문화의 한 아이콘이었다. 그것은 젊은이들의 꿈이되 이룰 수 없는 꿈을 의미했다. 일탈에의 꿈, 현실 저 너머 어떤 곳, 억압적이고 폐쇄적인 사회로부터 멀리멀리 떠난 곳, 탁 트인 대양과 무한의 자유, 권위적인 아버지를 뛰어넘는 젊은 세대의 미래, 그 모든 것을 통칭했다. 또한, 난숙한 풍요의 후기산업사회로 접어든 서구사회가 달라이라마나 라즈니쉬, 참선 등 동양적 패러다임에 대해 호기심을 가지듯, 과학문명과 경제개발의 중심인 서울에서 바라보는 동쪽 끝, 바다와 고래가 갖고 있는 어떤 근원의, 원시의 이미지에 대한 동경이었다. 하지만 해외이민이나 입산수도라면 몰라도 '동해바다의 고래'는 반드시 달성하겠다는 투지가 안 보이는, 이루기를 진즉에 포기한 꿈이다. 청년기의 잠재울 수 없는 갈증과 허기와 객기, 군사정권 아래 숨죽인 병영사회 속에서 폭발할 듯한 대학사회의 스트레스가 거기 담겨 있었다. 그것은 희망인 동시에 좌절의 부호였다. 다시 말해, '허공에의 질주'였다.

배창호 감독, 최인호 각본의 〈고래사냥〉은 크게 흥행했고 곧 속편이 만들어졌다. 2편 역시 대학생 병태와 거지 민우의 로드무비 그대로인데 소매치기 여자를 양아치 소굴에서 구해내 고향에 데려다주는 이야기로 바뀌었다.

〈고래사냥〉의 마지막 장면에서 민우와 병태의 대화.

"병태야 고래는 잡았니?"

"고래는 내 마음속에 있었어요."

〈고래사냥〉은 원래 하길종 감독의 1975년 작 〈바보들의 행진〉에 삽입된 노래 제목이었다.

〈바보들의 행진〉, 발랄한 최인호와 우울한 하길종의 만남

한국영화사에서 동해바다의 고래가 처음 등장한 것은 〈바보들의 행진〉이다. 철학과 대학생 영철은 미팅에서 이렇게 말한다.

"저는 이다음에 돈을 무지하게 벌 겁니다. 빨뿌리^{작은 담뱃대 즉 곰방대 또는 파이프를 일컫는 전라도 방언}를 할 거예요. 빨뿌리는 비가 오면 담배를 못 피웁니다. 그래서 빨뿌리 끝에 우산을 다는 거예요. 빨뿌리공장 사장 강영철. 돈을 벌면 빨간 지붕 양옥집을 짓고 정원에는 장미를 심을 겁니다. 그리고 난 고래사냥을 가겠습니다. 동해에는 고래가 한 마리 있습니다. 예쁜 고래 한 마리. 나는 그걸 잡으러 갈 겁니다."

〈바보들의 행진〉의 영화음악을 맡았던 송창식은 이 영화를 위해 노래 두 곡을 만들었다. 〈고래사냥〉과 〈왜 불러〉. 이 영화의 삽입곡 인 〈날이 갈수록〉까지 세 곡은 한때 금지곡이 되기도 했지만 크게 히트했다. 하길종의 상상력이 쏘아올린 새로운 캐치프레이즈 '동 해바다의 고래'는 영화와 가요의 동반 흥행에 힘입어 대중문화의 자장 속으로 급속히 전파되었다. 하길종 감독은 1979년 〈바보들의 행진〉의 속편인 〈병태와 영자〉를 만들었고, 하길종 감독이 세상을 떠난 뒤 배창호 감독이 〈고래사냥〉 1, 2를 만들었다. 〈고래사냥〉 연 작은 감독이 배창호로 바뀌었을 뿐, 병태 캐릭터와 고래라는 모티 프, 그리고 최인호 각본까지 〈바보들의 행진〉의 속편들인 셈이다.

〈바보들의 행진〉에는 철학과에 다니는 단짝친구 병태와 영철이

나온다. 병태는 공부도 하고 연애도 하면서 그럭저럭 현실에 적응하며 사는, 나름 발랄한 캐릭터다. 반면 영철은 부잣집 아들이지만 완고한 아버지 아래서 콤플렉스에 시달리며 자란 울적한 캐릭터로 말까지 더듬는다. 둘은 미팅을 하고 연애도 걸어보고 맥주 마시기 대회에 나가고 술값 대신 시계를 풀거나 옷을 벗어주기도 하고 휴교령이 내린 학교 캠퍼스를 쓸쓸히 배회하기도 하면서 별로 낙이 없는 대학생활을 하다가, 병태는 군대에 가고 영철은 자전거를 탄 채 동해안 절벽 위에서 바다로 몸을 던진다.

원래 최인호가 〈일간스포츠〉에 연재했던 콩트 연작 『바보들의 행진』은 병태와 영자 이야기이고 영철은 없었다. 최인호가 각색까지 맡았지만, 영철은 하길종이 만들어낸 인물이었고 고래 잡으러 떠나는 설정도 그의 아이디어였다. 병태가 최인호의 페르소나라면 영철은 하길종의 페르소나였다. 발랄한 신세대 남녀를 중심으로 대학가의 세태를 경쾌한 터치로 스케치한 원작 소설이 최인호의 색깔이었다면, 시대 배경을 돋우고 명암을 섞으면서 다소 묵직해진 영화는 하길종의 색깔이었던 셈이다.

예를 들어, 원작 소설에서는 병태가 빨뿌리로 돈 버는 얘길 한다. "돈 벌면 빨간 지붕 양옥집을 사겠어. 정원에는 장미두 심구 자가용도 한 대 살 거야. 그때 영자 넌 뭘 하는 줄 아니. 얼굴에 계란 마사지만 하고 있으면 돼." 하지만 영화에선 이것이 영철의 대사가 되고 뒷부분이 고래 얘기로 바뀐다.

1970년대, 이제 해방후세대가 자라서 청년이 되고 대학생이 되었다. 청바지에 통기타, 생맥주는 당시 새로운 청년문화의 상징이었고, 이들이 부모 세대와는 가치관도 스타일도 다름을 말해주는 표식이었다. 하지만 군사정권하의 사회 분위기는 억압적이었고 기성세대는 여전히 완고했다. 〈바보들의 행진〉에선 교정에서 담배 핀다고 교수가 학생의 뺨을 때리고 경찰도 교수도, 술집 주인도 전당포 주인도 대학생에게는 다 반말이다. 경찰은 길 가는 남자를 머리 길다고 잡았다가 바리깡으로 머리를 밀어버리는데, 심지어 〈바보들의 행진〉을 찍던 배우들이 장발이라고 잡혀갔을 정도! 잔돈 바꾸러 나간 신문팔이 소년이 한참 뒤에 돌아와서는 횡단보도 아닌 데로 건너다 잡혀서 한 시간 동안 벌섰다고 말한다. 한마디로, 사사건건 국민을 혼내면서 가르치는 경찰국가였다.

"나는 슬프고 부끄러워 극장 구석에 숨어 있었다"

〈바보들의 행진〉에 나오는 그 어떤 에피소드보다도 영화 필름과 감독 자신이 치른 수난이, 당시 사회의 문화적 수준에 대한 가장 설득력 있는 입증자료다. 하길종 감독의 동생인 배우이자 감독 하명중 씨에 따르면, 하길종은 검열을 거치지 않은 〈바보들의 행진〉 편집본으로 단성사에서 시사회를 열었다가 작가 최인호와 남산 안기부에 잡혀 들어가서 얼굴이 퉁퉁 부을 정도로 곤욕을 치렀다. 영화 필름은 상영불가 판정과 재심 신청을 거듭하는 동안 무려 30분 분량이 잘려나갔고 그 결과, 이야기가 군데군데 연결이 되지 않아 덜컥거린다. 가령 병태와 영철이 서울 거리를 달리다가 열차의 인서트insert가 들어간 다음, 둘이 부두에서 우울한 표정으로 대화를 나누는 장면이 느닷없이 나온다. 둘 다 얼굴에 웬 상처가 나 있다. 병태는 군대로, 영철은 동해로 떠나기로 작정하게 만드는 모종의 격렬한 사건이 가위질에 날아가버린 것이다.

"나는 슬프고 부끄러워 개봉 첫날부터 극장 구석에 숨어 있었고 만나는 사람에게는 영화가 30분씩이나 커트당했음을 변명하므로써 영화에 대한 비판을 회피하고자 은근히 노력도 하였다. (…) 정말 좋은 영화, 멋진 영화를 만들어 떳떳하게 대중과 대하고 싶지만 아직은 그럴 수가 없다. 관객들이 답답한 만큼 영화감독은 더욱 답답하고 우울하다. (…) 쑥스런 푸념이지만, 같이 공부를 했고 재능도 엇비슷하게 평가받았던 〈대부〉의 연출가 프란시스 코폴라 감독은 6년 사이 미국이라는 땅위에서 놀랄 만큼 성장했고 불쌍한 동양인은 고국에 돌아와 대인공포증 환자가 되어 신음하는 것이다."(1975년 9월)「화장실과 관객의 소리」중에서. 『백마 타고 온 또또』 예조각. 1979

1970년대, 고래 잡으러 동해로 떠나버리고 싶은 마음은 대학생만큼이나 영화감독에게도 절실했다. 더구나, 히피와 마리화나의 1960대 미국으로부터 방금 돌아온 영화감독에게 한국사회는 하나의 거대한 감옥이었다.

아메리칸 뉴 시네마의 가장 급진적인 견습생

1941년생인 하길종 감독은 서울대 불문과를 다녔고 대학시절 『태를 위한 과거분사』1962라는 시집을 자비출판하기도 했다. 그는 1964년부터 1969년까지 미국에 있었고 UCLA 대학원에서 영화공부를 했다. 앞에서 말한 코폴라 감독은 UCLA 동창생이었다.

하필이면 1960년대 후반! 그것은 미국 역사가 이전에도 이후에도 경험해보지 못한 그런 특별한 시절이었다. 세계 제2차대전 이후의 냉전모드가 심한 파열음을 내면서 와해되고, 민주주의가 광포하다 할 지경으로 폭발했던 시기였다. 전쟁 영웅인 아이젠하워 장군을 대통령으로 뽑았던 사람들이 늙어가고 전후 '베이비붐 세대'가 성인이 되었다. 이들은 가족이나 국가, 국민, 제도, 종교, 자본주의, 아메리칸 드림 등 모든 개념에 대해 의심했고 그것이 페미니즘, 성해방, 흑인인권, 동성애인권, 소비자운동, 히피반문화운동 등으로 발전했으며 그 저항의 에너지가 록 음악으로 폭발했고 사회적 쟁점들이 영화의 주제가 되었다. 〈우리에게 내일은 없다〉〈졸업〉〈밤의 열기 속으로〉가 나온 1967년은 미국영화사에서 '혁명의 해'라 불린다. 누벨바그나 네오리얼리즘, 제3세계 정치영화의 사회비판적인 주제와 실험적인 스타일들이 밀고 들어오면서 할리우드도 '아메리칸 뉴 시네마'의 물결을 맞고 있었다.

하길종이 1969년 UCLA 졸업작품으로 찍은 단편영화 〈병사의 제전〉은 그가 '아메리칸 뉴 시네마'의 견습생들 중에서도 맨 앞줄에 선, 급진적인 멤버였음을 짐작케 한다. 하길종 감독 30주기를 앞두고 동생 하명중 씨와 아들 하지현 씨가, 전두환이 1면에 나오는 누렇게 바랜 1980년 9월 1일자 신문지에 꼭꼭 싸 동여진 〈병사의 제전〉 필름 캔을 영상자료원에 가져왔다. 바싹 말라 툭툭 끊어지는 필름을 보수해서 지난 2월 말 〈하길종 30주기 전작전〉 행사의 하나로 상영했다. 1980년 이래 첫 공개상영이었다. 사운드 필름이 실종되어 부득이 무성으로 볼 수밖에 없었는데, 누드의 젊은 남녀가 묘지에서 섹스를 하는 등 파격적인 장면에다가 실재와 환상 사이를 종횡무진하면서 과감한 편집 감각을 보여주는 이 영화는 다분히 초현실적인 스타일이어서 〈안달루시아의 개〉루이스 브뉘엘 감독, 1929를 연상시켰다. 아무리 무성이었다고는 하지만 워낙 환상과 상징이 난무하는 난해한 작품이었던 까닭에, 상영이 끝난 뒤 로비에서는 관객들이 삼삼오오 무리지어 영화 내용에 대한 추리 경연들을 벌이고 있었다. 〈병사의 제전〉은 MGM사가 주는 상도 받았으니 실험적일 뿐 아니라 완성도도 받쳐줬다는 얘기다.

하길종과 당대 사회, 태평양만큼이나 넓은 갭

역동적인 에너지로 충만했던 미국의 공기를 폐부 깊숙이 집어넣고 1970년 한국에 돌아온 하길종이 처음 찍으려고 준비한 영화는 동학혁명을 주제로 한 〈새야 새야 파랑새야〉였다. 고등학교부터 대학까지 친구였던 시인 김지하와 미국 유학시절부터 서로 편지를 주고받으며 의논해왔던 주제였다. 농민전쟁의 디테일들보다는 다분히 추상적이고 관념적인 스타일을 구상했던 것 같다. 하지만 영화는 만들어지지 못했고 이것이 하길종이 한국적 현실의 벽 앞에서 맛본 최초의 좌절이었다.

첫 번째 개봉작이 된 〈화분〉1972의 제작과정은 점입가경의 수난사였다. 60년대 르네상스의 거품이 꺼지면서 급전직하 슬럼프로 빠져들어가던 영화계, 그리고 유신체제 시작과 함께 한 단계 강도를 높여가던 통제 시스템, 그 양대 난관이 협공해 오면서 한 젊은 감독의 의욕과 열정을 시험에 들게 만들었다. 하길종, 명중 형제가 대양영화사 명의를 빌려 제작했는데 지방 흥행사들이 돈을 대려 하지 않아서 집을 팔아 제작비를 조달해야 했다. 영화는 3분의 2쯤 찍은 뒤 복잡한 사정으로 촬영이 중단되었고, 1년 뒤에 촬영을 재개하려고 보니 여주인공이 결혼해 이민을 가면서 개런티 문제가 꼬였고, 그래서 찍은 필름을 버리고 캐스팅을 새로 해서 처음부터 다시 찍어야 했다. 하지만 우여곡절 끝에 완성한 〈화분〉은 흥행과 비평 모두에서 냉대에 봉착했다. 하길종에게는 그것이 제작과정의 어떤 시련보다 더 견디기 힘들었을 것이다.

과거 한국영화사에 난절을 선포하고자 외도한 낯선 주제와 스타일, 검열을 비껴가기 위해 온갖 알레고리들을 동원한 간접화법은 〈화분〉을 요령부득의 실험작으로 만들었고, 영화계에도 대중에게도 수용 불능의 텍스트가 되었다. 설상가상 30분 분량의 가위질 검열은 그러잖아도 미스터리한 등장인물들의 동선을 더욱 난해하게 만들어버렸다. 하길종 감독과 당대 한국사회 사이의 정서적 거리는 하길종이 방금 건너온 태평양만큼이나 넓었던 것이다.

〈화분〉은 동성애 등 모든 서브 메뉴들에도 불구하고 전체적으로 명백히 하나의 정치적 알레고리로 읽힌다. 외딴 저택, 주인 남자는 아내와 처제와 가정부와 비서의 어색한 네트워크 위에서 절대 권력을 누린다. 하지만 주인 남자의 파산과 함께 이 절대 권력의 성채는 순식간에 처참한 꼴로 무너져 내리는데, 이 마지막 시퀀스는 대단히 자극적이다. 부도가 나자 주인 남자는 몰래 해외로 빠져나가고 빚쟁이들이 저택으로 몰려온다. 한때 파티에 와서 블루스 스텝을 맞추던 점잖던 손님들이 다 약탈꾼이 된다. 안주인에게 집단 린치를 가하고 중인환시리에 강간하며, 반지를 챙기려고 손가락을 잘라간다. 이 외딴 저택은 '푸른 집'으로 불린다. 감독이 관객을 정치적 해석으로 안내하기 위해 영화에 심어둔 암호다.

(왼쪽부터) 병태와 영자 1979, 바보들의 행진 1975, 수절 1973

풍자냐 자살이냐

하길종의 첫 두 작품 〈화분〉과 〈수절〉1973에서는 감독의 내면에서 요동치는 격정이 고스란히 느껴진다. 영화의 기조가 격렬했다.

두 번째 작품 〈수절〉은 괴기와 무협을 섞은 역사극이었다. 〈화분〉의 거칠고 자유분방한 실험성이 거세된 대신, 미장센은 세심하고 이야기는 정돈됐다. 어쩌면 한국영화사에서 가장 세련된 귀신영화가 아닐까. 강변에서 가해자와 피해자, 폭군과 투사, 그 두 검객의 마지막 대회전 장면이 내게는 아주 인상적이었다. 전쟁에 나가 있는 동안 아내와 딸을 모두 폭군에게 유린당해 잃은 주인공 유신— 하명중이 연기했는데—은 결투 끝에 손목이 잘리고 두 눈을 잃고 피투성이가 되어 풀썩 쓰러진다. 하지만 그는 이제 영락없이 죽으려니 싶을 때 홀연히 일어난다. 그러고는 자갈밭에 쓰러져 눕혀진 적을 뒤로한 채 도포자락 펄럭이며 활기찬 걸음걸이로 멀어져가는 것으로 영화가 끝난다. 이 비운의 검객을 굳이 부활시켜놓고 마는 감독의 마음을 나는 이해한다.

김지하가 그 시대의 미학적 방법론에 대해 "풍자냐 자살이냐"라고 했지만 문학보다 검열이 열 배쯤 심했던 영화에서 하길종에게도 풍자밖에는 방법이 없었다. 하길종 필모그래피는 두 가닥으로 나뉘는데, 한쪽에는 〈화분〉〈수절〉〈한네의 승천〉[1977] 등 묵직하고 심각한 톤의, 권력과 폭력에 관한 음화들이 있고, 다른 쪽에 〈바보들의 행진〉〈여자를 찾습니다〉[1976] 〈속 별들의 고향〉[1978] 〈병태와 영자〉[1979]같이 대중적인 코드의 쉬운 영화, 최인호풍의 트렌디물이 있다. 개그가 있건 없건 화법은 달라도 모두 풍자의 기획들이다.

〈화분〉과 〈수절〉에서 혹심한 쇄절을 맛본 뒤 영화를 그만둘까 고민할 정도로 슬럼프에 빠졌던 하길종이 〈바보들의 행진〉으로 크게 흥행했을 때 거기서 또 다른 가능성을 발견했을 법도 하다. 〈여자를 찾습니다〉〈속 별들의 고향〉〈병태와 영자〉는 더 이상 새로울 것도 없는, 동어반복이 안타깝게 느껴지는 범작들이다. 다른 감독 누군가가 찍었다고 해도 별로 다르지 않았을 통속 멜로들이다. 하지만 하길종이 수모와 냉대에 지칠 즈음 발견한 대중과의 통로였다면 이해해주어야 한다. 실제로 이 통속 멜로 계열은 대체로 크게 흥행했다. 하길종의 필모그래피는 영화학도의 패기가 살아 있던 〈화분〉에서 출발해 대중의 눈높이로 내려오는 과정이다. 하길종 자신이 기꺼이 '바보 병태'가 되기로 작정한 것이다.

여러 명의 병태들, 그 웃음 뒤의 슬픔

1979년, 하길종 감독이 서른아홉에 뇌졸중으로 쓰러져 세상을 떠난 것에 대해 어떤 사람들은 자신의 영화들이 너무 창피해서 폭음한 결과라고 말하기도 한다. 어쨌든 나는 하길종 감독이 '스트레스死' 했다고 본다. 사춘기 소년소녀들처럼, 생동하는 내부 에너지와 억압적인 외부 에너지의 충돌에서 오는 일종의 환경 스트레스다. 카피라이터 이만재 씨는 추모 글에서 그를 "한 마리 분노한 사슴"으로 표현했는데, 좁은 닭장 안에 갇힌 사슴이라고 할까. 꿈은 너무 멀리 높은 데 있었고 영화계 인프라는 너무 부실했고 사회의 공기는 너무 숨 막혔다. 대학 2학년 때 4.19를 현장에서 겪었고 하필 1960년대 후반 미국 유학을 했다는 것이 그에게는 불행이었다.

"눈 내리던 입춘날 텅 빈 영화관 시사실에서 〈병태와 영자〉를 혼자 보면서 죽죽 울었다. 내가 오래 잃고 있었던 그 4월이 나의 가슴 속 깊숙한 곳에 원형을 간직하고 있다는 사실을 깨닫고 깜짝 놀랐다. 아직도 옛 그대로인 나의 젊음을 그곳에서 되찾고 운 것이다."
(1979년 2월) 「되찾은 4월」 중에서. 『백마 타고 온 또또』

난센스 코미디에 가까운 〈병태와 영자〉를 보면서 울 관객은 거의 없을 것이다. 다만 나는 뛰어난 재능의 전락을 보는 것 같아 서글펐다. 하지만 하길종 감독이 세상을 떠나기 며칠 전에 썼을 이 글을 읽었을 때, 〈병태와 영자〉의 농담과 객기 뒤에 감추어진 지극한 슬픔을 눈치 챘다. 유치막심한 바보짓처럼 보였지만 병태의 그 무모한 용기, 주눅 들지 않는 패기를 통해 하길종 감독은 자기 내면에 상처 입은 채 웅크리고 있는 청년 하길종을 위로하고 싶었던 것 같다.

내가 〈바보들의 행진〉을 처음 본 건 20대 때였고 비디오를 통해서였다. 내게는 유쾌하고 발랄한 영화로 기억에 남아 있었다. 그래…… 유쾌하고 발랄한 구석도 있지. 하지만 지난 2월 〈하길종 30주기 전작전〉의 개막작으로 우리 시네마테크에서 다시 보았을 때 이 영화 역시 참으로 슬픈 영화였구나 싶었다. 나도 이제 스크린 너머로 영화를 만드는 감독의 뒷모습이 바라보이는 나이가 되었기 때문일까.

"이 스산한 겨울 우리의 옛 동네에는 아무도 없오. 벌들도 나비도 풀여치도 모두 숨어버렸오. 봄도 여름도 가을도 오랫동안 잊혀진 저 길고 두터운 회색의 콘크리트 벽에 언제부터인가 얼어붙은 우리들의 그림자. 식물인간이란 말을 들어보았오. 대뇌가 절단된 흐물흐물거리는 인간 말이오. 그림자만 남았오. 저 살바도르 달리의 '굴렁쇠'를 굴리는 '소년'의 거리에는 원색의 그림자만 남았오. (…) 나에게 왜 아직 좋은 영화를 못 만드냐고 묻지는 말아주십시오. 나는 내가 아니 우리 모두가 이렇게 지탱해 있는 것만으로 감사할 뿐이니까." (1978년 4월) 「어느 똥풍뎅이의 말」 중에서. 앞의 책

✦ 덧붙임

1. 〈바보들의 행진〉 검열 과정, 실제로 무슨 일이 벌어졌나

지금 영상자료원이 온라인으로 VOD서비스하고 있는 필름은 1시간 42분짜리, 심의기관에서 가위질한 10분 분량이 살아 있는 버전이다. 하길종 감독은 〈바보들의 행진〉이 약 30분 잘린 채 개봉했다고 했다. 우리가 2007년 영상물등급위원회로부터 1975년 이후의 삭제 필름 토막들을 과장 보태서 거의 한 트럭분을 인수한 적이 있는데 앞에서 말한 10분 분량의 컷들만 찾아낼 수 있었으니 나머지 부분들은 영화사가 자진 삭제했던 것으로 보인다. 다만, 삭제 필름과 함께 남아 있는 검열 서류에서 영화 〈바보들의 행진〉이 처음의

구상으로부터 어떻게 멀어져갔는지 짐작할 수 있을 뿐이다.

제작사인 화천공사는 1974년 11월 28일 문화공보부에 제작신고를 냈다. 당시는 시나리오 심의를 통과해야 제작허가가 났는데 〈바보들의 행진〉 시나리오는 심의를 거치면서 만신창이가 됐다. 아래는 시나리오에 대한 1차 심의 결과다.

한국예술문화윤리위원회 종합심의의견 (1974년 12월 10일)

본 작품은 아래와 같이 지적사항이 과다하므로 전면개작을 요망함.

1. P바-2의 이등병 대사 "군바리" 삭제. P바-3의 일등병 대사 "빨리 벗어. 뭘 망설여? 왕년에 누구 그것 안 가져본 사람 있나. 벗어"는 삭제를 요망함.

2. P바-8의 과대표 대사 "군바리"는 요삭제. P바-10, 11, "딱지 떼고"와 여인의 대사 "어서 벗어요"는 요삭제.

3. P바-12 여인 대사 "앉아요. 가까이 앉아요……" 전문, P바-13 과대표 대사 "데모에 시달려서"는 삭제를 요망함.

4. P바-14 학생 대사 "공산당"은 요삭제. P바-15에도 동일함.

5. P바-18의 영철 대사 "쌍팔년도"는 요삭제. 씬18은 저속하므로 삭제를 요망함.

6. P바-23 "우리들의 시대"란 말이 빈번히 나오나 삭제를 요망함.

7. P바-26과 그 다음에 나오는 이순신 장군 동상 묘사는 성웅 모독의 인상을 줄 우려가 있어 요삭제.

8. P바-가-20의 "사꾸라" 용어는 요삭제.

9. P바-나-12 경찰관 대사에 "……다시는 데모" 운운은 전 작품을 통해 전부 요삭제.

10. P바-나-22의 학생 대사 "야야 웃기지 말어……" 전문 요삭제.

11. P바-다-19 영철 대사 "……계집애들이야 한 달에 한 번씩 피 뽑지 않니"는 요삭제. P바-다-21의 "불알" 삭제.

12. 씬111은 성웅 모독의 인상을 줄 우려가 있어 수정을 요망.

13. 씬 117 구치소 장면은 비현실적이므로 요삭제.

14. P바-라-8의 소리에 "난 지금부터 그것을 잡으러 갈 거야. 데모를 하고……" 부분 요삭제.

15. P바-라-10 병태 과대표 학생들의 대사는 전부 수정을 요망함.

16. P바-라-23 "갑자기 군대는 왜 가니?"는 요삭제.

17. P바-3 일등병 대사 "작대기 두 개 나 이등병해서……" 요삭제.

18. 씬 5는 요삭제.

19. 씬 37, 38, 39, 41, 42는 개작을 요망하며, P바-가-17의 "전우의 시체를 넘고 넘어"의 군가는 금지곡임. 씬37, 38, 39는 시내버스 안의 껌팔이 소년 장면. 씬41은 대학 교정의 시위 장면. 영화에서 껌팔이 장면은 빠졌고 시위 장면은 체육경기 장면으로 바뀌었다. 씬42는 강의실에서 수업 중에 시위대의 노랫소리가 들려오자 학생들이 일어서서 나가는 장면이었는데 "전우의 시체를 넘고 넘어"는 개작 대본에서 "태극기 곳곳마다 삼천만이 하나로" 즉 삼일절 노래로 바뀌었고, 마지막엔 시위가 아니라 응원 연습으로 바뀌었다.

20. 씬 46의 대사는 너무 거칠어 요수정.

21. P바-나-18과, P바-나-22의 대사는 너무 저속하여 수정을 요망함.

22. P바-다-18 "체육시간에 출석 삼분지일 넘게 빠진 자식들……" 부분과 전면에 걸쳐 재검토 수정을 요망함.

이것은 시작일 뿐, 〈바보들의 행진〉은 개작 지시를 받고 다시 개작 대본을 제출하기를 네 차례 거듭한 끝에 1975년 1월 23일 제작 허가를 얻었다. 제작이 끝난 뒤엔 필름에 대한 검열이 있었는데,

검열합격증에는 '화면삭제 5군데. 대사삭제 4군데. 화면단축 3군데'라는 단서 조항이 붙어 있었다. 문화공보부가 중앙정보부와 치안본부의 검열 의견을 취합해서 작성한 것이다. 최종 편집본을 둘러싼 실랑이는 개봉 직전까지 갔던 듯, 5월 30일자로 문화공보부가 추가 삭제 지시를 한 기록이 있다. 영화가 개봉한 것은 1975년 5월 31일.

문화공보부의 검열합격 통보 문서 (1975년 5월 13일)

화면삭제

씬 33 껌팔이 소년이 차내에서 껌 파는 행위

씬 60 병태가 피 뽑는 장면

씬 144 영철이 자전거 타고 벼랑에서 떨어져 죽는 장면

씬 131 구내방송 나오는 장면

씬 42-46 여학생 담배 피우며 양주 마시는 화면 전부 삭제

화면단축

씬 15 파출소 안에서 순경이 장발 학생을 취조할 때 순경의 장발을 클로즈업하는 장면

씬 75 영철, 구치소 담을 넘어 창녀들에게 덤벼들어 장난치는 장면

씬 129 학교 게시판에 "휴강" 운운 장면

씬 11 목욕 중 사타구니 씻는 화면 삭제

대사삭제

씬 3 "매독" 운운하는 대사

씬 63 병태의 대사 중 "불알 두 쪽밖에 없을 테니"

씬 85 병태의 대사 중 "이 세상에 믿을 게 어디 있니? 이 세상 모든 것은 가짜 아닌 게 없어."

문화공보부 공문 (1975년 5월 30일)

화면삭제

씬 1 일등병을 대학생들이 희롱하는 장면

씬 99 대학생들이 프랭카드 들고 행진하는 장면

씬 118 취로사업장 장면

화면단축

씬 24 여학생이 아양 떠는 장면

대사삭제

씬 8 한성여자대학 중 한성 삭제

2. 나의 동해바다

술 마시고 노래하고 춤을 춰봐도

가슴에는 하나 가득 슬픔뿐이네

무엇을 할 것인가 둘러보아도

보이는 건 모두가 돌아앉았네

자~ 떠나자 동해바다로

3등 3등 완행열차 기차를 타고

간밤에 꾸었던 꿈의 세계는

아침에 일어나면 잊혀지지만

그래도 생각나는 내 꿈 하나는

조그만 예쁜 고래 한 마리

자~ 떠나자 동해바다로

신화처럼 숨을 쉬는 고래 잡으러

―〈고래사냥〉(송창식 작사/작곡)

　내게는 '동해바다의 고래'에 대한 이중적인 감정이 있다. 3등 완행열차, 영동선의 종착역은 강릉역이고(70년대엔 경포대 백사장 바로 앞에 기차역이 있었고 그 경포대역이 영동선의 종착역이었다) 나는 강릉에서 태어나 자랐다. 어렸을 적에 우리는 늘 서쪽을 바라보았고 모든 꿈도 기회도 서쪽에 있었다. 송창식의 〈고래사냥〉을 들을 때 나는 약간의 혼란을 느끼기도 했다. 저들이 판타지 찾아 떠난다는 꿈의 장소가 알고 보면 내 고향이었다. 그런데 우리가 자라면서 익숙하게 보아온 고향 바다는 고래가 사는 그런 바다가 아니었다. 튜브 타고 놀다 보면 해파리가 종아리에 쩍쩍 달라붙는 그런 바다였다. 물론, 고래 잡으러 가는 동해는 서울 중심의 문화 속에서 일종의 타자화된 대상, 그들의 판타지였던 것이다. 그렇다고 원조 동해바다 출신으로서 화내는 건 아니다. 동해바다 역시 육신과 이미지가 따로 노는 것일 뿐이니까.

역사 속의 미아들

왜 멀쩡한 영화인들이 군국주의 깃발 아래 줄섰을까

발굴되는 역사, 친일영화·친일영화인들

식민지 영화들의 귀환, 반갑지만은 않은 과거

1989년, 태평양전쟁기의 영화 〈사랑과 맹서〉최인규 감독, 1945를 영상자료원이 일본에서 수집해 들여왔을 때까지만 해도 자료원에 해방이전 극영화는 한 편도 없었다. 영화평론가 김소영 씨 말대로 정말이지 '텅 빈 아카이브'였다. 식민시대 영화는 통째로 실종 상태였고, 나운규와 〈아리랑〉1926의 신화도 신문·잡지기사로 더듬어볼 따름이었다.

한국영화사의 초기 모습은 그 뒤 20년 동안 필름들이 띄엄띄엄 채워지면서 아주 느리게 조금씩 복원되었다. 필름이라는 실체로서 존재하는 한국영화사도 점점 길어지고 있다. 지금 영상자료원에 있는 1945년 이전 필름은 극영화 19편, 다큐멘터리 16편이다.

특히 2004년 이후 중국과 러시아에서 필름들을 무더기로 발굴해 들여왔는데, 1938년 작 〈군용열차〉가 들어왔을 때 이것이 필름으로 남아 있는 최고最古의 영화가 되었고, 1936년 작 〈미몽〉이 들어오자 현존 최고 필름의 연도가 2년 앞당겨졌다. 1934년 작 〈청춘의 십자로〉가 2007년에 발굴되면서 이 연도는 다시 2년 앞당겨졌다. 이 영화들은 영상자료원 시네마테크를 통해 공개된 뒤 〈발굴된 과거〉라는 제목의 DVD 시리즈로 출시됐다.

사라졌던 역사 유물의 귀환은 분명 흥분된 것이었지만, 발굴된 과거는 결코 아름답지도, 그다지 반가운 것만도 아니었다. 1938년 이후의 영화들은 거의 모두 군국주의 협력영화, 말하자면 '친일영화'였던 것이다.

1937년 중일전쟁이 시작되고 조선 영화계가 전시 총력전체제 아래 편입됐을 때 영화인들이 할 수 있는 선택은 두 가지였다. 영화계를 떠나거나 친일영화를 찍거나. 1920년대에 민족주의 영화를 만들거나 프롤레타리아 예술운동을 했던 사람들이 어떻게 군국주의 깃발 앞에 정렬했던가 하는 것은 이미 뉴스도 아니었다. 일제 말의 친일영화 목록이나 줄거리들 일부는 영화사 책에 다 공개돼 있었으므로. 하지만 문제의 영화들이 살아 돌아왔을 때, 스크린에 투사되는 동영상으로서의 영화는 새로운 충격이었다. 과거 엘리트 영화인들의 역사적 범죄행위가 눈앞에 적나라하게 전시되고 있었다. 이제껏 친일 혐의는 있으나 물증이 없었다면, 이제 물증에 현장검증까지 끝난 것이다.

소설 『남한산성』을 보면 병자호란 때 피난처였던 남한산성에서 국왕 일행의 목숨을 구걸하기 위해 청국 진영에 보낼 화친의 편지를 쓰기로 하는데, 왕이 필진 후보로 지명한 네 명의 신하가 어떻게든 그 치욕스런 문서의 필자가 되는 것은 피해보려고 앓아눕기도 하고 곧장 맞아 시름시름 앓다 죽기도 하고 길 나섰다가 심장병으로 죽기도 하고 마지막 남은 최명길이 울며 겨자 먹기로 붓을 드는 애기가 나온다. 제대로 싸움 한번 걸어보지도 못하고 남한산성으로 쫓겨 들어간 것으로 이미 치욕은 완결됐는데 편지 한 장 쓰고 안 쓰고가 무슨 대수일까마는, 어디까지나 명분과 형식에 집착했던 봉건시대 관료였던 데다 조상이나 후손을 자신과 동일시하던 가문숭배주의자 입장에서 장차 후손들에게 자신의 이름이 치욕으로 남을까 심히 걱정했다는 것은 이해할 수 있는 일이다. 어쨌든 당대에 비굴할지언정 역사의 낙인은 피하고 싶다는 것. 하물며 식민시대도 종료되고 친일 논란도 잦아들어 지하에서 조용히 쉬고 있는 영화인들에게 그들 작품의 발굴은 일종의 부관참시 같은 것이었다.

친일문학과 친일영화, 그 감도 차이

정부의 정책홍보전략이 개입한 국책영화들은 그 시대를 벗어나면 급작스럽게 낯설어진다. 그야말로 당대의 '콘텍스트' 속에서만 작동하는 '텍스트'이기 때문이다. 프로파간다의 의지가 앞설수록, 리얼리티나 영화적 재미에서 멀어지고, 훗날의 냉정한 관객에게는 선전선동의 생목소리가 촌스럽게만 느껴지게 마련이다. 과거의 국책영화라면 흔히 〈팔도강산〉시리즈[1967~1976]나 〈증언〉[1973] 〈들국화는 피었는데〉[1974] 같은 6.25전쟁영화를 드는데, 시공간의 갭에서 비롯되는 텍스트의 이물감에 관한 한 일제 말 친일영화들에 비할 것이 못 된다.

1941년 작 〈지원병〉. "빛나는 황기 2600년을 맞이하여 우리 반도

영화인은 이 한 편의 영화를 미나미 총독에게 바친다"라는 오프닝 자막부터가 그렇다. 일자리도 연애사업도 지지부진한 농촌 총각이 '조선인도 전쟁에 지원할 수 있다'는 총독부 발표와 함께 지원병에 뽑히자, 일약 입지전적 위인이요 온 동네 자랑거리가 되면서 모든 개인사적 골칫거리가 일사천리로 풀려나간다. "바로 이것이었어요. 희망이 생겼어요" "조선사람도 군인이 될 수 있게 됐다오" "군인이 되세요. 나라를 위해서 훌륭한 군인이 되세요." 감격에 겨운 이런 대사들. 하물며 주인공이 애인과 이별하고 군용열차에 올라 전선으로 떠나는 결말이 해피엔딩일 수 있는 그 비현실성!

1943년쯤 되면 이미 누구누구네 아들의 전사 소식이 들려온다. 〈조선해협〉1943은 서울의 대갓집을 중심으로 진행되는데, 지원병으로 나가 전사한 장남은 가문의 영광이요, 전쟁은 아랑곳없이 가난한 처녀와 자유연애를 한 차남은 가문의 수치다. 부친은 차남에게 불호령을 내린다. "형을 본받아라." 아들이 마침내 지원병이 되자 집안의 경사다. "이렇게 훌륭하게 클 줄이야. 어서, 남과 북에 일장기를 꽂아라. 형에게 지지 않도록 잘해라." 대를 끊는 것은 전통사회에서 최고의 악덕일진대, 양친 부모가 입을 모아 하나 남은 아들을 전쟁터로 내몰고 있다. 더구나 뼈대 있는 양반 가문에서! 전통적 가치와 식민 이데올로기의 대회전은 변변한 대립각도 세워보지 못한 채 식민 이데올로기의 K.O승이다.

식민지 현실과 사회 분위기 따위 배경화면은 지운 채 그저 영화를 영화 하나로 관람할 때 2000년대 대한민국 평균 관객이 느낄 당혹감이라니.

"그대는 벌써 지원하였는가 / 특별지원병을 / 내일 지원하려는가

/ 특별지원병을 / 공부야 언제나 못하리 / 다른 일이야 이따가도 하지마는 / 전쟁은 당장이로세 / 만사는 승리를 얻은 다음 날 일 / 승패의 결정은 지금으로부터 / 시각이 바쁜지라 학교도 쉬네 / 한 사람도 아쉬운지라 그대도 부르시네 / 1억이 모조리 전투배치에 서랍시는 오늘……." 이광수, 「조선의 학도여」 중에서. 〈매일신보〉 1943. 11. 4

이런 시를 쓴 문필가가 비단 이광수만은 아니다. 1940년대 경성의 신문과 잡지는 온통 전쟁을 고무 찬양하는 선전선동으로 뒤덮인 팸플릿이었다.

모든 프로파간다 예술은 장르 불문하고 메시지를 향해 단도직입 돌진하는 직설의 힘에 의지한다. 「조선의 학도여」도 전통적인 시보다는 격문에 가깝다. 소설이나 영화조차 메시지 전달이 최우선, 이야기는 운반 수단일 뿐이다. 대중을 어린이 취급하고 국민을 유아화하는 파시즘 통치전략 아래서, 군국주의 협력영화는 아동용 교육영화와 어법이 흡사하고, 메시지의 명쾌함은 디즈니 애니메이션과 맞먹는다.

하지만 친일문학과 친일영화는, 당시만 해도 신문과 잡지가 특별한 계급의 전유물, 영화는 대중보급형 오락이었던 데 따른 파장의 차이 외에도 그 호소력의 결에 상당한 차이가 있다. 글은 치밀하게 배치되는 논리와 정보의 구체성이 특징이다. 「조선의 학도여」를 보면 이광수의 머릿속이 어항 속처럼 훤히 들여다보인다. 그것이 활자의 강점이지만, 그 때문에 글 앞에서 독자는 좀 더 자율적이다. 취사선택의 편집권이 허용된다. 반면 영화는 소리와 이미지를 정수리서부터 들이붓는데, 이 느낌의 세례는 의식이 아니라 무의식의 저층에 저항할 틈 없이 스며든다. 무엇보다, 당대의 대중적 스타가 문제적 주인공을 연기하는 데서 벌써 대중은 영화가 장차 이야기하려는 것에 대한 저항의 의지를 상실하며 프로파간다의 목적을 이미 50퍼센트 달성하고 들어가는 것이다.

〈조선해협〉, 지원병이 되면 일본 여자의 서비스를 받는다

〈조선해협〉은 〈군용열차〉나 〈지원병〉에 비해 연출이 섬세하고 화면이 정갈한데, 그래서 가끔 모골이 송연해지는 순간이 있다. 젊은 남자들은 모두 북지의 전선, 그러니까 중국 대륙 어딘가로 떠나버린 경성 시내는 그럼에도 한없이 평화롭고 하필 화창한 봄날이며, '사쿠라'가 만개한 경복궁에서 해사하게 차려입은 여자들이 구라파 유학 간 남편들 소식이라도 주고받듯 북지로 나간 남자들 이야기를 나누고, 부상병 하나 끼어 있지 않은 참전군인들의 개선행진은 건국기념일 행사처럼 산뜻하고 발랄하다. 1943년이면 이미 전세가 기울고 있고 전선은 아비규환이건만!

영화의 마지막 장면. 전선에서 부상당해 일본의 병원으로 후송된 주인공이 바닷가에서 간호사와 산책을 한다. 주인공의 병원복도 간호사의 가운도 모두 흰색이며 화창한 햇빛을 받아 투명하게 빛난다. 대한해협의 바닷물이 찰랑일 때 흰 가운 자락이 바람에 하늘거린다. 사쿠라가 만발한 경복궁, 개선행진이 벌어지는 경성거리처럼 이 바닷가 장면도 노출과다의 효과, 화면이 표백제로 씻어낸 것처럼 하얗고 사물의 경계가 살짝 지워져 있다. 그것은 전쟁이나 식민지 같은 너절하고 구차한 현실이 싹 지워진 어떤 판타지, 근심 걱정이 사라진 천상의 공간이다. 서울에 아내를 두고 온 주인공이지만,

조선해협 1943

적어도 이 장면에서만은 두 남녀는 산책 나온 부상병과 간호사가 아니라 데이트를 즐기는 선남선녀들 같다. 더구나 남자는 조선 청년, 여자는 일본 여자다. 일본 군대에 자원입대한 조선 남자는 일본 여자의 서비스를 받는다! 일본 군인이 되어 전선에서 부상함으로써 조선 남자는 마침내 당당한 일본제국의 시민으로 거듭난다. 주인공을 신음과 비명이 낭자한 중국 어딘가의 야전병원이 아니라 굳이 멀리 일본으로 후송한 데는 명백한 연출 의도가 있다. 더구나 카메라는 앙각, 두 남녀를 아래서 올려다보는 위치다. 관객들이 우러러보아야 하는, 선망의 염이 절로 일어나는 앵글이다.

서울에 있는 아내, 당대 은막 최고의 스타 문예봉은 세상에서 가장 행복한 여자의 표정으로 이야기한다.

"아들도 군인이 될 거예요. 전 자랑스러워요."

해방, 느닷없이 들이닥친 이상한 선물

내 생각만은 아니겠지만, 나는 문필가든 영화인이든 일제 말의 친일인사들 상당수는 억지로 동원된 것이 아니라 적극적으로 동조한 쪽이었다고 생각한다. 그러니까 업무상의 과실이 아니라 나름 확신범, 양심범이었다고 할까.

언젠가 시인 서정주가 일제 말에 자신은 대동아공영권이 몇백 년 갈 것으로 여겼다는 얘기를 읽은 기억이 난다. "그것은 필시 멋진 일임에 틀림없도다 / 이 지구가 일찍이 본 적이 없는 / 멋진 세계임에 틀림없도다 / 우리들이 지금 쌓아올리고 있는 대동아는 / 보게나, 저 아름답고 풍만한 남방을 / 저 혹독한 추위와 더위의 북방 광야를 / 그리고, 그 사이에 펼쳐지는 / 온화하고 변화무쌍한 우리의 온대를 (…) 한편으론 아시아 대륙을 정복하며 / 한편으론 태평양의 섬들을 보호육성하며 / 우리의 일본은 군림한다 / 신의 나라, 천황의 나라, 부유한 나라 / 아름다움과 사랑의 나라"^{이광} _{수,「전망」중에서.《綠旗》1943년 1월호}라고 했던 이광수에게 역시 대동아공영권은 미완의 꿈이었고 해방은 느닷없이 들이닥친 이상한 선물이었을 것이다.

일본이 항복하고 조선이 해방됐을 때 부푼 꿈이 깨져 허탈해 하는 지식인들이 있었다는 것은, 믿기 싫지만 진실에 가깝다. 총독부가 손목을 비틀어서 이광수가 「전망」이나 「조선의 학도여」 같은 글을 쓰지는 않았을 것이다. 이 글들의 저류에 깔리는 필자의 정서는 억압과 굴종이 아니라 낙관과 투지에 들뜬 비상한 흥분 상태다. 다만, 당대 최고의 지식인 이광수가 어찌해서 이처럼 믿을 수 없는 상태가 되었는지, 그리고 멀쩡한 조선의 영화인들이 어찌어찌해서 마침내 '민족의 죄인'이 되고 말았는지는 연구 대상이다. 그것을 '시대적 조울증'과 '스톡홀름 신드롬'으로 풀어볼 수 있지 않을까.

식민지 조선 남자들의 우울증에 대해서는 이영재 씨가 『제국 일본의 조선영화』2008에 자세히 썼지만, 왜 아니겠는가. 당대 지식인들의 우울이 얼마나 깊었을지는 짐작하기 어렵지 않다. 우선, 나라를 잃었다는 것, 식민지의 백성이라는 것, 조선인임이 부끄러운 신분이 되었다는 것은 참기 힘든 현실이었을 것이다. 이영재 씨에 따르면, 조선인들이 처음에는 한일합방을 일시적인 점령 상태로 여겼으나 3.1운동 이후 상황이 반전될 가능성이 사라지고 문화통치라는 이름의 장기적인 식민화 단계에 들어가면서 사회 전체가 우울증을 앓게 됐다.

하지만 식민지화는 우울증에 절반의 이유밖에는 되지 못할 것이다. 한일합방이란 어쩌면 크게 놀랄 것도 새로울 것도 없었을, 19세기 말 조선이 겪은 정치적 좌절 드라마의 엔딩 편에 불과했을 것이다. 공화정쿠데타도, 민중혁명도, 입헌제국의 기도도, 어떠한 자생적 근대화 운동도 거의 다 실패한 결과였으되 다만 최악의 결말이었다는 것이 서글펐을 뿐이다. 일본이라는 식민 종주국의 존재도 중국, 러시아 등 조선 땅에서 온갖 간섭과 행패를 부려온 이웃 깡패 제국들의 마지막 타자, 최후의 승자였을 뿐이다. 한일합방은 이미 진이 빠질 대로 빠진, 조선의 장래에 대해 충분히 좌절한, 불특정 다수의 상대에 대한 열패감에 무릎 꺾인 조선의 지식인들을 녹다운시키는 마지막 펀치였다.

더구나 일제는 나날이 세력이 커져 마침내 독립운동의 거점인 만주·상해까지 덮쳐버렸을 때, 이제 식민지 하늘 아래 여생을 끝내야 할 뿐 아니라 대대손손 식민지민으로 남으리라는 암담한 전망 속에 살게 될 때, 우울이 영혼을 잠식하기 시작했을 것이다.

시대적 조울증과 스톡홀름 신드롬

우울이 깊으면 엉뚱한 희망에 미혹당하게 마련이다. 또 우울에서 벗어날 때는 그 반동으로 과도한 낙관과 흥분, 유포리아(다행증) 증세가 나타난다고 한다. 이른바 '조증'이다. 우울증이 깊을 대로 깊어 바닥을 칠 즈음인 1930년대 말, 일제가 전시총동원 체제에 들어가면서 조선에 대해서는 다른 아시아 나라들과는 달리 적극적인 동화정책으로 전환, 내선일체를 선언했을 때 어떤 조선 사람들에게 이것은 복음처럼 들려왔을 것이다.

난공불락의 절대 강자인 일본과 조선이 한 몸이고 조선인도 천황의 백성이며 조선 청년도 일본 군대에 가서 일본 군인과 나란히 총을 들 수 있다는 것. 전선이 넓어지고 연합군과 전면전을 벌여야 하는 일본 입장에서는 조선을 대륙침략의 교두보이자 병참기지로 활용해야 했고 급박한 전황에 2급 병사도 아쉬웠을 것이다. 지금 보면 그 속셈이 빤하지만 당대에는 상황 파악이 명쾌하게 떨어지지 않았을 수도 있고, 어떤 영리한 지식인들은 해볼 만한 거래라고 셈을 끝내고 거짓말인 줄 알면서 속아주었을 것이다. 장차 아시아의 맹주가 될 1등 국가의 국민 자격을 얻는 데 우리말과 한국 이름을 버리는 정도의 대가는 지불해야 한다고 생각했을지도 모른다. 1938년 조선인 지원병 모집령에 화답하기 위해 조선 영화인들이 〈지원병〉이라는 영화를 만들어 "미나미 총독에게 바친" 것도 이해가 가는 일이다.

나치가 유럽을 휩쓸고 프랑스 절반을 점령했던 1940년, 프랑스 남부에 세워졌던 비쉬 정부도 비슷했다. 나치 군대는 프랑스에 대해서는 다른 유럽 나라들과는 달리 특별우대, 유화적인 점령정책을 썼고, 비쉬 정부에 가담했던 프랑스인들은 어차피 세계가 히틀러 세상이 되는 판에 프랑스가 2인자 급의 유리한 고지를 선점할 필요가 있다고 판단했다면서 전범재판에서 끝내 자신들의 우국충정을 강변했었다.

대동아공영권 맹주의 옆자리를 예약해놓았다고 믿었던 이들은 해방 뉴스에 크게 실망했을 것이다. 부잣집에 입양됐다가 양부모가 파산하는 바람에 친부모가 사는 오막살이집으로 돌아오는 아이의 심정이었을까.

식민지 지배자와 피지배자의 관계를 인질과 인질범의 관계, 스톡홀름 신드롬에 빗대어볼 수도 있을 것 같다. 인질들은 처음엔 인질범에 대한 증오와 공포에 사로잡힌다. 하지만 과도한 스트레스 상태에 빠진 인질들은 인질범이 베푸는 약간의 호의에도 심리적 방어기제가 무너지고 그들에게 전적으로 의지하게 된다. 나중에는 인질범들에 대해 연대의식을 느끼는 나머지 자신들을 구출하려는 경찰에 대해 적대감조차 품게 된다고 한다. 스톡홀름의 인질극은 6일 동안이었지만, 36년은 성인이 된 사람들의 평생에 해당하는 시간이다. 유전자의 명령도 바꿔놓을 수 있는 긴 시간이다.

〈반도의 봄〉, 기업화와 함께 반도영화에 봄이 오다

내선일체 깃발 아래서 잠시 백일몽에 빠졌던 것은 영화계도 마찬가지였다.

이병일 감독의 1941년 작 〈반도의 봄〉은, 〈지원병〉이나 〈군용열차〉와 같은 피케팅 수준의 영화와는 달리 리얼리즘 영화의 품격을 갖추고 있다. 지금 남아 있는 식민시대 영화들 가운데 연출이 가장 세련되고 깔끔한 작품이라 할 만하다. 또한 식민지 조선 영화판의 모습을 이처럼 생생하게 증언하는 영상물은 극영화와 다큐멘터리 불문하고 유일하다. 영화 속의 영화인 〈춘향전〉 촬영 현장, 한옥주택 하나 빌려서 합숙하는 제작진 모습, 주연 여배우가 무대에 나와 주제곡을 부르면서 막이 오르고 영화가 시작되는 당시의 극장 풍경도 흥미롭다.

〈반도의 봄〉에 나오는 식민시대 경성의 영화판은 그야말로 '개판오분전'이다. 물주의 애인을 여주인공으로 캐스팅한 것까지는 좋았는데 이 여배우는 남자와 사이가 틀어지자 촬영을 펑크 내고 잠적한다. 개런티도 출연계약도 없이 일했던 여배우는 술집에 취직하고 연기를 그만두겠다면서 작별의 멘트를 날린다. "물만 먹으면서 연기할 수는 없잖아요?" 영화 제작진이 합숙하고 있는 주택은 집세가 6개월치나 밀렸고 집주인 영감이 들이닥쳐 지팡이를 휘두르며 당장 집을 비워달라고 한다. 물주는 진행비를 달라는 감독과 말다툼하다 제작비를 끊어버리고 영화 촬영이 중단된다. 시나리오작가가 보다 못해 회사돈 1000원을 임시변통해 제작비를 조달한다. 하지만 그가 횡령죄로 감옥에 가면서 제작은 다시 중단된다. 단골 술집에서 스태프들과 모여 앉은 감독은 어쩔 수 없이 제작을 중단할수밖에 없다면서 이렇게 말한다. "한 개의 좋은 영화는 단지 예술적 양심과 열성만으로는 부족합니다. 역시 확실한 자본과 조직적 계획 밑에서야만 되는 줄 압니다."

〈반도의 봄〉에서 영화인들의 지리멸렬과 무기력을 한 방에 날려주는 반전은, 반도영화사라는 자본금 1백만 원 규모의 대형영화사가 출범한다는 뉴스다. 그래서 결론은 해피엔딩! 〈춘향전〉 촬영이 재개되고 개봉관 앞에는 관객들이 구름떼처럼 몰려든다.

〈반도의 봄〉도 친일영화로 분류되기는 하지만 그 강도는 기중 미미하다. 명시적으로 친일 색깔을 띠는 대목은 두 군데 정도. 반도영화사 출범식에서 "앞으로 황국신민의 책임을 다할 수 있는" 영화를 만들자는 사장님 연설. 그 다음, 마지막 장면에서 일본으로 떠나는 주인공에게 감독이 돈 봉투를 건네면서 하는 말. "군君은 우리 조선영화인의 사절로 파견하는 것이니, 도쿄에 가면 각 촬영소를 방문해서 그곳의 내지인들과 서로 의견을 교환하여 많은 수확을 가지고 돌아오기를 우리는 고대하네."

이 대사들은 당시 현실에서 최소한 타협의 결과로 보인다. 1910년생 '합방둥이'인 이병일 감독은 일본영화계에서 연출수업을 하고 돌아왔고 해방 후에는 할리우드에서 영화수업을 한, 영화적 야심이 강했던 인물. 〈반도의 봄〉은 서른 갓 넘어 찍은 데뷔작이고 식민시대엔 작품이 더 이상 없다. 산뜻하고 귀여운 코미디 〈시집가는 날〉1956이 이병일 감독의 두 번째 작품이다. 1941년은 조선영화령 공포와 함께 영화인등록제가 실시되고 영화산업을 강력한 통제 아래 두는 영화계 신체제가 시작되던 해였다. 〈반도의 봄〉은 조선영화령 이후 첫 작품인데, 총독부의 그 무지막지한 검열시스템 아래서 이 정도 말끔한 영화가 만들어졌다는 사실이 놀랍다.

내선일체 깃발 아래 단꿈 꾸는 영화인들

〈반도의 봄〉은 기업화 문제가 당시 영화계의 화두였음을 말해준다. 1935년 〈춘향전〉 이래 발성영화 시대가 시작되면서 무성영화에 비해 제작비가 4~5배 상승해 과거의 가내수공업적 제작시스템으로는 감당이 힘들어졌고 영화산업은 기술과 자본과 시장의 벽 앞에 위기를 맞았다. 1930년대 말 영화계의 가장 큰 고민은 영화사들의 영세성, 국내시장의 한계였고 자연히 영화제작사의 대기업화, 해외시장 개척이 이슈가 되었다.

대동아공영권과 내선일체의 캐치프레이즈는 열패감에 빠진 영화인 일부에게는 희망의 속삭임으로 들렸다. 일본과의 합작은 돈과 시장 문제를 동시에 해결해주는 양날의 칼이었다. 〈집없는 천사〉1941는 고려영화협회가 제작하고 도와東和상사가 한국과 일본에 배급했고 〈군용열차〉는 도호東寶영화주식회사가 공동제작으로 참여하고 배급을 맡았다. "너도 나도 내지니 만주니, 조선영화의 선외鮮外진출에 대한 열의가 지금 절정에 달한 감이 있는데 이례 그렇게 될 것이지요. 어디로 보든지 조선시장만으로 조선영화는 유지하기 어려울 것으로 보이니까요."이창용, 「고려영화의 금후」 중에서. 〈조광〉, 1939 1939년은 흔히 민족말살정책의 상징인 창씨개명 등 식민 말기적 증후들이 본격화되는 시점이었지만 고려영화협회 대표 이창용의 발언은 아연 화색이 감돈다.

인질에 대한 인질범의 복합적인 감정이라고 할까. 유럽시장에 아프리카 옛 식민지 문화상품의 지분이 있는 것처럼 당시 일본시장에는 조선의 향토색이 담긴 식민지 영화에 대한 수요가 있었다. 조선영화인들은 이것을 세계시장에서의 가능성에 대한 청신호로 읽었다. 일본 군국주의가 대륙과 태평양으로 전선을 넓혀가는 뉴스가 이들에게는 조선영화의 시장이 확장되는 뉴스로 들렸을지도 모른다.

영화사들의 영세성, 국내시장의 한계. 지금 충무로에서 70년 전과 본질적으로는 똑같은 고민을 하고 있다는 사실이 섬뜩하다. 지금 충무로야 '식민종주국의 도움 없이' 자생적으로 대기업 영화제작사와 해외시장 진출에 대한 모델과 경험을 갖게 되었지만, 여전히 취약한 시스템에 대한 영화계의 만성불안을 익히 알고 있는 바, 반도의 운명적인 한계를 단번에 뛰어넘을 수 있을 것 같아 보이는 비전에 사뿐히 올라탔던 식민지 영화인들의 역사적 경거망동이 이해하기 어렵지는 않다.

여기서 한 가지 납득하기 힘든 대목은 카프KAPF. 조선프롤레타리아예술동맹 좌파 영화인들의 집단 투항이다. 최초의 친일영화로 기록되는 1938년 작 〈군용열차〉의 감독 서광제, 〈지원병〉의 감독 안석영은 1920년대 중후반 카프 계열의 핵심인물이었다. 그중에서도 〈지원병〉은 원작자 박영희, 제작 최승일과 안석영 감독까지 카프 출신들의 집단 전향을 알리는 출사표라 해도 이상하지 않다. "조선의 문화 엘리트들이 근대에 대한 다른 비전(좌파적 상상력)을 포기했을 때, 그들에게 남겨진 또 다른 근대의 길은 무엇이었을까. 일본과 하나 되는 방식의 근대화야말로 그들이 상상할 수 있는 유일한 길이 아니었을까?"한국영상자료원. 〈발굴된 과거〉 DVD 해설 중에서 영화사연구자 이순진의 적확한 해석이다.

한강철교, 한강대교는 철제의 강건함과 토목건설의 전능함을 입증하는 서울의 에펠탑이었고 열차와 자동차는 기술과 속도를 핵심으로 하는 현대성의 총아였다. 〈군용열차〉와 〈지원병〉은 기적을 울리며 전선으로 떠나가는 열차, 그 철도 위에서 대단원을 마감한다. 두 영화에 나오는 농촌마을은 지지리도 가난하고 가장들은 무기력하고 지주 영감은 음탕하고 여자들은 불행하고 처녀들은 돈에 팔려 간다. 미지의 근대로 달리는 열차와 철도는, 전통사회의 불합리, 전 근대적인 농촌사회의 지리멸렬한 관계들에 갇혀 있던 주인공들을 한 방에 구출해낸다. 물론 당시 근대성에 대한 매혹은 좌파만이 아 니었다. 최남선과 이광수도 철도와 열차에 대한 예찬의 언사들을 했다.

부끄러운 역사를 도려낼 수 있을까

일제 말의 친일영화들이 발굴되면서 최근 몇 년간 초창기 한국영 화사 연구가 아연 활기를 띠었다. 신문이나 잡지 기사 등 2차 자료에 의존했던 이전 기록들은 영화의 줄거리도 틀린 것이 부지기수였고 많은 부정확한 정보들이 수정되었다. 아마 영화 필름의 발굴로 가장 타격을 받은 이는 최인규 아닐까. 그는 1940년 이후 〈수업료〉[1940] 〈태 양의 아이들〉[1944] 〈사랑과 맹서〉 등 가장 부지런히 친일영화를 만들 었고 해방 후엔 속도감 있게 방향 전환을 해 〈자유만세〉[1946] 〈독립 전야〉[1948] 〈죄 없는 죄인〉[1948] 등 이른바 '해방 3부작'을 연출했다. 그의 1941년 작 〈집없는 천사〉는 그동안 영화사 책들에 대개 '목사 가 불우한 고아들을 돌보는 미담' 정도로 소개돼 있었다. 하지만 공 개된 영화 필름은 목사가 아이들과 함께 일장기 아래서 「황국신민 서사」를 암송하는 것이 결말이다. 이 결말은 비참한 경성 뒷골목 부 랑아들의 현실과 고아원을 만들어 이들을 거두는 목사의 미담, 그 전체 텍스트의 의미를 바꿔버릴 만큼 강력한 것이다. 텍스트가 공 개된 후 〈집없는 천사〉는 명백한 친일영화 목록에 등재됐다.

집없는 천사 1941

　영화사에서 친일영화들의 지위에 대한 논란은 여전히 계속되고
있다. 어디까지를 한국영화로 간주할 것인가. 언어, 자본, 감독, 공
간 배경, 주제, 등장인물 등 어떤 기준을 적용할 것인가. 언어를 기
준으로 한다면 일본어로만 찍어야 했던 1942년, 〈조선해협〉 이후
영화들은 모두 한국영화사에서 배제될 것이다. 하지만 자본과 감독
을 기준으로 한다면, 주로 조선 사람들 이야기를 다뤘고 조선과 일
본 스태프가 같이 참여했다 해도 법인 조선영화주식회사에서 박기
채 감독이 연출한 〈조선해협〉은 포함되겠지만 도호영화사에서 일
본 감독이 만든 〈망루의 결사대〉는 제외된다.

　법인 조선영화주식회사 아래서 일본어판 친일영화들만 생산됐다
해도 1942~1945년이라는 시기를 한국영화사에서 제거하는 것은
불가능해 보인다. 영화산업과 영화인의 연속성에서 그렇다. 해방
전에 〈태양의 아이들〉을 찍은 바로 그 사람이 해방 후에 〈독립전야〉

를 찍었던 것이다. 한국현대사가 어두운 한 시대를 도려낼 수 없는 것처럼 영화사 역시 마찬가지다.

괴팍한 시대, 미로에서 길 잃은 사람들

내가 식민시대에 태어났다면, 하고 생각해볼 때가 있다. 물론 지식인 '남자'로 전제하고 말이다. 나는 독립운동에 피를 뿌리는 쪽도, 세 치 혀로 일신의 영달을 도모하는 쪽도 못되었을 것 같다. 의협심이 평균 이상은 되는 것 같은데, 그러나 그것이 안정에 대한 욕망과 태생적인 심약함을 이길 만큼은 아닌 것 같기 때문이다. '영화를 아예 못 찍느니 나쁜 영화라도 찍으련다'에는 동의할 수 없지만, 그렇다고 '무릎 꿇고 살기보다 서서 죽기 원하는 정의파'가 되는 것도 힘들어 보인다. 내가 기대해볼 수 있는 최고의 역할모델은, 1942년 이후 경성에서 글도 사람도 더 이상 볼 수 없게 되었던 소설가 이태준이다. 그는 붓을 꺾고 낙향해버렸다. 하지만 해방 후 그의 뒷날은 비참했다. 그는 월북했고 숙청되어 인쇄소 식자공이 되었다가 나중에 탄광으로 쫓겨 갔는데 어느 날 아내가 세상을 떠나자 집을 나간 것으로 그에 관한 기록은 끝나 있다.

지난 역사에 대해 말하기는 얼마나 쉬운가. 이미 끝난 게임, 승부가 갈린 게임은 얼마나 쉬워 보이나. 응당 갔어야 할 길, 결코 하지 말았어야 할 선택이 무엇인지 전후좌우가 명쾌하게 들여다보인다. 하지만 당대란 늘 복잡한 숙제이고 알 수 없는 미로다. 1930~40년대, 전무후무한 변칙 플레이가 속출하는 그 괴팍한 시대에 시계 불명과 적응 곤란으로 우왕좌왕하던 이들, 지도도 없이 미로에서 길을 잃은 사람들, 그 역사의 미아들은 그저 딱할 뿐이다. 그들의 황당함과 막막함이 손에 잡힐 듯하다.

✚ 덧붙임

뉴욕 현대미술관의 초청 티켓

2004~2005년 사이 영상자료원은 중국전영자료관에서 식민시대 영화 7편을 발굴해 들여왔다. 〈군용열차〉〈어화〉[1939] 〈집없는 천사〉〈지원병〉이 2004년에, 그리고 다음 해 〈미몽〉〈반도의 봄〉〈조선해협〉이 들어왔다. 이 영화 7편을 미국에서 처음 공개하는 행사가 2009년 1월 28일부터 일주일간 뉴욕 현대미술관MoMA에서 열렸다.

개막 전날 아침 나는 커다란 짐가방을 들고 인천공항에 나갔다. 개막식에서 인사말을 하도록 돼 있었다. 내 출장길에 동네친구도 동행하기로 했다. 3개월 전 뉴욕 출장을 간다고 했을 때 이 친구가 함께 가겠다고 하더니 같은 항공권을 끊었다. 나는 MoMA에서 항공권을 보내왔고 3일 호텔 숙박도 준비해주었다.

하지만 인천공항 대한항공 데스크에서 나는 기절할 뻔했다. 내 여권은 구식 여권이고 미국 비자가 없어 안 된다는 것이었다. 급한 공무일 경우 여권을 긴급 발급해주기도 하니 공항 영사서비스센터로 가보라고 했다. 하지만 설 연휴라 영사서비스센터는 닫혀 있었다. 황당하게도 친구를 혼자 뉴욕으로 떠나보낸 뒤 집에 돌아와 하루 안에 인천공항에 재도전할 방법을 백방으로 알아보았다. 결론은 '미션 임파서블'이었다. 전자여권은 '신문기자' 급 급행코스가 오전에 신청하면 오후에 나오는 것이고 그 다음 미국 국무부 사이트에 입국신청을 하면 허가가 떨어지는 것이 빠르면 당일에서 최대 72시간까지라 했다. 더구나 그날은 휴일이었으니 다음 날 아침, 아니 저녁에라도 떠나기는 힘들었다.

나는 2009년부터 한미간에 무비자 관계 시작이라는 뉴스를 보면서 '내 미국 비자가 2008년에 끝나니까 잘됐네'라고 생각한 뒤 이 문제에 관한 한 퓨즈를 내려버렸다. 이제 유럽처럼 여권만 달랑 들고 왔다 갔다 하면 되나 보다 했다. 헤드라인만 보고는 다 읽은 것으로 치고 신문을 던져버리는 평소의 습관이 치명적인 결과를 초래한 사례라 할 수 있다. 직원들이나 비서는 무얼 했냐고 하는 사람도 있었지만, 해외 출장은 모든 과정을 여행사에 맡기는데 이번은 항공권과 호텔까지 뉴욕에서 맡았기에 여행사가 필요 없었고, 이런 경우는 그들도 나도 처음이었다. 다른 누군가의 잘못이라면 화라도 내면서 마음을 달래보련만, 오직 본인이 생각 없이 사는 탓이라 모든 비난과 실망과 손해도 혼자 감수하면서 묵묵히 뒷수습하는 수밖에 없었다. 우리 시간으로 자정이 넘자 뉴욕에서 다급한 전화가 걸려오기 시작했다. 개막식이 가장 문제였는데 프린스턴대학의 한국인 교수가 인사말을 하기로 했다고 섭외가 된 것이 아침쯤이었다.

며칠에 걸쳐 정교하게 '레이아웃'한 거대한 짐가방을 다시 푸는 일은 엄청난 심적 고통을 수반했다. '등이 휠 것 같은 삶의 무게'를 짊어지고서 감정의 기복도 심한 갱년기 강을 건너던 처지에 나는 이 일로 한동안 깊은 우울에 빠졌다. 정신과 의사 정혜신 씨는 내 사례에 대해 "자신이 약한 부분을 회피하려는 증세"라고 했다. 이번 일만 해도, MoMA에서 초청받은 뒤 행사까지 3개월 여유가 있었고 나는 상영작들을 마저 챙겨보고 자료들을 뒤지다가 점점 빠져

들어 인터넷서점에 책을 10권 가까이 주문하고 강준만 선생의 『한국 근대사 산책』 시리즈에 도전하면서 아주 유익하고도 즐거운 시간을 보냈다. 여권, 비자, 그런 '따위'는, 정혜신 씨 분석에 따르면, '생각하기도 싫었'던 것이다.

그러고 보니, 형식과 절차는 대략 무시하는 습성이 내 인생에 가져온 뭔가 좋은 것들도 있었겠지만 그 피해 사례도 만만찮았다. 고등학교 들어갈 때 등록마감일을 잘못 알아서 장학생으로 붙어놓고도 기부금 내고 보결입학한 것을 비롯해서 면허 갱신기간을 초과해 과태료 물고 면허시험을 다시 치른 것 등등 돌이켜보기도 귀찮을 정도다. 최근 〈씨네21〉에 실린 배우 박중훈 스토리를 보는데, 그는 동국대 연극영화과에 원서를 내놓고 소집통지서에서 면접날과 예비소집일을 거꾸로 읽어서 시험날을 놓치고 결국 재수를 했다. 이런, 나보다 더 심하잖아! 그런데 사람 일에 오직 나쁘기만 한 일은 없는 것 같다. 스스로 아주 멍청하고 바보 같다고 자책하는 동안 겸손한 마음이 많이 생겼다는 게 불운 속에 건진 소득이라면 소득이었다. 또 한 가지 장점은 주위에서 모두들 자기 일처럼 좋아했다는 점이다. "나만 그런 게 아니구나." "너는 나보다 더 심하네."

진지함의 절정

독립운동하듯 영화를 찍다

〈오발탄〉과 영원한 모범생 영화학도 유현목 감독

양산 체제가 배출한 뛰어난 감독들

일간지 영화 담당 기자 2년, 영화잡지 편집장 5년, 그렇게 영화 저널리즘에 종사했던 7년 동안 내가 보았던 1960년대 한국영화를 꼽아보니 한쪽 손 다섯 손가락도 남는다. 〈하녀〉^{김기영 감독, 1960} 〈오발탄〉〈사랑방 손님과 어머니〉^{신상옥 감독, 1961} 〈돌아오지 않는 해병〉^{이만희 감독, 1963}, …… 영상자료원에 온 뒤 이만희·유현목·김기영의 60년대 영화를 만날 때는 뭐랄까, 이삿짐 싸다가 장롱 구석에서 까맣게 잊고 있던 저금통장을 찾아낸 것 같은 기분이었다.

한국영화의 첫 번째 르네상스였다는 1960년대 영화들을 보면서 드는 두 가지 감상.

첫째는, "한 나라의 영화 수준은 그 나라에서 찍고 상영한 필름의 길이와 비례한다"^{신상옥, 「난, 영화였다」 랜덤하우스코리아, 2007}라고 신상옥 감독이 말한 바 있지만, 1960년대를 르네상스라 부르는 것은 비단 영화

편수와 영화 인구뿐 아니라 그 양산 체제 속에 뛰어난 감독들이 배출되었기 때문이라는 것.

두 번째는, 1960년대적인 진지함의 사랑스러움에 관한 것이다. 기술과 산업의 합작품인 영화, 그 눈부신 진화의 노정에서 40년의 시차란 막대한 것이라, 지금 한국영화를 기점으로 친다면 1960년대는 청동기시대쯤 된다고 할까. 하지만 그 거칠고 소박한 영화 가운데서 놀랍도록 진지한 정치의식을 만날 때, 나는 우리 영화의 진화 과정에서 거세돼버린 것, 퇴화해버리고 만 유전자를 발견하는 것 같아 감개가 무량해진다.

고전영화 넘버 1 〈오발탄〉에 가린 수작들

한국영화가 잃어버린 진지하고도 심각한 정치의식, 그 대표적인 60년대 작가가 바로 유현목이다.

〈오발탄〉〈카인의 후예〉1968 〈김약국의 딸들〉1963 〈순교자〉1965 〈장마〉1979 〈사람의 아들〉1980. 유현목 감독은 당대의 문제작들을 거의 사냥하다시피 낚아채서 영화로 만들었다. 소설의 영화화는 1990년대 이후 한국영화가 고도로 산업화하면서 오리지널 영화기획에 밀려나 비주류가 되었지만, 당시는 영화계의 일반적인 경향이었으니 특별한 일은 아니다. 다만 유현목 감독이 워낙 심각한 소설들만 골랐다는 것이 특별하다면 특별하달 수 있다. 유현목 감독이 고른 소설의 계보로 보면 '최인훈의 『광장』은 왜 빠졌을까' 싶다. 유현목 전쟁영화의 완결판이 됐을 법도 한데 말이다. 반공 색깔이 분명한 다른 작품들에 비해, 좌도 우도 아닌 어중간한 태도, 이념에 대한 회의와 냉소가 1960~70년대 검열시스템에서 용납되기 힘들었을까.

소설의 영화화를 대략 번역과 번안으로 구분한다면, 작품에 따라 약간의 차이는 있지만 유현목 감독은 번역 쪽이라 할 수 있다. 유현목 감독은 대체로 원작에 충실했다. 문자 세계의 농밀한 의미망을 되도록 다치지 않게 옮겨냈으니, 문학이 시대와 사회를 다루는 그 깐깐한 태도까지 영화에 그대로 살아 있다. 잠시의 방심이나 킬링타임의 관람 태도를 용납하지 않는, 시종일관 이해와 각성을 요구하며 까다로운 질문을 던지고 토론을 청하는 영화들이라, 한 편 보고 나면 진이 쫙 빠진다.

〈오발탄〉은 워낙 유명한 '고전영화 넘버 1'이 돼버려서 더 이상 설명이 필요 없겠다. 이따금씩 언론매체들이 발표하는 '한국영화 베스트 10'에서 〈오발탄〉은 부동의 1위인데, 〈하녀〉나 〈만다라〉 같은 걸작들이 이런 인기투표에서 결국 밀리고 마는 건 한국 지식인들의 뿌리 깊은 정치지향성 탓 아닐까. 전쟁과 사회라는 주제는 아무래도 성적인, 또는 종교적인 주제보다는 배점이 높아질 수밖에 없다.

〈오발탄〉은 유현목 감독의 대표작 중의 대표작이고 틀림없는 걸작이다. 영화감독들이 철마다 영화 하나씩 뚝딱 찍어내던 날림의 시대에 이만큼 정교한 만듦새를 가진 영화가 만들어진 것도 기적 같은 일이다. 몇 달 사이를 두고 개봉한 〈오발탄〉과 김기영의 〈하녀〉는, 이제껏 허겁지겁 대략 2시간짜리 장면들을 짜맞춰내기 바빴던 한국영화가 비로소 미학적 수준을 논할 만한 스타일들을 가지게 됐다는 지표였다.

하지만 〈오발탄〉에 가려져온 유현목 감독의 다른 리얼리즘 영화,

〈카인의 후예〉나 〈장마〉 〈김약국의 딸들〉의 인상도 아주 강력하다. 영화적 완성도는 〈오발탄〉에 못 미치지만 서사의 힘과 인물들의 깊이는 오히려 이 영화들이 더 낫다는 느낌이다. 〈오발탄〉은 등장인물과 줄거리가 약간 스테레오타입 같은 구석도 있는데, 이 영화들은 인물과 사건들이 한결 역동적이다. 〈오발탄〉은 원작이 단편소설인 데 반해 〈카인의 후예〉 등은 장편소설이 원작이기 때문일까.

4.19 이후 서울의 봄이 베푼 은혜, 〈오발탄〉

영화 〈오발탄〉에 대해 무슨 설명이 필요할까. 나는 다만, 1950년대 말, 그 양아치 같은 시절에 이 영화를 만들 작정을 했다는 것, 또 시장과 정치의 협공 사이에서 위험을 무릅쓰고 아크로바트 급의 고난도 작업을 완수했다는 것, 그러한 유현목 감독의 집념에 감동한다.

1950년대 말 영화계는 멜로와 코미디, 아니면 신파극이 대세를 이룬 B급 장르영화의 전성기였으니, 〈오발탄〉은 예외적인 기획이었다. 에로틱하지도 코믹하지도 않고 그렇다고 궁중사극이나 전쟁영화처럼 볼거리를 제공하는 것도 아니면서, 한술 더 떠 여러 사람 불편하게 만드는 고강도의 정치성을 내장하고 있다. 과거사에 대한 후일담도 아니면서 동시대를 겨냥한 이 정도의 직설적인 사회비판영화는 전례가 없었던 것은 물론, 그 뒤에도 한참이 지나 1980년대 말 코리안 뉴웨이브 이후에 와서야 만날 수 있게 되었다. 공보부의 영화 담당이 가위를 들고 "빈민촌의 초라한 판잣집이 나오면 나라 망신이라고 삭제하고 멀리 경무대가 보인다고, 엑스트라의 치마가 짧다고, 제기랄이란 말도 자르던" (유현목)「한국영화회고록」 중에서. 〈씨네21〉

것이 자유당 시대였다. 1961년 작 〈오발탄〉은 4.19 이후 '서울의 봄' 1년이 한국영화사에 베푼 은혜인 셈이다.

전후 한국사회의 비참을 다룬 영화가 〈오발탄〉만은 아니다. 비참이 신파드라마의 배경일 때 그것은 온통 우리 초창기 영화들의 기본 포맷이기도 했다. 하지만 〈오발탄〉에서 비참은 배경이 아니라 주제다. 해방촌 판잣집에 사는 월남민 일가족. 이 가족 속에서 '건전한' 사회생활을 하는 사람은 오직 계리사인 장남 하나뿐이다. 전쟁 통에 정신이 이상해진 노모, 양공주가 된 여동생, 상이군인으로 결국 은행강도가 되고 마는 동생, 아이 낳다 죽는 아내, 그리고 여동생의 애인과 남동생의 애인까지. 이들 각자의 비참은 부모자식 관계나 형제 간 우애나 부부의 정이나 연인 관계나 모든 관계를 다 파탄 낸다. 이 가족의 문제는 철저하게 사회적인 것이다. 비참의 원인이 거의 전적으로 외부로부터 온다. 시대가, 사회가 일가족을 비참에 빠뜨린 것인데, 〈오발탄〉의 아비규환을 보자면 감독이 역사와 현실을 비판하는 게 아니라 거의 저주하고 있구나, 싶다.

〈우리 생애 최고의 해〉The Best Years of Our Lives, 윌리엄 와일러 감독, 1946는 〈오발탄〉의 할리우드 판이라 할 수 있다. 두 영화 모두 전쟁후유증을 다루고 전쟁에서 부상을 입고 돌아온 제대군인이 나오지만 드라마의 종착지는 정반대다. 〈우리 생애 최고의 해〉는 전쟁에서 두 손을 잃고 돌아온 청년에게 옛 애인을 되찾아주고 파괴되는 듯했던 가정을 감쪽같이 봉합해낸다. 하지만 〈오발탄〉에선 사회와 가정이 전쟁으로 완전히 무너졌고 옛 애인은 물 건너갔고 가족은 결속을 잃어버렸고 제대군인은 범죄자가 되고 만다. 물론 미국인에게 제2차 세계대전과 한국인에게 6.25전쟁은 완전히 다른 어떤 것이다. 6.25전쟁은 한국을 잿더미로 만들었지만, 2차 대전에서 미국은 폭탄 한 방 안 맞았고 정치경제적으로 최대의 수혜국이었다. 애꿏은 미국 청년들만이 이국땅에서 전쟁을 치르고 돌아와 반듯한 도시, 말짱한 중산층 가정의 침실에서 매일 밤 혼자 악몽을 꾸어야 했다. 〈우리 생애 최고의 해〉는 2차 대전 후 청년들의 희생을 대가로 막대한 국부國富를 누리게 된 미국사회 주류의 생각을 읽게 해준다. 그러니까 할리우드가 정부를 대신해 청년들을 위로하는 국책영화를 만든 셈이다. 일종의, 부상군인들의 사회복귀를 돕는 프로그램이라고 할까.

〈우리 생애 최고의 해〉는 할리우드 규범대로 해피엔딩을 만들어냈고, 〈오발탄〉은 할리우드는커녕 충무로의 상식조차 외면한 암담한 결말이다. 〈오발탄〉은 주제도 형식도 모두 전위를 밀고 나간, 거의 언더그라운드 영화였다.

십시일반 호주머니 털어 완성한 작가주의 영화

〈오발탄〉은 촬영에만 13개월이 걸렸다. 요즘 충무로 기준으로도 긴 것이고 감독 한 사람이 1년에 네다섯 편을 찍던 당시로선 더더욱 긴 시간이다. 흥행성도 없어 보이고 머리가 지끈지끈 아픈 데다 심지어 위험해 보이기까지 하는 이 영화기획에 돈 대겠다는 영화사 사장이나 지방 배급업자는 없었다. 당시 기술협회장이던 김성춘 조명감독이 하는 수 없이 제작자로 이름을 올리고 촬영감독 김학성과 김진규, 최무룡, 문정숙 등 배우들이 무보수로 가담하면서 가까스로 촬영에 들어갈 수 있었다. "이틀 찍고 열흘 쉬고, 필름 값이 좀 생기면 또 며칠 찍고"했다. 영화를 찍던 중에 4.19혁명이 일어나

오발탄 1961

자유당 정권이 무너지자 감독은 대본을 고쳐 썼다고 한다.「한국영화회고록」 중에서. 〈씨네21〉 2000. 12. 19

영화는 1961년 4월 개봉했는데, 1월 말에 개봉한 신상옥 감독의 〈성춘향〉이 2달 반의 장기흥행으로 관객동원기록을 수립하던 무렵이었다. 컬러 시네마스코프로 대중의 눈을 휘둥그레 만들면서 새로운 시장을 개척하던 상업영화의 달인 신상옥 감독의 한편에서, 유현목 감독과 주위 사람들이 십시일반으로 호주머니를 털어 투지 하나로 완성한 작가주의 흑백영화가 개봉한 것이다. 제작비는 〈성춘향〉이 8천만 환, 〈오발탄〉이 8백만 환, 꼭 10분의 1이었다. 4.19 무드를 타고 완성한 〈오발탄〉은 그러나 5.16과 함께 상영금지가 되었다.

그로부터 약 2년이 지난 1963년 2월, 제작자 김성춘 씨가 공보부에 재심청구를 냈다. 당시 신문기사에는, 김성춘 씨가 〈오발탄〉의 결말에 약간의 희망적인 암시를 띠는 장면을 재촬영해 넣었다고 나

온다.〈동아일보〉1963. 2. 17 8월에는 한국영화인협회가 상영허가탄원서
를 내기도 했다.〈오발탄〉은 그해 10월 샌프란시스코영화제에 초청
되면서 국내에서 상영금지령이 풀렸고 1963년 8월 재개봉했다. 이
때 샌프란시스코영화제에 초청된 것은 천만다행이었다. 그렇지 않
았더라면〈오발탄〉은 영화사에 이름만으로 남았을 것이다. 딩시 샌
프란시스코로 나갔던 필름 한 벌이 남아 지금 영화〈오발탄〉의 존
재 증명을 하고 있는 것이다.

〈카인의 후예〉, 김진규만 한 배우가 또 있을까

내겐〈카인의 후예〉도 만만찮게 매력적인 작품이었다.

유현목 감독은 1925년 황해도 사리원 태생으로 해방 후 북한에
소련군이 들어오고 토지개혁이 시작된 뒤인 1946년 초에 가족과
함께 월남했다. 해방 직후의 북한 농촌을 배경으로 한『카인의 후
예』는 원작자인 황순원의 자전적 소설이기도 하지만 유현목 감독
의 개인 체험과도 많이 겹쳐 있다. 유현목 감독은 원작을 뒷부분만
조금 들어내고는 거의 그대로 영화로 옮겼다. 그래서 사실상, 이 영
화의 매력은 상당 부분 원작 소설의 매력이다.『카인의 후예』에서
카인은 분단된 남과 북에서 명백히 북쪽을 가리킨다.

해방공간의 이념갈등을 다룬 영화는 많다. 또한 대개가 반공영화
들이다.〈카인의 후예〉의 매력은 반공영화니 아니니 하는 시비를
넘어서는 리얼리티에 있다. 등장인물들의 캐릭터 설정과 배치가 절
창이다. 좌우의 이념, 선악의 기준으로만 판단할 수 없는 혼란 속에
인물의 깊이와 삶의 아이러니가 깃들어 있다.

〈카인의 후예〉는 해방 후 북한 시골마을의 토지개혁 과정을 보여주는데, 토지개혁의 이름 아래 마을은 작은 전쟁터가 된다. 지주에 대한 한풀이와 약탈은 거의 전쟁이 따로 없다. 대대로 지주집안의 아들로 서울서 공부하고 낙향해 야학을 하는 주인공 박훈은 타도대상 1순위다. 남편에게 얻어맞다가 친정으로 돌아온 마름의 딸 오작녀가 그의 집에 같이 살면서 시중을 드는데, 박씨 집에서 할아버지 대부터 마름 노릇을 해온 오작녀의 아버지는 졸지에 농민위원장이 되어 지주 사냥의 선발대로 설친다. 또 그 아들은…… 뭐 이렇게 뫼비우스의 띠처럼 사람들의 관계가 물리고 물린다.

1960년대는 전쟁영화, 액션영화 등 장르영화들이 번창하면서 남자배우들이 스타덤에 올랐다. 깎은 듯한 서구적 미남 신성일, 부드러우면서도 강인한 남성형의 신영균, 그리고 장동휘와 박노식의 마초 카리스마도 장난 아니었는데, 〈카인의 후예〉를 보면 역시 최고는 김진규 아닌가 싶다. 마을에서 가장 많이 배우고 재산도 많지만 선량하고 욕심도 없고 심지어 오랫동안 마음에 두어온 여자와 3년을 한 집에 살면서 손 한번 안 잡아본, 착하거나 무심하거나 냉정한 인물을 김진규가 연기한다. 이 순결하면서도 복잡한 남자를 신성일이나 신영균은 죽었다 깨도 연기하기 힘들 것이다. 재산도 지식도 다 무거운 듯 눈꺼풀이 흘러내리는 무기력한 표정, 꼭 필요한 말조차 조금 늦게 꺼내는 우유부단함, 주위의 온통 공격적인 인간들 상대하기 버거워 자꾸 한쪽으로 기우는 어깨, 허적허적 힘없는 걸음걸이.

오작녀를 둘러싼 두 남자가 있다. 김진규가 연기하는 지주 아들 박훈과 전 남편 최가. 영화 처음에는 누구나 박훈 편이다. 지적이고 온건한 지주 아들이 겪는 박해와 수모를 지켜볼 때 그 안타까움이란! 한편 객지로 떠났던 전 남편 최가는 청년위원장 완장을 차고 마을로 돌아온다. 아내 두들겨 팬 선력의 소유자인 이 남자는 우락부락한 생김새에 입만 열면 욕이고 만날 술집에서 살다시피 한다. 오작녀를 둘러싼 두 남자의 삼각관계에서 관객은 최가 편이 되기는 힘들다. 그러나 영화 후반부쯤 가면 박훈의 우유부단함과 무기력함에 넌더리를 참을 수 없게 되며, 최가의 위악 뒤에 숨은 순정을 발견할 때 더 이상 미워할 수만은 없게 된다. 나중에 최가가 박훈의 멱살을 잡고 뺨을 갈기면서 "오작녀가 불쌍하다. 오작녀가 불쌍해. 오작녀가 좋으면 좋고 싫으면 싫고 왜 분명하게 말을 못해. 네깐놈하고는 다시는 상종 안 하겠어" 하고 말할 때는 속이 다 후련해질 정도다.

좌우와 선악의 구도를 교란하는 드라마의 힘, 얄팍한 이분법적 통념을 넘어서는 사실주의 작가의 통찰이 빛나는 대목이다.

먹물 냄새 풍기는 〈춘몽〉, 걸작을 카피하고 싶은 모범생의 욕망

유현목 감독의 1965년 작 〈춘몽〉이 외설 논란에 휘말린 것은 우리 영화검열의 역사에서 대표적인 코미디다. 여주인공의 누드가 잠깐 보이는 듯했다고 '음화 제조 혐의'로 감독이 기소됐던 것인데, 혹시 누군가 에로영화를 기대하고 이 영화를 구해 본다면 실망할 것이다. 영상자료원에 와서 이 영화를 처음 보았을 때 나는 60년대에 이런 실험영화가 만들어졌다는 사실이 신기했다. 〈춘몽〉은 독일 표현주의 영화의 고전 〈칼리가리 박사의 밀실〉The Cabinet of Dr. Caligari, 로베르

(왼쪽부터) 춘몽 1965, 카인의 후예 1968

트 비네 감독, 1919과 라스 폰 트리에의 연극 같은 영화 〈도그빌〉Dogville, 2003을 연상시켰다. 〈오발탄〉에서 사실주의 내러티브와 타협하면서 조심스럽게 시도했던 표현주의 양식을 작정하고 끝까지 밀어붙인 영화가 〈춘몽〉이었다. 관객으로서 내 입장에서는 실험적인 스타일을 감상하는 재미는 있지만 미학적 자의식 과잉이 부담스럽기도 했다.

하지만 분명한 건, 1960년대 영화판에서 유현목은 드물게 '먹물 냄새'를 심하게 풍기는, 모범생 영화학도의 태도로 영화를 찍는 그런 감독이었다는 점이다. 정신없이 돌아가는 충무로 영화 현장에서 허드렛일도 하고 어깨 너머로 배우면서 밑바닥에서부터 상업영화의 감각을 익히던 대개의 감독들과 달리, 그 역시 이규환 감독의 조연출 출신이긴 하지만 그는 서양의 고전을 교과서 삼아 일종의 엘리트주의 영화학습을 하면서 걸작을 카피하고 싶다는 모범생다운 욕망을 가졌던 것 같다.

그는 해방 직후 동국대 국문과를 다니면서 영화예술연구회를 조직해 회장을 맡는가 하면 학교의 제작비 지원을 받아 자작 시나리오로 45분짜리 영화를 찍어 학생예술제에서 발표하기도 했다. 졸업 후엔 배우 모집광고를 보고 응시했다가 연출부로 영화판에 발을 들였다. 그러니까 그의 영화 입문 과정은 요즘 영화감독 지망생들이 밟는 코스와 거의 흡사하다.

〈박자로 온 손님들〉1967 〈아내는 고백한다〉1964도 볼 만하고, 〈공처가 삼대〉1967는 깜찍하고 산뜻한 가족코미디의 수작이었다. 2008년 홍콩에서 발굴해 들여온 〈분례기〉1971는 중국어 더빙에다가 화면 상태가 심하게 안 좋아 정상적인 영화 감상은 어렵다.

"감독 머리엔 잡념이 너무 많아, 문인이 부럽다"

〈공처가 삼대〉를 비롯한 몇 편의 코미디가 있긴 하지만 유현목의 세계는 대체로 불우하고 침울하다. 한국현대사에서 최악의 수난기에 성장해 어른이 되었다는 것, 중년에 접어들어도 한국사회는 희망이 보이지 않는 것, 그 세대가 공유하는 시대의 우울이 지극히 진지하고 심각한 유현목의 개성과 만나면서 온통 언해피엔딩의 염세주의 작품세계를 만들어냈다. 영화라는 매체에 대해서도 유현목 감독에게는 애증의 태도가 있다.

1960년대 영화판에서 신상옥 감독이 상업영화 시스템의 최강자였다면 그 반대편 맨 끝에 유현목이 있었다. 그는 한 인터뷰에서 감독이 영화의 예술 가치를 만드는 데 머리의 30퍼센트밖에 쓸 수 없으며 나머지는 잡념에 시달린다면서 "원고지에 글을 쓰는 문인이나 작곡가, 미술가들이 부럽다"「영화계의 명사수 유현목 감독」 중에서. 〈실화〉 1961년 5월호 라고 한 적 있다. 그는 밀실에서 작업하는 고독한 작가들을 부러워했다. 그는 영화 제작비를 조달하고 제작시스템을 움직이는 것을 잡념이라고 생각했다. 아마 신상옥 감독은 반대였을 것이다. 심지어 신상옥 감독은 연출로 부족해 제작까지로 오지랖을 넓혔다. 신상옥은 할리우드 웰메이드 영화가 모토였고 유현목은 한국의 소설가들과 호흡을 같이한 것은 이런 직업관 차이와 관련 있다.

그럼에도 유현목 감독은 그 시스템 안에서 비교적 널찍한 활동 공간을 확보했다. 게릴라 식으로 찍은 〈오발탄〉 같은 작품도 있지만, 어쨌든 그는 충무로 시스템 안에서 〈카인의 후예〉도 찍었고 〈춘몽〉도 찍었다. 그런 진지함도, 실험성도, 길러지거나 가공되지 않고 스크린에 투사될 수 있었다. 한국영화가 산업적으로 영악해지기 전의 일! 그것이 1960년대였다. 유현목의 그 지극한 60년대적 진지함에 대해 나는 향수와 함께 존경의 염을 품는다.

✚ 덧붙임

영어 자막 프린트로 남은 〈오발탄〉

내가 영화 〈오발탄〉을 처음 본 건 10여 년 전 〈씨네21〉 시절이었다. 그야말로 '보따리장수 아주머니'에게 '야매' 비디오테이프를 구해 보았다. 당시 우리 편집부 단골이었던 보따리장수 아주머니가 다루는 레퍼토리는 상당히 폭넓었다. 아직 일본영화가 수입개방되기 전이라 미야자키 하야오의 작품들 전체, 구로사와 아키라, 오시마 나기사, 오즈 야스지로 같은 일본 감독 작품들, 사트야지트 레이의 〈파테 판찰리〉Pather Panchali(〈길의 노래〉), 1955 같이 국내에 비디오가 출시되지 않았거나 절판돼버린 제3세계 예술영화들, 첸 카이거의 〈황토지〉黃土地, 1984 같은 중국영화들도 조달해주었다.

〈오발탄〉 비디오테이프를 구한 것까지는 좋았는데 이것을 수상기에 집어넣었을 때 나는 깜짝 놀랐다. 영어 자막이 깔려 있는 것, 그리고 화면과 사운드가 거의 식별 불능 상태로 뭉개져 있다는 것. 가뜩이나 흑백 대비가 심한 화면은 아예 암전 상태에 가깝게 돼 있었다. 영화를 다 본 뒤에도 나는 남자 주인공이 신영균인 줄 알았다.(참고로 〈오발탄〉의 주인공은 김진규다.)

나중에 영상자료원에서 온라인 VOD서비스가 시작된 뒤 〈오발탄〉을 다시 볼 수 있었다. 그것은 10여 년 전에 내가 보았던 것과는 사뭇 다른 작품이었다.

지금 전해지는 〈오발탄〉은 샌프란시스코영화제에 출품됐던 영어 자막 프린트가 원조다. 네거필름_{네거티브 필름. 영화를 찍을 때 쓴 원판 필름} 원본은 물론 국내 상영용 프린트조차 남아 있지 않았던 것이다. 샌프란시스코로 나갔던 영어 자막 프린트는 1980년대 중반 영상자료원이 어렵게 찾아 들여왔다. 내가 보따리장수 아주머니에게 구해 보았던 비디오 역시 이 프린트의 후손일 수밖에 없는 것인데, 원조 필름은 이 비디오의 아버지나 할아버지 정도가 아니라 거의 단군할아버지쯤 되는 것 같아 보였다.

우리 영상자료원은 2007년에 디지털 복원작업을 본격적으로 시작했는데 처음부터 나는 〈오발탄〉을 복원 대상 1순위로 생각하고 있었다. 하지만 자막을 제거한다는 건 엄두도 낼 수 없을 만큼 힘든 작업이었다. 디지털 복원은 프레임 하나하나를 스캔 받은 다음 일일이 프레임 하나씩 붙들고 작업해야 한다. 1초에 24프레임, 1분에 1440프레임이니 100분, 1시간 40분짜리 영화라고 할 때 14만 4000프레임이 나온다는 계산이다. 여기서 오히려 화면의 긁힌 자국이나 얼룩 같은 건 쉬운 문제인 반면, 자막은 글자 모양을 요리조리 따라

가며 지워야 하기 때문에 몇 배의 시간과 인력이 필요했다. 2008년 우리가 DI ^{디지털 이미지}업체 HFR과 서울대 신호처리연구소와 함께 동영상에서 자막을 제거하는 소프트웨어를 개발함으로써 자막 제거 작업은 한결 수월해졌고 이 기술을 적용해 〈하녀〉 프린트 2롤에 들어 있는 자막도 제거할 수 있었다. 전체 롤에 자막이 깔려 있어 만만찮은 예산이 필요한 〈오발탄〉은 여전히 디지털 복원작업 후보에 들어 있다. 내가 마무리하지 못한 것이 못내 아쉽다. 복원작업이 이루어지면, 한국영화사 100년의 최고 걸작이라는 영화를 영어 자막 필름으로 볼 때의 이물감은 졸업하게 될 터인데 말이다.

혹사당한 영혼을 애도함

무엇이 한 영화천재를 죽음으로 몰고 갔는가
미완의 천재, 희대의 낭만주의자, 이만희 감독

과거에서 온 여인, 문숙을 만나다

2006년 말 어떤 송년모임에서 한 여인을 만났다. 이 여인이 처음에 '문숙'이라고 했을 때 못 알아들었고 〈삼포 가는 길〉1975의 '백화'라고 했을 때 나는 여인을 다시 쳐다보았다. 까무잡잡하면서 깡마르고 주름진 얼굴은 누가 보아도 배우의 얼굴은 아니었으나, 튀어나올 듯 광채를 띠는 커다란 두 눈에는 오래전에 보았던 영화 속 여주인공 백화의 이미지가 어른거렸다. 살이라고는 한 점도 붙어 있지 않은 메마른 몸에 기다란 무채색 원피스를 입고 있는 그는 미국에서 건너온 것이 아니라 히말라야에서 방금 내려온 것 같았고, 홀 가운데서 주변의 시선을 의식하지 않고 요가동작과 같은 춤을 출 때 그 느낌은 기괴했다.

그 얼마 뒤 우연찮게도 배우 이혜영 씨로부터 그 무렵에 발간된 문숙의 책 『마지막 한 해 : 이만희 감독과 함께한 시간들』창비, 2007을 건네받았다. 제목 그대로 이 책은 이만희 감독이 세상을 떠나기 전 마지막 한 해 동안의 기록이었다. 문숙은 이만희 감독의 마지막 영화 세 편의 여주인공이었고 이만희 감독의 마지막 연인이었다. 〈삼포 가는 길〉을 유작으로 남기고 세상을 떠나던 1975년, 이만희 감독은 45살이었고 문숙은 21살이었다.

생기발랄했던 21살의 신인 TV탤런트가 어느 날 〈태양 닮은 소녀〉1974의 주인공으로 캐스팅된 뒤 이만희의 뮤즈이자 페르소나이자 어린 애인으로서 극적이고도 낭만적인 한 해를 보내고는 어찌하여 한국사회로부터 완벽하게 종적을 감추었다가 40년 만에 히말리야의 요기 같은 모습으로 나타날 수밖에 없었는지를, 이 책은 말해주었다. 또한 예술창작이라기보다 제조공장 일관작업열에 가까운 노동 강도와 제작 속도로 양산해낸 영화들 속에서조차 물씬했던 이만희의 사람 냄새가 실제에서 어떠했는지 알게 해주었다.

급속히 잊혀져버린 감독

이만희 감독이 세상을 떠나던 해에 나는 고등학생이 되었고, 우리 세대에게 이만희는 그저 이름 정도가 남아 있을 뿐인 지난 시대의 영화감독들 가운데 한 사람이었다. 내가 비디오로나마 〈삼포 가는 길〉과 〈돌아오지 않는 해병〉1963을 보았던 것은 영화기자였기 때문이었다. 1973년 영화진흥공사가 두 편의 국책영화를 제작했는데, 당시 중학생이었던 우리는 임권택 감독의 〈증언〉만 단체관람했다. 왜 이만희 감독의 〈들국화는 피었는데〉는 단체관람영화가 못되었는지, 왜 거대예산 국책영화로서 실패작 취급을 받았는지, 두 영화를 다시 보면 간단하게 설명이 된다.

1960년대의 탁월한 영화감독들 가운데 김기영, 신상옥에 비해 이만희 감독이 급속히 '잊혀진 감독'이 된 이유는 단적으로 두 가지 불운 때문이다. 너무 일찍 세상을 떠나버린 것, 그리고 남아 있는 영화가 전체 필모그래피에서 절반도 안 되는 것. 자타가 공인하는 그의 대표작 〈만추〉¹⁹⁶⁶ 역시 원조는 사라지고 김기영, 김수용 감독의 리메이크 버전으로 남았을 뿐이다. 역사로 남는 것조차 입증 자료 불충분인 형편이라니!

이만희 감독은 1961년부터 1975년까지 51편의 영화를 만들었다. 15년에 51편. 하지만 지금 우리가 볼 수 있는 영화는 24편뿐이다.

검열에 걸려 개봉을 못했던 1968년 작 〈휴일〉이 2005년 영상자료원에서 거의 40년 만에 공개됐을 때의 그 소동은 결코 오버액션이 아니었다. 정성일, 김소영, 허문영 씨는 〈씨네21〉의 그해 베스트영화 5편에 〈휴일〉을 넣었다. 그것은 엄정한 작품성 콘테스트의 결과였다기보다, 실종 필름의 귀환, 생존율이 형편없는 이만희 필모그래피의 일부 복원에 대한 영화연구자들의 공개적인 환영사였다. 게다가 생환한 필름은 너무나 이만희적인, 전형적인 이만희 영화였던 것이다. 영화를 관통하며 운명비극풍으로 흐르는 시대의 우울과 휑하니 비어 있는 듯한 스타일까지.

이만희의 시대, 그 폭력성

영상자료원은 2006년 〈이만희 전작전〉을 열면서 『영화천재 이만희』라는 책을 냈다. 필름으로 남아 있는 그의 영화 가운데 17편을 본 뒤에 나는 '영화천재 이만희'라는 제목이 적절했음을 이해했다. 다만, 주어진 재능을 거침없이 꽃피우고 보람차게 열매 맺은 행복한 천재가 아니라 시대를 잘 못 만나 영혼과 육신을 일찍이 소진해 버린 불행한 미완의 천재였음을 전제하고 말이다.

이만희는, 태어나보니 식민시대 한가운데였고 학생 때는 "일장기 밑에서 기미가요를 불러야 했"〈들국화는 피었는데〉 대사 중에서고, 20살이 되자 전쟁이 터졌고 군인이 되어 총 들고 전선에 나갔으며 영화 데뷔하던 해에 군사정권이 시작되었다.

'팔자 도망은 못한다'라는 옛말이 있지만, 자기 시대로부터 도망칠 수 있는 작가는 없다. 정치현실 속으로 카메라를 들고 나가든 멜로를 찍기 위해 방 안에 틀어박히든, 어느 쪽이 됐든 그것은 시대에 대한 작가의 반응이다. 조용하고 무료한 시대는 작가에게 별로 좋은 환경이 못 되는 게 분명하지만, 이토록 극단적인 불행이 한 개인이 아니라 사회 전체를 덮어왔던 그런 시대가 작가에게 행복한 시대일까. 이만희 감독이 전쟁영화 장르를 즐겼고 전쟁영화 〈돌아오지 않는 해병〉에서 흥행감독으로 입신했으니 우리 세대가 대학에 다니는 나이를 전쟁터에서 보낸 것이 행운이었다고 말할 수 있을까. 가혹한 농담이다.

이만희 감독은 전쟁영화, 갱스터, 미스터리 스릴러 장르를 즐겼고 멜로영화조차 음울하게 누아르처럼 찍었다. 그는 주로 폭력적인 상황 속의 인간을 다뤘고, 그것은 악인이든 선인이든 빠져나갈 수 없는 운명과도 같은 세계이며, 그래서 대개의 영화들이 비극적이며 언해피엔딩이다. 아마도 이만희가 살던 세상이 그랬을 것이다. 전쟁터에서 버려진 아이를 병사가 업어 기르고, 불행한 부인들에게 순정의 총각들이 구애하며, 장난꾸러기 소년이 악당을 개과천선시키고……. 세상을 낙관하게 만드는 이런 진심과 선의와 농담의 삽화들이 그의 영화 곳곳에서 되풀이되지만, 이는 어찌할 수 없이 폭력적인 세계 전체에 대한 사소한 저항일 뿐이다. 그것이 이만희가 받아들인 세계 이미지의 원형일 것이다. 그리고 그것이 그 시대로부터 그의 자유롭고 부드러운 내면에 내려앉은 폭력성의 낙진일 것이다. 좋은 세월 만났으면 그도 홍상수 같은 영화를 찍고 있었을는지 모른다.

〈7인의 여포로〉, 반공법으로 실형을 산 최초의 작가

5년간 군대생활을 마친 뒤 연기학원도 다니다가 동네 아저씨의 소개로 충무로에 들어온 이만희 감독은, 데뷔 1년 만에 흥행감독 반열에 오른 행운아였지만 주목받는 작가가 되자마자 정권의 눈총도 받기 시작했다. 지금은 가위질 심의제도 자체가 위헌 판결을 받아 사라져버렸지만 당시만 해도 시나리오 심의에서 통과해야 영화를 찍을 수 있었고 완성된 영화로 다시 한 번 심의를 받아야 개봉할 수 있었다. 작업실의 앞문과 뒷문을 지키는 이중의 검열제도 속에서 최소한 60년대 영화에 관한 한 이만희는 최대의 희생양이었다.

그는 반공법으로 실형을 산 최초의 작가이자 영화인이었다. 1964년 작 〈7인의 여포로〉 때문이었다. 국군 간호장교 7명을 포로로 호송하는 북한군이 도중에 여포로들을 겁탈하려는 중공군들을 살해하고 결국 남한으로 귀순하는 이야기. 이만희 감독은 구속되고 필름

은 압수됐는데, 혐의는 ① 감상적 민족주의 ② 무기력한 국군 ③ 북
괴군 찬양 ④ 양공주 참상 과장 등 네 가지였다. 전체 주제는 명백히
반공이었음에도 일부 거슬리는 디테일에 괘씸죄가 적용되던 시절이
었다. 그는 38일간 구치소 생활을 했고, 영화는 상영시간 90분에서
40분이 잘려나가고 북한군들이 "대한민국 만세"를 외치는 장면을
새로 찍어 마지막에 붙이고 제목이 〈돌아온 여군〉으로 바뀌어 1년
뒤 개봉했다.

이만희 감독은 〈살아 있는 그날까지〉[1962]나 〈내가 설 땅은 어디
냐〉[1964]처럼 전쟁을 배경으로 한 영화까지 포함해서 14편의 전쟁
영화(6.25 또는 베트남전)를 찍었고, 60년대 전쟁영화 붐을 촉발시
키고 주도했다. 이만희의 모든 전쟁영화들은 한마디로 반공영화
였다. 특히 〈7인의 여포로〉 이후엔 반공영화 입증 의무를 강박적
으로 느꼈음이 역력하다. 대개 "잊어서도 안 되고 잊을 수도 없는
전쟁의 비극, 여기 유비무환의 뼈저린 교훈을 일깨우노라"와 같은
자막이나 내레이션이 등장하고 '북괴의 만행'이 실감나게 그려지
곤 한다.

이만희 영화에서 전쟁의 이미지는 6.25 참전군인으로서의 정체
성에 뿌리박고 있다. 그것은 어떤 면에서 사상이나 이념을 초월한
것이다. 전선에는 이념과 논리가 없다. 아군과 적군이 있고 삶과 죽
음이 있을 뿐이다. 군인으로서 전선에 있었다는 것은 이만희 영화
에서 두 가지 감정으로 작용하는 것 같다. 하나는, 사상과 관념을
넘어 총구 맞은편에 있는 적군에 대한 살의와 적대감. 그 다음은,
누군가가 벌인 전쟁 때문에 자신들이 살인을 하고 개죽음을 당해야
한다는 불가항력과 무력감에서 오는 염전厭戰 의식 또는 반전의식.

그의 전쟁영화 속에 스며 있는 염전과 반전의 태도가 당국의 심기를 거슬렸던 것은 군사정권 치하의 특성이었을 것이다. 또 중국이나 미국에 대한 적대감도 자주 드러나는데 그것이 그의 구속 사유였던 '감상적 민족주의' 아니었을까.

〈7인의 여포로〉 이후 시나리오 작가 한우정과 "진짜 반공영화를 찍어보자"라며 작정하고 만든 〈군번 없는 용사〉1966 때문에 그가 또다시 중앙정보부에 불려가 조사를 받았다는 얘기는 아이러니다. 영화에 나오는 북한군의 복장이 너무 멋있다는 지적이 있었다고 한다.

〈7인의 여포로〉 이후 그는 요주의 인물이 됐고 출국금지에 묶였다. 〈물레방아〉1966가 베니스영화제에 초청되고 〈망각〉1967이 베를린영화제에 초청됐지만 이만희 감독이 참석했다는 기록은 없다.

1974년 작 〈들국화는 피었는데〉는 '자주국방과 반공의식 고취를 위해' 영화진흥공사가 막대한 예산과 대대적인 군 지원으로 직접 제작한 전쟁영화 두 편 중 한 편이다. 다른 한 편이 임권택 감독의 〈증언〉이었다. 전쟁영화의 달인인 이만희 감독이 이 국책영화 프로젝트에 선발되는 것은 당연했다. 또한 당시 영화인생에서 슬럼프에 빠져 있던 이만희 감독 역시 자기 전공 장르의 하나인 전쟁영화를 제작비 걱정 없이 스펙터클로 마음껏 찍을 수 있는 기회를 반겼을 것이다. 한 인터뷰에서 이만희 감독이 밝힌 연출 의도는 이러했다. "6.25 소재가 군사물일 수만은 없습니다. 그것이 군사적 충돌상황이긴 하지만 6.25 속에서 우리 국민들이 어떤 고난과 형극을 겪어왔는가를 폭넓게 다루는 것이 이 작품입니다." 월간 〈영화〉 1973년 9월호 여기까지는 좋았다.

〈들국화는 피었는데〉는 선우휘 원작이고, 38도선 부근의 한 군부대와 한 민가의 가족이 겪는 전쟁의 동선을 따라간다. 하지만 이만 희가 찍은 영화는 주최 측에서 볼 때 좀 어리둥절한 영화였다. 너무 감상적이고 산만했다. 상대적으로 〈증언〉은 제목부터가 직선적이 고 명쾌한 메시지에다가 반공영화로서 더할 것도 뺄 것도 없는 하 나의 깔끔한 모범답안이었다. 서울을 수복하고 북쪽으로 진군하는 국군의 장대한 행렬 위로 합창곡 "아아 잊으랴, 어찌 우리 이날 을······"의 사운드가 비장하게 깔리는 〈증언〉의 결말에 비해, 〈들국 화는 피었는데〉의 경우 잿더미가 된 옛집에서 돌이가 누나를 만나 는 마지막 시퀀스와 국군장교 신성일이 담배를 질겅질겅 피워 물고 서 지프를 운전해 북진하는 짤막한 에필로그는 프로파간다 영화치 고 너무 엉거주춤하다.

영화를 놓고 문공부^{문화공보부}와 감독은 많이 부딪쳤다 하고 이만희 감독이 장관에게 "못하겠다"라며 시나리오를 던지고 마지막 편집 단계에서는 아예 손을 놓아버려 다른 사람이 마무리했다는 이야기 도 있다. 촬영감독 이석기 인터뷰 중에서. 『영화천재 이만희』

이 영화 마지막에 돌이는 가족들이 다 죽었다는 것을 알고 누나 품에서 울음을 터뜨리면서 이렇게 말한다.

"빨갱이 짜식들, 왜 총은 쏘고 지랄이야."

〈들국화는 피었는데〉의 마지막 대사인 이 문장을 나는 자꾸 곱씹 어보게 된다. 이만희는 왜 마지막 대사로 소년의 이 말을 골랐을까. 감독의 뜻을 알 것 같아, 마음이 우련해오기도 하고 슬며시 웃음이 나기도 한다.

허무주의 영화 개봉금지, 〈휴일〉

시나리오 작가 백결 선생은 1966년 작 〈불레방아〉 이후 마지막까지 이만희 감독의 파트너였다. 이만희 감독은 1965년 한 영화잡지에서 인민군을 주인공으로 한 백결의 시나리오 『벌거숭이 다리』를 보고서 영화로 만들고 싶어 했지만 시나리오 심의를 통과하지 못해 포기했고, 다른 잡지에 백결의 또 다른 시나리오 『천국의 사랑』을 보고 마음에 들어 무턱대고 영화를 찍다가 당국에서 제작허가를 내주지 않아 절반쯤 찍고 버린 일도 있었다.

그런데 1968년 작 〈휴일〉은 다 찍어놓고 개봉을 할 수 없었던 경우다. 영화가 너무 퇴폐적이라는 이유였다. 그럴 수밖에! 가진 것 없는 한 쌍의 젊은 연인이 겪는 비극적인 일요일 하루의 이야기. 여자친구는 낙태수술받다가 죽고 수술비를 구하러 다니던 남자는 얻어맞아 피투성이가 된다. 그야말로 누아르처럼 찍은 이만희식 멜로의 전형이다. 20대 시나리오 작가 백결과 30대 영화감독 이만희의 허무주의가 시너지를 일으킨, 화면을 꾹 짜면 비관과 염세의 검정물이 뚝뚝 떨어질 것 같은 그런 영화다.

마리화나만 안 핀다 뿐이지 머리만 좀 기르면 당장 우드스탁에서 헤드뱅잉을 해도 하나도 이상할 것 없는 이런 히피 스타일의 제작팀에 대고 당시 문공부에서는 주인공 신성일이 머리 깎고 군대를 가는 것으로 결말을 바꾸면 검열에 통과시켜주겠다는 깜찍한 제안을 했다 한다. 딱한 것은, 감독과 작가가 사전심의를 무사통과하기 위해 원래 시나리오에서 비극적인 요소들을 대폭 잘라내가면서 나름 생존전략을 가지고 만든 영화였다는 사실이다.

"〈휴일〉은 제가 원래 쓴 시나리오에 따르면 프롤로그와 에필로그가 있어요. 프롤로그에서 신성일이 익사체로 발견이 돼요. 이제 막 인양된 거죠. 죽어 있는 시체의 얼굴 위로 죽은 자가 내레이션을 하면서 자신을 소개해요. 내 이름은 누구고, 나는 몇 살이고, 내가 좋아하는 여자의 이름이 뭐고…… 이게 프롤로그예요. 다음에 에필로그. 거적때기가 덮어져 있고 형사가 있고 그리고 세 명의 친구가 서 있어요. 형사가 거적때기를 젖혀요. 형사가 아는 사람인지 묻지만 사체가 부패해서 친구들은 아무리 봐도 모르는 거예요. 그러면 형사가 거적때기로 얼굴을 덮고, 수첩에다 남자, 20몇 세가량, 신원불명이라고 쓰고 형사가 돌아서서 떠나면, 황량한 모래바람이 불고 영화가 끝나는 거예요. 그런데 이래가지고는 영화 자체를 만들 수가 없을 것 같아요. 그래서 앞의 프롤로그와 뒤의 에필로그를 뗐어요." _{시나리오 작가 백결 인터뷰 중에서. 앞의 책}

나는 백결의 시나리오 원본대로 찍은 영화를 머릿속으로 그려볼 뿐이다. 이만희의 많은 필름들이 실종됐지만, 필름으로 태어나기도 전에 사산돼버린 시나리오들은 또 어찌할 것인가.

속도전 시대, 충무로에 이만희만 보인다

작가로서 이만희는 두 개의 악마에게 늘 쫓겨야 했다. 하나는 상상력을 압박하는 검열제도, 다른 하나는 숨 돌릴 틈 없이 몰아붙이는 속도전 시스템.

1961년에 데뷔해서 62년 〈다이알 112를 돌려라〉로 일약 스타 감독이 된 뒤 63년부터 69년까지 이만희 감독은 생산량과 작품성 모두에서 전성기를 누렸다. 7년 동안 찍은 영화가 모두 37편. 한 해 평균 5편이 넘는다.

특히 1967년은 절정이었는데, 한 해 동안 이만희 감독 이름으로 10편의 영화가 개봉했다. 3월 2일 〈방콕의 하리마오〉, 3월 3일 〈기적〉, 4월 5일 〈사기한 미스터 허〉, 4월 19일 〈냉과 열〉, 5월 15일 〈삼각의 공포〉, 6월 1일 〈원점〉, 7월 27일 〈귀로〉, 11월 2일 〈얼룩무늬의 사나이〉, 11월 23일 〈싸리골의 신화〉, 11월 30일 〈망각〉. 이 빠듯한 개봉 일정에서 그나마 8월과 10월 사이가 비는 것은 5, 6월 두 달 동안 〈얼룩무늬의 사나이〉를 찍으러 베트남 로케를 다녀온 탓이다.

이만희 감독만의 일이 아니었다. 60년대 영화제작 환경이 그랬다. 62년 영화법 제정 이후 국산영화 보호지원정책이 가동하면서 영화사들은 등록취소당하지 않으려면 의무제작편수를 채워야 했고 외화 수입 쿼터를 따려면 제작 실적을 만들거나 반공영화, 우수영화를 찍어야 했다. 또한 한국영화 시장이 살아나면서 이른바 '돈 되는 감독들'에게로 영화제작자들의 주문이 몰렸다. 영화 한 편 찍고 필름 남으면 한 편 더 찍고서 "그러면, 필름을 남기남?"이라고 해서 남기남 감독1942~. 1972년 이후 〈영구와 땡칠이〉 시리즈를 포함해 90여 편의 영화를 연출이 되었다는 '남기남 전설'도 실제로 어떤 특별한 개인 사례가 아니라 60년대 영화 현실을 반영하는 에피소드일지 모른다.

이만희 감독의 필모그래피도 자세히 들여다보면 이런 영화 양산 체제에 연루된 흥미진진한 미스터리들이 있다. 이만희 감독은 1967년 3월 2일, 태국 로케이션으로 찍은 〈방콕의 하리마오〉를 개봉했다. 중앙정보부의 후원으로 제작한 반공첩보영화로, 하리마오는 한국 비밀첩보원의 별명이다. 그런데 한 달 남짓 만에 이만희 감독의 또 다른 신작 〈냉과 열〉이 개봉했다. 베트남전을 무대로 한 전쟁영화에 청룡부대 장교와 베트콩 여인의 이야기를 슬쩍 버무려넣은 작품이었다. 두 영화의 등장인물은 같다. 신영균, 허장강, 문정숙, 김혜정. 〈방콕의 하리마오〉에서 신사복 정장 차림의 비밀첩보원 신영균은 〈냉과 열〉에서 군복을 입은 정보장교로 나온다. 제작자를 비롯해 촬영, 조명 등 현장 스태프들도 모두 같다. 물론, 태국로케를 간 김에 영화 한 편을 더 찍어 온 것임이 분명하다.

1967년 작 중에 〈망각〉이라는 영화가 있다. 시나리오 작가 백결선생에 따르면, 당시 합동영화사 사장 곽정환 씨가 다른 영화를 진행하다 엎게 되자 이만희 감독에게 시나리오 하나 없느냐고 물었는데 그가 있다고 둘러대놓고 백결 선생에게 부탁해 백결 선생이 2주동안 밤새워서 초고를 써낸 것이 〈망각〉이다. 그렇게 초치기로 급조한 영화지만, 〈망각〉은 베를린영화제에 초청되었고 백결 선생에게 "요즘도 리메이크할 수 있겠냐는 문의가 온다"^{앞의 책}고 한다. 애인이 죽은 뒤 기억상실증에 걸린 여인과 그를 치료하는 정신과의사의 이야기인데, 필름이 남아 있지 않아 안타깝지만, 대단히 모던하고 매력적인 작품이었던 것 같다.

〈망각〉 다음 작품이 〈외출〉¹⁹⁶⁸이었는데, 이 역시 정신병원에서 만난 여인과 정신과의사의 이야기이다. 〈외출〉은 원작이 따로 있는 영화이긴 하나, 백결 선생과 이만희 감독이 〈망각〉의 아이디어와 캐릭터가 벼락치기용으로 쓰고 버리기 아까워서 재활용한 것 아닐까 하는 느낌을 지울 수가 없다.

탄광 매몰 사고에서 살아나온 광부 양창선 씨의 실화를 거의 다큐멘터리에 가깝게 재현한 69년 작 〈생명〉을 비롯해서 많은 영화들이 의무제작편수에 몰려 다급하게 제작해 연말에 개봉했다. 모든 영화는 한두 달이면 촬영을 끝냈다.

1960년대는 한 해 영화 제작편수가 대개 100편 넘었고 1968~69년은 200편을 돌파했다. 한국영화 르네상스라는 1997~2006년 10년간의 제작편수가 평균 71편이고 100편 넘긴 것이 2006년 한 해였던 것과 비교하면 한국영화사의 첫 번째 르네상스라는 1960년대 영화판의 분위기를 짐작할 수 있다. 물론 60년대에도 한 해에 그저 한두 편씩 나름대로 페이스 조절을 할 수 있었던 김기영 같은 감독도 있다.

한 해에 베를린영화제와 베니스영화제에 동시에 신작을 내보낼 수 있는 세계적으로도 유례가 없는 다작의 감독 김기덕 정도를 빼고는, 잘나간다는 감독들도 2~3년에 한 편씩 영화를 찍는 요즈음과 비교할 때 과연 어느 쪽이 작가로서 더 행복하다 할 수 있을지, 단언하기는 쉽지 않다. 계절노동자처럼, 반실업자처럼 노는 듯 일하는 듯 하는 작가와, 형사기동대처럼 365일 밤낮없이 현장을 이리 뛰고 저리 뛰는 작가. 예술창작에 있어 촉박한 시간과 과도한 여유 둘 중 어느 것이 약이고 독일까. 뭐, 양자택일을 해야 하는 것이 아니라면, 물론 적당한 것이 가장 좋다. 설사나 변비나 다 건강에 해로운 것 아닌가(!)

그런데 분명한 것은, 시간에 쫓기며 닥치는 대로 영화를 만들어내는 것이 끔찍하게 나쁜 일만은 아니었을지 모른다는 점이다. 1960년대 영화 르네상스가 양산 체제와 같이 왔고, 이만희도 불과 2년에 14편을 찍어대던 그 1966~67년 사이에 〈만추〉〈귀로〉〈물레방아〉 같은 수작들을 생산했다.

뛰어난 예술을 하면서 모범 생활인으로 사는 작가들이 있는가 하면, 거꾸로 작품뿐 아니라 인생도 예술처럼 사는 작가들이 있다. 60년대 영화감독들만 놓고 이야기하자면, 대략 김기영, 김수용, 유현목 감독을 전자, 신상옥, 이만희 감독을 후자로 분류할 수 있지 않을까.

영화로만 보자면 상식을 초월한 기괴하고도 독보적인 작품세계를 구축한 김기영 감독이 가장 현실을 초탈한 생활을 하지 않았을까, 생각하기 쉽다. 하지만 김기영은 타의 추종을 불허하는 인색하고 빈틈없고 모범적인 생활인이었다. 술·담배는 입에 대지도 않았고 80세까지 조강지처와 오순도순 살았다.

반면 신상옥, 이만희 감독은 인생 자체가 소설이고 예술이었다. 두 사람은 각기 자신의 여배우와 같이 살았고 사생활이나 가족 개념 없이 영화에 빠져 지냈다는 것도 비슷했다. 하지만 신상옥은 한국영화사상 최대 규모의 영화사를 이끌면서 정치권력의 핵심부와 밀실 거래를 했던 당대 영화계 최고의 파워맨이었고 주류사회와 코드가 통하는 야심가였던 데 반해 이만희는 도무지 현실권력과 섞이기 힘들어 보이는, 영화작업 같이 하는 자기 패거리들과 밤낮없이 휩쓸려 다니면서 술 퍼마시고 떠들어대는 한 명의 재능 있는 작가였다. 그래서 신상옥 감독에게는 웰메이드 영화를 만들고자 하는 집념에 비해, 이만희 감독과 같은 자기반영적인 작가주의 태도는 없었던 것 같다. 한편 흥행감독으로 잘 나가던 시절에도 이만희의 영화에는 상처 받은 개인, 사회적 약자의 감성이 깔려 있다. 신상옥 영화가 소설

만추 1966

이라면 이만희 영화는 시에 가까운데, 그것도 번번이 소통에 실패하는, 이해 받지 못하는 쓸쓸한 시인의 모습이라고 할까.

넉넉한 집안에서 자랐지만 대학에 진학하지 않은 것은 물론 중고등학교도 다니는 둥 마는 둥 한 성장기부터가 제도적인 틀로 좀처럼 재단되지 않는 이만희의 성질을 보여준다.

1.7클럽이라는 게 있다. 〈돌아오지 않는 해병〉을 찍으면서 이만희 감독 주변에 모인 사람들의 '패거리' 또는 '생활공동체'의 이름이다. 배우 장동휘, 허장강, 구봉서, 이대엽, 문정숙, 촬영감독 서정민 등 출발할 때 모두 17명이어서 1.7클럽이 됐다 한다. 멤버들이 들락날락 바뀌었지만 60년대 내내 이만희 감독은 늘 시나리오 작가와 촬영감독, 배우들을 몰고 다녔다. 촬영 끝나면 청진동, 무교동, 충무로에서 술 마시다가 통금시간이 되면 술 사서 왕십리의 감독네 집으로 몰려갔다. 촬영이 없을 때는 이틀 사흘씩 밤새우면서 계속

술 마시고 떠들고 했다. 이만희 감독은 매일같이 "영화 외엔 하는 게 없고 이야기도 영화 얘기뿐"^{영화배우 이해룡 인터뷰 중에서. 앞의 책}이었다 한다. 한두 달에 영화 한 편씩 찍는 시스템 속에서 영화 외에 다른 생각을 할 겨를도, 다른 이야기를 할 겨를도 없었을 것이다. 이만희 감독은 해장국집이나 술집에서도 옆자리에서 이야기하는 것을 듣고 있다가 "야, 저거 괜찮다. 저거 한번 해봐라"라고 시나리오 작가에게 아이디어를 넌지시 건네주곤 했다. 또 이만희 감독이 촬영하고 있으면 다른 사람들은 다음 작품을 준비했다. 이만희 감독은 〈7인의 여포로〉로 구치소에 있을 때 이문희의 소설 『흑맥』을 넣어달라고 해서 감옥에서 콘티를 짰다. 또한 감옥에서의 경험이 '모범죄수의 휴가' 이야기로 발전해서 〈만추〉가 되었다.

　상상을 초월하는 60년대 영화 환경이 이만희 감독의 라이프스타일을 만들어냈으니 그 일중독 시스템 속에서 이만희 감독은 완전 적응 상태, 아주 행복했을 것이다. 이혼을 하고 세 남매를 본인이 맡았지만 노모가 아이들을 돌보았고 여러 해 동안 문정숙과, 마지막 한 해는 문숙과 같이 살았다. 영화 현장과 집안이 구별되지 않은 것처럼 여배우와 아내도 역할이 뒤섞였다. 여자도, 일상생활도 모두 영화와 함께였다. 그는 영화 바깥으로 나갈 틈이 없었고 나가지 않아도 되었다. 그것이 전설의 남기남도, 할리우드의 로저 코먼^{전설적인 저예산영화 제작자. 저서 『나는 어떻게 할리우드에서 100편의 영화를 만들고 한 푼도 잃지 않았는가』}도 아니면서 이만희 감독이 그 짧은 시간 동안 그 많은 영화를 찍을 수 있었던 이유였다.

사라져버린 대표작 〈만추〉, 그리고 남은 수작들

문숙의 『마지막 흰 해』를 보면, 이만희 감독 자신이 가장 좋아한다고 했던 영화가 〈만추〉였다. 또한 한국영화사에서 멜로드라마의 걸작으로 기록돼 있지만 불행히도 필름이 남아 있지 않다. 시나리오 책자가 보통 시나리오들의 절반 두께였다는 것은, 이 영화 역시 대단히 과묵한, 연출의 힘으로 분위기를 밀고 나간 이만희 특유의 누아르 풍 멜로드라마였음을 말해준다.

〈만추〉 외에 나는 특히 〈망각〉 〈기적〉 〈시장〉1965이 보고 싶고 〈흑맥〉1965과 〈추격자〉1964도 보고 싶다. 언젠가 이 영화들을 볼 수 있는 날이 오긴 올까. 남아 있는 필름들에서 그나마 이만희의 수작들을 건질 수 있는 것을 다행으로 여겨야 할 것 같다.

1967년 작 〈귀로〉. 이런 영화를 볼 때 누군가 "60년대 영화가 요즘 영화보다 낫다"라고 했던 말을 생각하게 된다. 2000년대 한국영화가 만듦새에 있어 과거 어느 시대보다 업그레이드돼 있다는 것을 몰랐을 리 없다. 웰메이드의 깔끔한 영상과 정교한 스토리보드 뒤에서 생각은 오히려 점점 얕아지는 느낌, 철학의 빈곤이라고 할까. 마치 당의정처럼 인생의 쓴맛조차 달달하게 가공돼 영화가 여러 가지 맛을 잃어버렸다고 할까.

가령, 60년대는 진지하고 심각한 단편소설이 그대로 영화언어로 직역되던 시대다. 또한 그렇게 심오한 영화를 관객들이 기꺼이 보아주던 시대다. 작가와 관객 사이가 한 발짝 거리였고, 시나리오 작가 또는 감독의 사변에 가득 찬 생목소리들이 중구난방 스크린을 뚫고 나오던 시대다. 지금이라면 기획마케팅의 가공 공정에서 십중

팔구 걸러지거나 윤색될 그런 생목소리들이 말이다. 억압적인 사회 분위기에다 먹고살기도 힘들던 시절, 콘크리트 바닥 위의 딱딱하고 삐걱대는 객석에 앉은 관객들은 스크린이 제공하는 불편한 사실들에 저항하지 않았고 되도록 펑펑 울면서 카타르시스를 체험할 수 있는 화끈한 비극을 선호했다.

전쟁에서 불구가 되어 휠체어와 약에 의지해 사는 소설가 남편과 그의 연재소설 원고를 서울의 신문사에 전달하는 것이 유일한 바깥 나들이인 아내. 아내를 사랑하는 젊은 신문기자. 남편의 망상 속에서 여전히 계속되고 있는 전쟁. 그리고 예정된 파국. 〈귀로〉에서 이만희 감독은 그 특유의 스타일대로, 대사와 사건을 최소화하는 대신 주인공인 여인의 심리를 화면의 분위기로 따라잡는다. 인천의 저택에서 서울의 신문사 사이, 서울역과 지하도와 고가차도와 전철 내부 등, 동선을 따라 전개되면서 바뀌는 풍경에는 주인공 여인의 내면 풍경이 투사되어 있다. 가령, 아이 없고 부부관계도 없는 부부의 이층 양옥집을 부감으로 내려다보는 화면은 외롭고 황량한 느낌을 주며, 아래서 앙각으로 쳐다보는 화면은 헤어날 수 없는 폐쇄성과 완강함의 느낌이다.

그처럼 도저한 비관주의와 문제제기적 태도는 요즘 영화에서는 참 보기 힘들다. 아니 요즘 상업영화에서는 용납되지 않는다. 그런데 〈귀로〉는 명보극장에서 관객 6만 2000명이 들었다. 단관 개봉하던 당시 기준으로는 대박에 속한다. 진지하고 심각한 영화, 그러면서 폼 나고 분위기 있는 영화, 작가와 관객이 그런 코드에서 서로 통하던 시대였다.

이만희 감독의 전공인 전쟁영화의 원조 〈돌아오지 않는 해병〉은

製作 禹基東
企劃 電子熙

그곳은 없었다
그러던 길은 이었다
감은 歸路를…
조용한 미쇼로
갔다

監督 李晚熙
■각본 백결

文貞淑 金振奎 金正哲
세기음코프

歸路

世紀商事株式会社 作品

20만 가까운 기록적인 흥행으로 전쟁영화 유행을 불러일으켰지만 웰메이드 할리우드 전쟁휴먼드라마의 익숙한 느낌이고, 이만희 전쟁영화의 최종편이자 제작비 최대 규모를 자랑하는 〈들국화는 피었는데〉는 국책 반공드라마의 목적의식 때문에 〈돌아오지 않는 해병〉처럼 오락영화로서의 완성도조차 달성하지 못한 엉거주춤한 영화였다. 오히려, 〈04:00 -1950-〉[1972]은 분명 내가 지금까지 본 우리 전쟁영화 중에서 드문 수작이라고 말할 수 있겠다. 하나의 심리극으로서의 전쟁영화. 이만희 감독이 직접 시나리오를 쓴 영화인데, 자신의 연출력의 강점을 전쟁영화에 적용한 셈이다. 전방의 작은 참호 속, 격전 가운데 찾아오는 긴장과 정적이 일반적인 전쟁영화들의 과장된 스펙터클보다 더 날카롭고 섬뜩하다.

〈여섯 개의 그림자〉[1969]나 〈마의 계단〉[1964]은 애거사 크리스티나 앨프리드 히치콕을 생각나게 하는 미스터리 스릴러의 수작들이다. 〈여자가 고백할 때〉[1969]나 〈검은 머리〉[1964] 〈원점〉[1967]도 나름 매력적인 영화들이다. 현실 감각이나 돈 개념 없이 패션 감각이나 일상생활이나 대인관계에서나 '폼생폼사'의 세계관을 견지했던 이만희 감독을, 이만희 영화의 페르소나들도 그대로 빼닮았다. 〈여자가 고백할 때〉나 〈검은 머리〉 〈원점〉의 남녀 주인공들은 하나같이 '무릎 꿇고 살기보다 서서 죽기 원한다' 형들이다. 영화어법도 친절보다는 단연 폼 나는 쪽이다. 한국영화사에서 스릴러나 전쟁영화 장르를 개척한 사람이 이만희 감독이라는 것도 이 '폼생폼사' 스타일과 관련 있다.

1960년대는 우리 영화에서 〈미워도 다시 한 번〉식의 신파가 마지막으로 창궐한 시대였으나 이만희 감독은 신파의 한계를 가볍게 넘어섰다. 대량생산하다 보니 필모그래피도 장르불문 좌충우돌 복잡하긴 하나, 그 주류를 이루는 이만희표 영화들은 하드보일드 풍, 모더니즘 스타일이었다. 한마디로 아주 '쿨' 했다.

그는 대학 다닐 나이에 전쟁터에 있었고 20대 초반에 5년씩이나 군대생활을 했다. 그는 책에서 배워서, 또는 영화사의 고전들에 대한 동경의 염으로 영화를 찍는 쪽이 아니었다. 그는 모더니즘이라는 말 자체를 몰랐고 알려고 하지도 않았다고 백결 선생은 말했다. 그는 이론과 논리가 아니라 직관과 통찰력, 어떤 선험적인 재능으로 영화를 만들었다. 그것이 그가 '천재'라고 불리는 이유이기도 할 것이다.

전성기의 끝, 〈태양 닮은 소녀〉와 〈삼포 가는 길〉

1963년 〈돌아오지 않는 해병〉 이후 60년대 내내 이만희는 충무로 최고의 흥행감독이었고 동시에 비평가들이 좋아하는 문제작가였다. 배급업자들이 현금 싸들고 찾아올 정도였다 한다. 전성기에는 충무로에 거의 이만희만이 보일 정도였다. 가령, 1966년 '베스트영화 10'에 이만희 영화가 4편—〈시장〉〈군번없는 용사〉〈물레방아〉〈만추〉— 들어 있었고 그해 청룡영화상은 그의 두 작품 〈시장〉과 〈군번없는 용사〉가 경합을 벌여 작품상, 감독상, 남녀주연상, 각본상 등 주요 부문을 죄다 나눠 가졌다.

하지만 과잉생산과 재능의 덤핑으로 구축한 전성기는 이미 위태로운 것이었다. 가령, 〈휴일〉〈생명〉 두 편을 영화사와 동시계약했을 때 이만희 감독은 신나서 패거리를 몰고 을지로 레스토랑, 남산

태양 닮은 소녀 1974

술집, 워커힐 바를 순례하면서 퍼마셨다고 하는데, 결과적으로 〈휴일〉은 개봉을 하지 못했고 〈생명〉은 거의 다큐멘터리에 가까운 실험성으로 관객의 외면을 받았다. 필모그래피에 수준 이하의 덤핑 작품과 요령부득의 실험작들이 몇 편 쌓이면서 이만희의 경쟁력이 떨어져가고 있었다. 여주인공으로 문정숙을 고집하는 것도 제작자들은 싫어했다.

이만희 감독의 딸인 배우 이혜영 씨는 어렸을 적에 굉장히 잘살았다고 기억한다. 그러다가 초등학교 2학년 때, 그러니까 70년쯤 집 안 곳곳에 차압딱지가 붙기 시작했고, 71년에는 가족이 흩어져 친척집을 전전하는 처지가 되었고 1년 동안 아버지 얼굴을 보지 못했다가, 72년에 자양동에 전셋집이 생겨 가족이 모여 살게 됐다고 한다. 이만희 감독의 노모는 "우리는 먹어서 망했다"라고 늘 이야기했다고 하는데, 이혜영 씨는 "만날 파티에 지지고 볶고, 먹을 것이 욕실에까지 쌓여 있을 정도였어요. 남산 케이블카 근처 공원에서 악사 불러다가 엄청난 파티를 했던 기억도 나요"^{앞의}라고 했다.

전성기에는 최고의 팀이 보였다가 작품이 뜸해지면서 어느새 하나둘씩 떠나갔다. 이만희 스타일을 지탱하던 멤버들이 사라지고 영화마다 새로운 팀워크로 이합집산해야 했던 70년대의 이만희 영화들은 '컨디션 난조'를 보인다. 1972년에 〈04:00 -1950-〉 같은 수작도 건졌지만, 〈0시〉 같은 수사·멜로영화는 이만희 영화에선 좀 뜬금없는 '착하고 따뜻한 신파'의 결말로 투항한다. 이만희 감독은 여전히 영화를 찍었지만 '폼생폼사'의 스타일은 구겨져버렸다. 여기에 급전직하 70년대의 영화산업 불황이 덮쳐왔다.

『마지막 한 해』를 보면, 이만희 감독은 문숙을 만나고 다시 바쁜 영화스케줄 속으로 들어가면서 어느 정도 생기를 되찾은 것처럼 보인다. 하지만 60년대 그 한창때의 호기로움은 아니다. 20살짜리 젊은 애인에 대한 집착에는 스스로 노쇠해간다고 느끼는 남자의 자의식, 젊음을 복원하고 싶은 욕망이 들어 있다. 실제로 문숙을 첫 캐스팅한 〈태양 닮은 소녀〉는 이만희식 청춘 예찬이다. 태양처럼 약동하는 젊음에 대한 경배다. 시종일관 들떠 있고 쉴 새 없이 종알대는 이 소녀를, 감독은 동경의 시선에 담아낸다. 또한 해변에서 음악 틀어놓고 막춤을 추는 청춘남녀의 군상 장면에서는, 식민시대와 전쟁을 통과하면서 서둘러 늙어버린 40대 노인이 이제 막 솟아오르는 전후세대의 청년문화를 바라보는 부러움에 가득 찬 시선이 느껴진다. 영화 속에서 이만희는 남자 주인공 신성일, 살인 혐의를 받고 쫓기는 억울한 중년 남자다. 남자에 대한 소녀의 논평. "서른여덟살이구나. 되게 먹었네."

〈태양 닮은 소녀〉는 여름에 찍은 영화이고 시종일관 햇빛이 쨍쨍하다. 어두컴컴하고 흐린 이만희의 이제껏 영화 화면과는 반대다. 시끌벅적하고 두서없는 이야기도 지금까지 스타일과는 다르고, 천진난만한 여자아이 문숙도 우울과 정념이 복잡하게 뒤엉킨 원숙한 여인 문정숙과는 정반대 캐릭터다.

이만희는 1974년 여름에 〈태양 닮은 소녀〉를 찍고 그해 겨울에 〈삼포 가는 길〉을 찍었다. 태양을 닮은 발랄한 소녀에 대한 경배는 〈삼포 가는 길〉에서 일찌감치 산전수전 다 겪었으나 여전히 불굴의 생명력을 발산하는 술집 여자 백화에 대한 경배로 이어진다. 이만희 감독은 〈삼포 가는 길〉을 편집하다가 세상을 떠났다.

〈태양 닮은 소녀〉를 찍고 난 뒤인 1974년 가을의 일이다. 이만희 감독은 청계천의 한 극장 2층 객석에서 문숙과 함께 영화를 보다가 갑자기 벌떡 일어나서 극장이 떠나갈 듯 소리쳤다.

"한국영화 개똥이다! 만드는 놈도 개똥이고 보는 놈도 개똥이다!"

1층 사람들이 웅성대며 돌아보았고 이만희 감독은 문숙의 손을 잡고 극장을 뛰쳐나왔다 한다. 문숙의 회고담이다.

이 해프닝은 1983년 작 〈바보선언〉의 이장호를 연상시킨다. 〈바보선언〉 도입부에서 러닝셔츠에 팬티 차림의 이장호 감독은 옥상에서 길바닥으로 투신한다. 사람들이 영화에 관심이 없고 스포츠에만 관심이 많아서 영화감독이 혼자서 죽어버렸다는 내레이션이 나온다. 이만희가 세상을 떠날 즈음에 이장호가 데뷔했다는 것은 의미심장하다. 해방둥이인 이장호 감독은 신상옥의 문하생이지만 이만희를 정신적으로 사숙한 것 같다. 진폭이 큰 필모그래피 사이로

희대의 낭만주의자의 그림자가 어룽거리는 1970~80년대 이장호의 영화들은 이만희가 남긴 혈육으로 보인다.

✤ 덧붙임

사라진 〈만추〉, 북한에 있을까

이만희 감독은 〈만추〉가 자신이 만든 영화 중 가장 사랑하는 작품이라고 했고 누군가 그 필름을 생각 없이 그냥 버린 것 같다며 몹시 안타까워했다.『마지막 한 해』〈만추〉의 제작자이면서 한국영상자료원 원장, 영화진흥공사 사장도 지냈던 호현찬 씨에 따르면, 마지막까지 남았던 〈만추〉 필름 세 벌 가운데 하나는 한 영화사 사장이 빌려간 뒤 잃어버렸고 또 하나는 미국에서 이 사람 저 사람 손으로 건네지다 실종됐으며 세 번째는 네거필름 원판인데 스페인에 수출되어 개봉한 뒤 돌아와 김포 세관에서 폐기처분되었다. 스페인에서 돌아온 네거필름은 관세 때문에 세관에 묶여 있었는데 호현찬 씨가 나중에 찾으러 갔을 때는 이미 한강변에서 소각 처리한 다음이었다고 한다. 영상자료원은 스페인에서 개봉용으로 제작한 자막 프린트가 현지에 남아 있을지 스페인 영화 아카이브에 문의해보았으나 없는 것으로 알려 왔다.

호현찬 씨는 한때 〈만추〉 필름을 2천만 원에 '현상수배' 하기도 했다. 영상자료원에서도 〈만추〉의 필름을 찾기 위해 국내외, 그리고 북한에까지 수소문해왔다. 신상옥·최은희 부부는 북한에서 〈만추〉를 보았다고 말한 적 있다. 2007년 노무현 대통령의 방북 때 공식 수행단의 일원이었던 배우 문성근 씨가 김정일 국방위원장 앞으로 보내는 이혜영 씨의 편지를 가지고 가기도 했다. 이혜영 씨는 〈만추〉를 찾게 해달라고 호소했다. 하지만 이 편지는 김정일 위원장에게 전달되지 못했다. 북측 수행원들은 이 편지를 접수하는 것조차 거절했다고 한다. 2008년 초, 간접적인 경로로 북한 국가영화문헌고에 우리 실종 필름들의 소재 여부를 타진해보는 과정에서 〈만추〉도 있다는 언질을 받고 접촉을 시도했으나 실패하기도 했다. 만일 이 필름이 세상 어디엔가 남아 있다면 북한 쪽일 것이라고 우리는 기대하고 있다.

가고 또 가는 길

구세대가 전멸한 충무로에 100편의 영화로 남은 임권택 감독

여중생의 눈으로 본 반공영화, 〈증언〉

어렸을 때 학교 단체관람으로 〈증언〉이라는 영화를 본 적 있다. 하지만 '證言'이라는 제목이 고딕 입체활자로 그려져 있던 극장 간판, 그리고 전쟁영화이자 반공영화였다는 것 정도가 기억의 전부다. 그것이 임권택 감독의 영화였다는 걸 알게 된 건 내가 영화기자가 된 다음이었다. 유신정권 아래서 영화진흥공사가 제작한 국책영화였다는 사실 역시 마찬가지다. 1974년에 개봉했으니 중학교 3학년 때 단체관람을 했던 모양이다. 과연 중학생의 눈으로 본 것이 무엇이었을까.

〈증언〉은 비디오도, DVD도 나와 있지 않지만 최근 영상자료원에서 온라인 서비스를 시작한 덕분에 클릭 몇 번으로 간단히 열어볼 수 있게 됐다.

〈증언〉은 더할 것도 뺄 것도 없는 전형적인 반공영화다. 국군 소

위를 애인으로 둔 여대생이, 북한군 공습이 시작되고 한강 다리가 폭파되던 6월 25일부터 유엔군이 참전하고 국군이 서울을 수복하던 9월 28일까지 몇 개의 전선을 넘으면서 전쟁의 참혹한 현장을 경험하는 얘기다. "전우의 시체를 넘고 넘어……" 같은 노래가 배경에 깔리고 주연 여배우 김창숙은 비분강개 웅변조의 내레이션으로 "아아, 세상에 어찌 이런 일이 있을 수 있단 말인가" 하며 "붉은 침략자"들을 성토한다. 고교 야구선수 출신의 인민군 학도병이 김창숙의 품안에서 죽어가면서 "이 잔혹한 전쟁을 증언해주세요. 그리고 다시는 이런 전쟁이 있어서는 안 되겠다고요"라고 또박또박 유언을 할 때 아마 여중 3학년생들이 들어찬 객석은 눈물바다가 됐을 것이다.

반공도덕 시간에 도덕선생이 군복 차림으로 들어와 특수부대 시절 '북괴' 잠입을 위해 유디티훈련을 받던 얘기를 들려주던 시절이었으니, 우리는 공산주의에 대한 증오심과 전쟁 재발에 대한 공포심에 신경증적으로 예민한 여중생들이었다. 나 자신도 정치의식으로는 거의 아메바 수준이었는데, 이 영화는 전쟁에 대한 두려움과 공산주의에 대한 적대감을 무의식의 밑바닥에 공고하게 갈무리함으로써 국책 프로파간다 영화의 임무를 완수했을 것이다. 〈증언〉은 하나하나의 장면들로는 뇌세포에서 곧 지워졌지만 그 메시지는 오래도록 무의식의 명령으로 남았다.

최근 임권택 감독에게 〈증언〉이 모범적인 반공영화였다고 말했더니, 그는 당시 상황에서 더구나 빨갱이 집안이라 찍혀 있어서 그럴 수밖에 없었다면서 "다큐멘터리 식으로 스케치하는 오프닝 하나 자부심이 있다"라고 고백했다.

홀로코스트에서 살아남은 임권택

〈증언〉의 감독이라 해서 임권택 감독에 대한 존경심이 달라질 건 없다. 다만, 중학생 때 단체관람으로 보았던 어떤 영화의 감독이 지금도 현역으로 남아 영화를 찍고 있다는 사실이 불가사의할 따름이다. 30년도 더 지난 지금에 말이다. 30년은 통상 하나의 세대가 지나가는 시간이지만 한국영화사에서 지난 30년은 한 번의 홀로코스트와 몇 차례의 세대교체가 이루어진 긴 시간이다. 1980년대 말~90년대 초, 국산영화 보호정책의 시대가 막을 내리고 할리우드 영화 직배가 시작되면서 영화산업 지각변동 속에 과거의 영화사들은 쓰나미에 쓸려가듯 거의 전멸했고 감독들 가운데서도 생존자가 드물었다. 그 뒤 한국영화는 문제작과 흥행작들의 자유경쟁체제 속에서 재건했고 그렇게 전화위복으로 한국영화 르네상스가 찾아왔지만, 1990년 전후의 지각변동은 구세대 영화인들에게는 '홀로코스트'에 다름 아니었다.

임권택 감독은 그 홀로코스트에서 살아남은 정도가 아니라 그 시즌에도 〈장군의 아들〉 시리즈1990~1992로 흥행 대박을 터뜨리고 있었고 한국영화산업이 국내시장 점유율 15퍼센트로 바닥을 치던 해에 〈서편제〉로 한국영화 최초의 1백만 관객 동원 기록을 세웠다. 그리고 그의 자식 세대, 또 자식의 자식 세대, 그러니까 70~80년대 최고의 스타였던 이장호 감독, 80~90년대 코리아 뉴웨이브를 이끌었던 장선우 감독이 영화 현장에서 이미 사라진 뒤에도 그는 건재하다. 임권택 감독은 1962년에 데뷔했는데 60년대는 물론 70년대에 데뷔한 감독까지 통틀어도 지금 영화를 찍는 이는 오직 임권

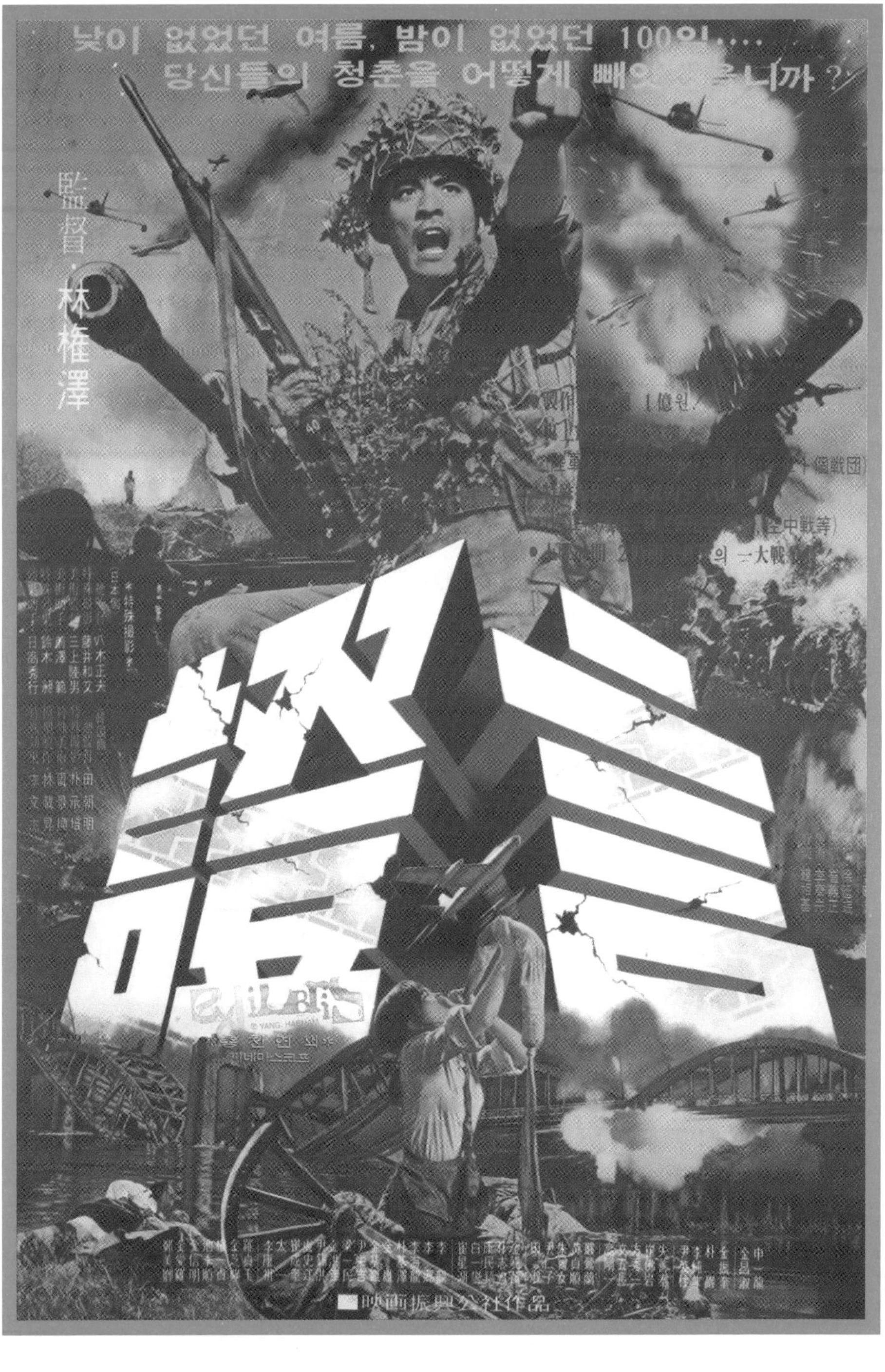
낮이 없었던 여름, 밤이 없었던 100
당신들의 청춘을 어떻게
監督·林權澤
1億원
映画振興公社作品

택뿐이다. 데뷔작을 찍은 감독의 절반이 두 번째 작품을 내지 못하고 은퇴하는 영화계의 극심한 조로 현상 속에서 70대 중반의 영화감독이 100번째 영화를 개봉한다는 것은 기이한 일이다. 주라기, 백악기도 다 지난 다음 인간 세상에 공룡 하나가 어슬렁거리고 있다고 할까.

무엇이 그를 살아남게 했을까

그게 뭘까. 무엇이 임권택으로 하여금 생존율 5퍼센트 미만의 서바이벌게임에서 한 번도 아니고 몇 번씩이나 살아남게 했을까. 자기가 딛고 있는 땅이 꺼지면서 동세대가 단체로 침몰하는 지각변동에서 유독 그만이 구원받을 수 있었던 건 무엇일까. 이것은 영화기자 때부터 소설 쓰던 시절을 관통해 지금껏 내 생각의 언저리를 떠나지 않는 질문이다. 나는 이번에 나름의 답을 구해보기로 작정했다.

임권택의 필모그래피 100편 가운데 역순으로 〈천년학〉[2006] 〈하류인생〉[2004] 〈취화선〉[2002] 〈춘향뎐〉[2000] 〈창〉[1997] 〈축제〉[1996] 〈태백산맥〉[1994] 〈서편제〉[1993]는 영화와 직업적 연고를 갖게 된 이후에 응당 보아야 했던 영화들이고, 〈장군의 아들〉 세 편과 〈아제아제바라아제〉[1989] 〈티켓〉[1986] 〈씨받이〉[1986] 〈길소뜸〉[1985] 〈오염된 자식들〉[1982] 〈만다라〉[1981] 〈짝코〉[1980]는—이 가운데 TV에서 우연히 보게 되었던 〈오염된 자식들〉을 빼고는— 임권택 감독에 대해 좀 더 알고 기사를 쓰겠다는 가상한 의도에서 비디오로 챙겨 보았으며, 그 다음 〈족보〉[1978] 〈깃발 없는 기수〉[1979] 〈안개마을〉[1982] 〈불의 딸〉[1983] 〈증언〉 〈몽녀〉[1968] 그리고 데뷔작인 〈두만강아 잘 있거라〉[1962]는 영상자료원에 와서 본 작품들이다.(100편 가운데 25편은 필름이 남아 있지 않아서 볼 수 없다.)

임권택의 걸작을 고르라면 나는 〈서편제〉〈만다라〉〈춘향뎐〉〈짝코〉〈길소뜸〉을 꼽겠다. 그의 필모그래피를 다 섭렵하고 또 예전에 본 영화들도 다시 보고 나면 달라질 수도 있겠으나 여하튼 지금은 그렇다. 〈서편제〉〈만다라〉 같은 이미지의 걸작들이 정일성 촬영감독이 아니었더라도 걸작일까, 에 대해서는 뭐라 말할 수 없다. 또는 〈아제아제바라아제〉에서 〈하류인생〉까지 임권택 감독의 전성기를 함께했던 제작자 이태원 씨가 아니었다면 어떠했을지, 에 대해서도 뭐라 말할 수 없다. 그들 노장 트리오가 함께 스크럼을 짜지 않았어도 지각변동과 세대교체의 쓰나미를 돌파할 수 있었을까? 분명한 것은 서로 손잡고 함께 나이 들어가는 그 파트너들이 없었더라면 임권택의 전성기가 그처럼 화려하지는 않았으리라는 사실이다. 그 것은, 임권택 감독이 살아남은 가장 큰 이유는 물론 그 자신에게 있다는 뜻이기도 하다.

찍고 나면 잊는다, 오직 가고 또 갈 뿐

2008년 설을 앞두고 새해 인사를 겸해 임권택 감독과 점심식사를 함께했다. 굳이 어떤 목적을 가지고 질문을 던지지는 않았으나 이리저리 튀는 대화의 가운데서 나는 그 오랜 질문에 대한 대답을 얻었다.

"가끔 내가 중이구나, 하는 생각을 해요. 엄마가 나를 낳을 때 태몽을 꿨는데 머리가 큰 중이 치마로 달려들더래. 그래서 내가 이렇게 됐나 보다 하는 거지. 뭘 꼭 지니고 있겠다는 생각도 안 하고. 영화도 찍고 나면 다시는 안 봐요. 영화 하나 찍고 나면 다음 영화 찍을 때는 완전히 까먹어버려. 더구나 옛날에 찍은 거는 먹고살려고 일 년에 몇 편씩 찍었으니까 내용이 뭔지, 배우가 누군지도 거의 기억 못하고. 영화를 다시 보고 싶지도 않아요. 다시 보면 눈에 거슬리는 것들 투성이인데 지금 다시 찍을 수 있는 것도 아니고."

임권택 감독은 자신의 영화를 거의 DVD나 비디오로 갖고 있지 않았다. 〈만다라〉에 관한 설왕설래 끝에 임권택 감독은 조심스럽게 "혹시 〈만다라〉 DVD를 만들어줄 수 있는지" 하고 물었다. 그는 〈깃발 없는 기수〉 〈안개마을〉 등 몇 편을 더 이야기하고는 "진짜 나도 늙는 건가" 하고 말했다.

그는 자신의 작품 가운데 가장 좋아하는 작품이 뭐냐, 대표작이 뭐냐는 질문에 대개 최근에 찍은 영화라는 정도로 대답한다. 자신의 지난 작품들, 그 성취를 대수롭지 않게 여기는 것, 심지어 거의 생각에서 지워버린다는 것, 그것이 그가 교만에 발목 잡히지 않고 앞으로 나아갈 수 있는 이유 아닐까?

나 역시 다른 뜻에서 임권택 감독이 '중'이라고 생각한다. 적막한 절간에서 면벽참선하는 것과 시장바닥 같은 북새통에서 필모그래피를 이어가는 것은 집중과 인내를 요한다는 점에서 똑같다. 영화라는 화두를 붙들고 면벽참선 50년이면 사리가 나올 만도 하다. 임권택 감독이 세상을 응시하는 시선에는 헛폼이나 자기현시 같은 것이 별로 없어 보인다. 대신 그는 깊이 보고 질기게 보고 끝까지 본다.

〈서편제〉는 득음得音을 하는 데 일생을 건, 자신이 실패하자 딸에게서 이루려 하는, 딸을 눈멀게 만들면서까지 소리를 얻겠다고 하는, 오직 그것에 운명을 걸고 평생 떠돌아다니는, 그런 남자의 이야기다. 그 징한, 미칠 지경의 치열함은 임권택 감독 자신의 것이기도 하다. 〈만다라〉의 중 법운이나 지산도 마찬가지다. 득음이나 득도得道나 본질이 비슷하다. 득음이나 득도가 과연 언젠가 도달할 수 있는 지점인가? 〈서편제〉나 〈만다라〉에는 그냥 계속 가고 또 가는 과정만 있다.

임권택 감독의 영화도 그렇다. 언젠가 득음이나 득도의 경지에 도달했던가. 〈춘향뎐〉은 평단이 일치된 찬사를 바친 걸작이고 한국영화 최초로 칸영화제 경쟁부문에 초청된 작품인데 그러면 여기서 임권택 감독은 '완성'된 것인가. 영화사가 어떻게 자리매김할지에 상관없이 나는 감독 자신의 대답을 알고 있다. "그건 난 잘 모르겠고 이제 무슨 영화를 찍을 것이냐가 중요하단 말이오." 이 정도 아닐까.

〈서편제〉가 1백만 흥행기록을 세웠다거나 〈춘향뎐〉이 칸영화제에 갔다거나 〈취화선〉이 칸에서 감독상을 받았다거나 했을 때 모두들 흥분에 들떠 있는 가운데서 정작 감독 자신은 늘 무덤덤한 표정이었다. 임권택 영화에 대한 평가에 가장 인색한 사람은 감독 자신인 것 같다. 자신이 찍는 영화의 문법에는 엄정하고 정확하지만 영화에 대해 이야기할 때는 문법에 안 맞고 어눌하기 짝이 없다는 것, 같은 사람이 아닌 것 같은 그 두 개의 인격도 아이러니다.

고용감독 시절, 나쁜 시대에도 배울 게 있다

그가 번듯한 학력도, 영화계 인맥도, 그 어떤 기득권도 없이 영화판의 밑바닥에서 시작한 것은 잘 알려진 사실이다. 『씨네21 영화감독사전』2002 증보판을 몇 줄 인용하자.

"ㄱ의 할아버지는 대지주였고 당시 인텔리였던 아버지와 삼촌 등 가족들이 좌익활동을 하다 희생당한 것으로 알려져 있다. 광주 숭일중학교를 다녔으며 17살에 집을 나와 부산에서 부두 잡역부와 미군부대에서 헌 구두를 빼다 파는 사람들 밑에서 일했다. 56년 구두장사를 하던 사람들이 상경해 영화사를 차렸고 이들을 따라 서울에 와 영화 제작부를 도우면서 영화와 인연을 맺었고 62년 스물여섯에 〈두만강아 잘 있거라〉로 데뷔했다."

그는 데뷔하고도 한동안 생계수단으로 예술을 하는 '서바이벌 예술가'였다. 영화를 한 건 그에게 "배운 도둑질"이고 "밥을 먹을 수 있는 유일한 방법"이었기 때문이다. 일 년에 대여섯 편의 영화를 찍었으니 작가라기보다는 영화사의 고용감독에 가까웠다. 임 감독은 1964년과 69년엔 각각 6편씩, 그리고 71년에는 7편, 70년에는 한 해 8편까지 개봉했다. 정부가 허가를 내준 영화사는 의무제작편수를 채워야 했던 시절이라 마치 조립식 제조공장의 일관작업열처럼 감독이 영화를 찍고 있는 동안 누구는 다음 영화 시나리오를 쓰고 누구는 그 다음 영화의 시나리오를 준비하는 식이었다. 이런 대량생산 체제가 되다 보니 임권택 감독의 영화라 해도 스타일 불문, 장르 불문이었다. "기왕에 해온 거에 머무르지 말고 끊임없이 뭔가 달라지자, 하는 거 말고는 내 영화를 무슨 논리로 설명하는 것도 없었다"라는 게 그의 후일담이다.

하지만 이런 무차별 강제노동의 시기가 어쩌면 감독수업을 위한 습작기로는 최상이었는지 모른다. 임권택 감독은 온갖 장르를 다

실습했고 심지어 3D 입체영화까지 해보았다. 그런데 그 마음 가운데 '끊임없이 달라지자'는 작심이 없었다면 그저 미숙련 반복노동의 세월로 그치고 말았을 것이다. 그러니까 나쁜 시대에서도 다 배울 게 있다. 60, 70년대에 습작처럼 찍어댔던 협객영화, 주먹영화들도 1990년대 '흥행감독 임권택'의 출발을 알렸던 〈장군의 아들〉 시리즈의 재료가 됐던 셈이다.

'국민감독'의 영광이 덫이었을까

그렇게 해서 그는 2000년대 영화계에서 활동하는 유일한 식민시대 출신 감독이 되었다. 임권택은 한국영화라는 식당에서 하나의 메뉴다. 백화제방으로 만개한 한국영화계에서 가령 홍상수나 이창동이나 김기덕이 있듯이 임권택도 하나의 스타일, 특별한 개성으로 존재한다. 그의 100번째 작품 〈천년학〉이 흥행에 실패했다고 해서 크게 달라지지는 않는다.

다만, 헛폼이나 자기현시 없이 대상을 깊이, 질기게, 끝까지 보는 게 지금까지 임권택을 밀고 온 힘이라고 믿는 나로서는, 그가 TV CF에도 나오는 '국민감독'이 되고 나서 그 내면의 기운, 응시의 힘이 흔들리는 것 아닌가 하는 생각을 할 때가 있다.

가령 〈서편제〉는 소박한 걸작이다. 어쩌면 소박한 마음으로 찍어서 걸작이 되었는지도 모른다. 이 영화는 임권택 감독이 〈장군의 아들〉로 제작사 돈 벌어줬고 〈태백산맥〉은 당국의 압력으로 못 찍게 됐으니 옛날부터 찍고 싶었던 판소리 영화나 해보자고 시작한 영화였다. 흥행에 대한 부담도 없이, '위대한 감독'에 대한 야심도 없이, 오직 오래도록 마음속에서 과일처럼 익어온 모티브에만 집중해서 영화를 찍었다.

그린네 뒤에 만는 〈취화선〉을 보면 장승업의 인생편력에 굳이 조병갑과 동학을 배경으로 동원할 필요가 있었나 싶고, 〈하류인생〉에서는 정치적 배경을 지시하는 자막의 남발이 거슬린다. 〈서편제〉 때 식민시대와 해방공간, 전쟁 같은 시대배경을 부각시켰던 김명곤의 시나리오에서 시대배경을 다 지우고 소리꾼의 운명만 남겨놓았던 그였는데, 이제 작가의 자의식이 장인의 평상심을 앞질러가는 듯했다. 외국 관객을 너무 의식했던 것일까. 또는 대가답게 영화에 인문학적인 구조나 역사적 논리를 부여해야 한다고 생각했던 것일까. 어느 쪽이든 임권택 감독에게 위기의 표식으로 읽혔다. 그는 웬만한 스포트라이트 속에서도 정신을 놓치지 않을 냉정심의 소유자인데 그 역시 '국민감독'의 스타덤에서 자유롭지 못했던 것일까.

〈짝코〉, 옛날 감독이 새 영화를 찍을 리가?

마지막으로 〈만다라〉와 〈짝코〉에 관한 이야기다. 이 두 작품은 영상자료원에 와서 한 번씩 다시 보았는데, 두 작품 모두 의심의 여지 없이 걸작들이다. 〈짝코〉는 무의탁 노인 수용시설에서 만난 과거 빨치산과 토벌대 형사 출신의 두 남자 이야기다. 이 영화가 나온 건 1980년이었다. 광주항쟁이 있었던 바로 그해다. 임권택 감독은 "광주에서 그렇게 많은 학살이 있었는데 그때 사람들이 많이 놀랐을 거다. 하지만 난 별로 놀라지 않았다. 전에도 숱하게 그런 일이 있었기 때문에. 또 그런 일이 있구나 정도지"라고 말한 적 있다. 그는 전쟁을 겪었고 해방공간의 좌우익 난투극도 한복판에서 겪었다. 그의 집안은 좌익이었고 그 때문에 '일가구몰'을 겪었고 이미 십대에 혈혈단신이었다.

냉전시대에 군사정권 아래서 그는 반공영화 〈증언〉을 찍었다. 아버지 세대를 깨끗하게 부인한 셈이다. 해방공간으로 거슬러 올라가는 두 편의 영화 〈깃발 없는 기수〉와 〈짝코〉에 오면 반공영화 감독 임권택의 내부에 눌러놓았던 복잡다단한 정치 감정들이 공개된다. 그는 사람에 대한 존중이 빠져 있는 이데올로기를 부질없는 것으로 치부하며 이데올로기 대립에 대해 지긋지긋해 하고 있음이 역력했다. 다시 10여 년이 지나 이제 한국사회가 군사정권 시대를 졸업하고 표현의 자유를 100퍼센트 누리게 됐을 때, 임권택 감독은 〈태백산맥〉을 찍었다. 그는 냉전체제의 기세에 눌려 아버지를 부인하지도, 신흥 좌파의 약진에 편승해 아버지를 미화하지도 않고 오른쪽도 왼쪽도 아닌, 그저 사람을 맨 중심에 놓고 보는 그런 시선으로 그 옛날 해방공간을 다시 들여다보았다. 일종의 학습하는 자세로. 가령, 코끼리의 발길에 세게 얻어 차여 치명상을 입었던 사람이 수십 년 뒤, 과거에 그림자만 설핏 보았던 거대한 코끼리를 바로 눈앞에 두고 다리와 코와 발과 그 실체를 하나하나 정확히 뜯어보게 됐다고 할까. 어쨌든 그는 『태백산맥』을 읽고 영화로 만들면서 자신의 성장기를 지배했던 그 시대의 정체를 좀 더 분명히 그리고 자세히 알게 됐다. 그리고 그것으로 아버지의 시대를 졸업했다.

〈짝코〉를 찍은 1979~80년은 애매한 시기였다. 그리고 〈짝코〉는 정치적으로 민감한 영화였다. 대학 교련시간에 반공영화라고 틀어주기도 했다지만 이 영화는 결코 그렇게 만만한 텍스트는 아니다.

(왼쪽부터) 짝코 1980, 만다라 1981

1980년은 이장호 감독의 〈바람 불어 좋은 날〉이 발표된 해이기도 하다. 이 영화는 1980~90년대에 데뷔한 거의 모든 감독들의 영화적 좌표였으며 이 영화에 들어 있던 사회공기나 문제의식은 당대 영화에 허용되는 정치성의 최대치였다. 〈바람 불어 좋은 날〉은 1980년대 말 장선우나 박광수의 '새 영화'를 촉발하는 발화점이었다. 그런데 그해에 〈짝코〉가 나왔다는 걸 당대에는 아무도 주목하지 않았다. 그것은 '옛날 사람'이 어떻게 '새 영화'를 찍겠냐는 고정관념 때문이었을 것이다.

〈만다라〉, 나이 든 만큼 보인다

〈만다라〉는 다시 보아도 걸작이다. 첫 번째는 30대 초반에 영화 기자로서 학습하는 자세로 보았었다. 그리고 며칠 전 이 영화를 다시 보았다. 〈만다라〉에서는 흰 눈이 쌓여 있는 겨울 풍경이 끝없이 이어진다. 그것도 황량한 대지, 또는 광대한 자연이 시네마스코프의 너른 화폭을 가득 채우고 사람이 그 작은 부분으로 배치되는 롱숏, 또는 익스트림 롱숏들이다.

영화에는 구도의 길을 가는 스님들이 나오는데, 예전이나 지금이나 삶의 이치를 세상에서 찾아야지 왜 산속에서 찾나 싶은 마음이 있고 그들의 번민을 알 듯 모를 듯하지만 분명한 것은 그들의 말과 표정이 내게 예전에 비해 훨씬 깊숙이 들어오더라는 것이다. 가령 손가락 두 개를 촛불에 태우고 겨울 내내 묵언수행을 하고도 모자라 "언제 부처님이 불고기 자시겠다 하시더냐"는 상좌스님의 질책을 듣고서도 다시 세 번째 손가락을 불데우는 고행을 하는 수관이라는 젊은 중을 나는, 자기 몸을 죄수처럼 고문하던 중세 수도승들처럼 길을 잘못 든 종교일 거라고 치부하는 쪽이지만, 이번에 〈만다라〉를 다시 볼 때 나는 이 대목에서 그의 고통이 전이되는 느낌에 목이 메어왔다.

텅 빈 자연, 먹물 옷의 중들만 사는 절간에 들어와도, 그처럼 자신에게 배당된 세상의 지분을 모두 버리고도, 그런 극악한 대가를 치르고도, 아직 응분의 정신적 보상을 얻지 못했다는 말인가. 수관은 나중에 '손가락 공양'을 후회하면서 '길을 타인 속에서 찾아야 한다'라고 말한다. 그러게 말이다. 사람들의 세상을 떠나서 삶과 죽음의 비밀을 찾은들 무슨 의미이랴.

하지만 나는 가끔 이런 생각을 할 때가 있다. 삼라만상이 다 욕망의 재료인 이곳, 적당히 달궈진 프라이팬 같은 세상에서 팝콘처럼 튀겨지는 욕망은 가끔 극단적인 처방을 필요로 한다는 것 말이다. 그러니까 지극한 물리적 고통이 그 처방이 될 수도 있다.

임 감독은 창작자-평론가 커플로 전무후무한 '영혼의 동반자' 관계를 맺고 있는 평론가 정성일 씨와의 인터뷰에서 "영화는 나이대로 본다"정성일, 『임권택이 임권택을 말하다』, 현실문화연구, 2003라고 했다. 정성일 씨는 일종의 천재인데 그렇다 해도 그가 본 것은 그 나이만큼이고 그 다음의 영화들에는 그 나이로 닿을 수 없는 어떤 것들이 들어 있다는 뜻이다. 나이가 만드는 눈높이라는 게 있는 것이다. 문득 따져 보니, 두 번째 〈만다라〉를 본 지금의 내가 임권택 감독이 〈만다라〉를 찍은 바로 그 나이다. 문명과 문명이 충돌하는 전선을 몇 개나 넘어온 임권택의 48년이 내 것과 똑같은 시간이라고 강변할 생각은 없으나, 나는 〈만다라〉에서 처음으로 임권택 감독과 눈을 딱 맞췄다는 생각에 혼자 짜릿해 한다.

뮤즈와 메시아의 만남

영화보다 더 영화처럼 살다

신상옥과 최은희, 그리고 〈사랑방 손님과 어머니〉

특별한 부부

남편을 잃은 여인들이 다 최은희 씨 같지는 않을 것이다. 장삼이
사의 필부와 한평생 살다가 그를 먼저 보냈을 때, 집안의 옷가지 따
위를 정리해 흔적을 지우고 나면 이제 세상의 무심함 속에서 남편
의 부재를 반강제적으로 잊어가는 순서가 남을 것이다. 그러다가
어쩌면 오랫동안 완강한 가족제도 속에서 잊고 살았던 주체성이나
자기결정권, 아니면 본인 이름으로 된 저금통장을 갖게 되는 수도
있다. 하지만 최은희 씨는 남편의 초상화로 뒤덮인 거대한 성에 혼
자 남겨진, 세상에서 가장 불우한 미망인처럼 보인다.

영상자료원이 대만에서 발굴해 디지털 복원한, 신상옥 감독의
1962년 작 〈열녀문〉이 2006년 가을 부산국제영화제에서 공개됐었
다. 그해 봄 신상옥 감독이 세상을 떠나고 최은희 씨가 혼자 무대인
사를 했다. 최은희 씨 혼자 있는 앵글은 우리에게 낯설었던 만치 본

인에겐 적응불능이었을 것이다. 최은희 씨는 '신 감독' 이야기에서 몇 차례 눈물을 닦느라 말을 잇지 못했다. 〈열녀문〉이 칸영화제에 초청받았을 때 최은희 씨에게 "칸에서 초청장을 보내겠다는데 가시겠냐"라고 물어보았다. 반기는 기색도, 주저할 틈도 없이 그는 "다 신 감독하고 같이 다니던 곳인데 혼자 가기 싫다"라고 잘라 말했다. 최은희 씨는 신 감독이 떠난 뒤 남은 생은 신 감독 기념사업으로 보내겠다고 했고 실제로 지금 그렇게 하고 있다.

그들은 감독과 배우 부부로 무려 60년 가까운 세월을 함께했다. 게다가 한국-북한-미국-한국으로 몇 개의 국경을 넘으면서 지구를 한 바퀴 도는 간난신고의 오디세이를 함께 겪은 커플 아니었던가. 장이모-공리, 페데리코 펠리니-줄리에타 마시나, 케네스 브레너-엠마 톰슨 등 모든 유명한 감독-여배우 커플들이 저마다 영화적인 러브스토리를 갖고 있겠지만, 최은희-신상옥 커플은 좀 특별하다.

오르페우스와 에우리디케, 신화가 된 사랑

지상의 사랑이라는 것이, 불가해한 정념으로 무늬져 있는 허술한 포장을 걷어내고 보면 한미 FTA협정처럼 복잡한 이해관계가 얽힌 하나의 계약인데, 그것이 신의 영역에 속하는 삶과 죽음의 운명을 가지고 놀 때 일약 신화의 지위로 격상하게 된다. 최은희·신상옥, 두 사람의 관계에는 어떤 신화적인 경지가 있다.

실제로 최은희·신상옥 부부가 북한에 납치됐다 돌아온 얘기는 오르페우스·에우리디케 신화와 흡사하다. 오르페우스는 신부 에 우리디케가 올림포스 산에 꽃 꺾으러 갔다가 독사에게 물려 죽자 저승을 찾아간다. 오르페우스는 말하자면 리라(요즘의 기타)의 명인! 그의 리라는 사람뿐 아니라 동물, 식물까지도 감동시킨다. 오르페우스가 리라를 퉁기며 자신의 슬픈 사연을 이야기했을 때 저승의 왕 하데스도 눈물을 흘린다. 오르페우스는 음악의 힘으로 아내를 구출하는 데 성공한다. 저승을 떠날 때까지 아내를 뒤돌아보면 안된다는 히데스의 주문을 잠시 잊는 바람에 결국 아내를 다시 잃고 만다는 비극적인 결말을 뺀다면 최은희·신상옥 스토리와 많이 닮지 않았는가. 두 사람은 영화적 재능 때문에 사지死地에 끌려갔지만 역시 그 재능 때문에 사지를 벗어날 수 있었다.

1978년 안양예술학교 교장이었던 최은희는 학교의 자금난을 해결하려고 홍콩에 갔다가 북한 공작원들에게 납치돼 실종된다. 신상옥은 최은희를 찾으러 홍콩에 갔다가 역시 북에 납치당한다. 박정희 정권의 총애를 받다가 나중에는 영화사 등록을 취소당하고 더이상 영화를 찍을 수 없게 되었던 신상옥이 스스로 선택한 북행이었다는 시각도 있다. 최은희는 북한에 도착했을 때 부두에서 김정일의 영접을 받고 김정일의 별장에서 북한생활을 시작했다. 하지만 신상옥은 감옥에 갇혔고 고문을 받았으며 5년 동안의 감금생활 끝에 최은희를 만날 수 있었다. 그것도 김일성·김정일 부자가 주최한 연회석상에서 두 사람은 사전예고 없이 기절할 지경으로 느닷없이 해후했다. 김정일이 남한의 대표적인 감독과 배우를 납치해다 사상교육 및 체제 적응 기간 5년을 거쳐 자신의 영화참모이자 북한영화의 새 일꾼으로 선포하는 절차였던 셈인데, 초현실적인 북한정권에서나 기획할 수 있는 초현실적인 프로젝트였다.

이때부터 두 사람은 김정일의 전폭적인 물량 지원과 보안당국의 철통같은 '경호'를 동시에 받으면서 예전같이 감독과 배우로서 활기차면서도 어딘가 어색한 새 생활을 시작했다. 해외합작 영화사 설립을 협의하겠다고 서유럽으로 나올 수 있었던 건 3년 동안의 영화작업으로 해외영화제에서 상도 받고 대대적인 흥행도 하면서 김정일의 신뢰를 얻었기 때문에 가능했다. 최은희·신상옥 커플은 북한생활 8년 만인 1986년, 오스트리아 빈에서 미 대사관을 찾아가 미국으로 망명했다.

2007년 신상옥의 자서전 『난, 영화였다』와 최은희의 자서전 『최은희의 고백』이 출간됐다. 최은희와 같이 활동했던 왕년의 여배우 태현실 씨는 출판기념회에서 "내가 북한에 잡혀갔으면 구하러 올 사람이 없어서 지금도 거기서 살고 있을 것"이라고 했다. 재밌는 농담이다.

뮤즈와 메시아의 기브 앤 테이크 관계

신상옥은 최은희를 세 번 살렸다. 북한에서 구출했고, 여배우로서 재능을 살렸고, 그 모든 것보다 먼저 불행한 첫 결혼생활로부터 구원했다. 최은희는 연극무대의 스타 신인이던 시절에 열 살 연상의 아이 딸린 이혼남 촬영기사와 결혼했고 혹심한 가난과 남편의 의처증과 상습적인 구타에 시달렸다. 최은희가 연극 도중 영양실조로 쓰러졌을 때 객석에서 뛰어나와 최은희를 업고 병원으로 뛰어간 사람이 바로 최은희의 팬이던 신상옥이었다.

유망한 신인 감독에 미남에 총각이었던 신상옥은 최은희의 전 남편에게 간통죄로 고소당하고 영화계에서 이지메당하는 수모를 감수하면서 최은희와 살림을 시작했다. 전쟁에서 부상 당한 나이 많은 남편을 버리고 젊은 김독과 놀아난 여배우, 스타 배우와 바람난 신인 감독. 50년대 한국사회나 영화계의 돌팔매가 집중되기에 더할 나위 없는 헤드라인이다. 하지만 두 사람의 관계가 당대의 가십을 넘어서는 어떤 운명적인 것이었음은 그 뒤의 긴 세월이 입증했다. 신상옥이 최은희에게 메시아였다면 최은희는 신상옥에게 뮤즈였다.

신상옥은 최은희에게, 여배우에게 가능한 모든 기회를 열어줬다. 자신이 감독하는 거의 모든 영화의 여주인공은 최은희 몫이었고, 최은희에게 메가폰을 들려줘 자신의 영화를 찍을 수 있게 했으며 (최은희는 〈민며느리〉^{1965} 등 3편을 감독했고 우리나라에서 세 번째 여성 영화감독이다), 연극무대에 미련을 갖고 있는 아내를 위해 극단을 만들었고, 안양예술학교를 세워서 아내에게 교장을 맡겼다. 청춘멜로영화의 주인공을 할 수 있는 나이가 지나면 여배우들이 급속히 노화하지만, 최은희는 그런 흥망성쇠의 사이클에서 자유로웠다. 1961년 홍성기 감독의 〈춘향전〉과 신상옥 감독 〈성춘향〉의 라이벌 개봉은 장안의 화제였는데, 당시 홍성기 감독의 〈춘향전〉에 갓 스물 넘은 김지미가 나왔을 때 신상옥 감독의 〈성춘향〉에서 이팔청춘 춘향을 연기한 최은희는 이미 30대였다.

신상옥이 한때 여배우 오수미와의 사이에 두 아이를 낳기도 했지만 그것은 사건의 강도로 볼 때 최은희-신상옥이라는 대하소설 속에 배치된 극적인 에피소드 정도일 것이다.

속세의 셈법으로는 최은희가 신상옥에게 많은 것을 받았다. 하지만, 뮤즈와 메시아의 기브 앤 테이크 관계에서 누가 더 이득을 봤느냐는 셈은 부질없다. 신상옥은 최은희에게 프러포즈하면서 "당신을 보고 있으면 앞으로 찍을 영화들이 떠오른다. 상상력의 원천이랄까"라고 했다. 신상옥이 말년의 자서전『난, 영화였다』에 적은 "최 여사, 고맙고 또 고맙소" 하는 말은 얕은 헌사 같아 보이지는 않는다.

은폐된 감정, 은유의 만발, 〈사랑방 손님과 어머니〉

신상옥 감독이 최은희 씨와 부부가 된 뒤 처음 찍은 영화가 1955년 작 〈꿈〉이었다. 하지만 이 영화는 프린트가 남아 있지 않고 지금 알려져 있는 신상옥의 〈꿈〉은 10년 후 리메이크 작이다.

〈사랑방 손님과 어머니〉1961 때는 두 사람이 이미 함께 10편 가까이 찍은 다음이었다. 나는 이 영화를 볼 때, 옥희 어머니 최은희의 모습을 응시하는 카메라 뷰파인더 뒤로 신상옥의 시선이 느껴진다. "세상에서 우리 엄마가 제일 예뻐"라는 옥희의 대사나, 최은희의 마음을 엿보는 사랑방 손님 김진규의 태도에서도 신상옥 감독의 시선이 감지된다. 신상옥 감독은 자신의 필모그래피 속에서 소설 원작을 바탕으로 한 이른바 '문예영화'를 폄하하기도 하고, 신상옥 영화의 주류를 이루는 뚜렷한 스토리라인의 역동적인 드라마들에 비하면 〈사랑방 손님과 어머니〉는 예외적으로 섬세한 심리물에 해당한다. 하지만 이 영화는 신상옥의 대표작들 가운데서도 의심의 여지 없는 수작이다. 요즘 관객이 60년대 영화를 볼 때 낯설게 느끼는 것은 그 신파조 때문인데, 〈사랑방 손님과 어머니〉는 유현목의 〈오발탄〉이나 김기영의 〈하녀〉와 더불어 그 무렵 영화들 가운데, 심지어 신상옥 자신의 필모그래피 속에서도 신파 경향으로부터 완

사랑방 손님과 어머니 1961

전히 자유로운 몇 안 되는 작품이다.

영화의 줄거리는 주요섭의 단편소설로 이미 잘 알려져 있는 바, 과부인 옥희 엄마가 사랑방 손님과 대단히 절제된 애정 교신을 하다가 결국은 손님을 떠나보내는 이야기다. 두 사람의 교신은 때로 아이의 불완전한 통역을 통해 이루어지기도 하고, 삶은 달걀이나 꽃과 꽃병, 피아노 연주, 그림과 같은 매개체를 통해 이루어지기도 한다. 1960년, 봉건과 현대의 접경에서, 윤리적 딜레마에 빠진 과부와 총각 사이 연애의 프로토콜은 온갖 은유들의 만발로 인해 예술적 경지를 보여준다. 옥희 엄마의 은폐된, 절제된 감정 표현에는 '내숭의 숭고미' 라는 이름을 붙여도 될 듯싶다.

시대의 부조화는 고스란히 개인의 딜레마로 전이되게 마련이다. 시내에는 미장원이 성업 중이고 양장 미인들이 거리를 활보하지만 옥희 엄마는 여전히 쪽진 머리에 한복 차림이다. 일요일엔 시어머니와 유치원생 딸과 함께 성경책을 들고 교회에 가고, 잠자리에 들기 전에 주기도문을 왼다. 이 정도는 봐줄 만한데 쪽진 머리 한복 차림으로 피아노 앞에 앉아 열광적으로 쇼팽을 연주하는 모습은 부조화의 극치다.

몸은 아직 봉건에 있는데 마음이 먼저 현대에 도착했다고 할까.

발은 척척한 과거의 땅을 딛고 있는데 가슴은 이미 다른 세상의 공기를 호흡하고 있는 것이다. 마음과 몸의 갈등, 머리와 발의 타협. 그 딜레마는 비단 전후 1960년대만의 특징은 아니다. 역사의 진화 과정 속에서 모든 시대, 모든 세대는 진화의 속도 차로 삐걱대는 길 위에서 멀미를 앓는다.

하지만 우리 내부의 보혁 갈등, 그 윤리적 딜레마도 어쩌면 지식인 중산층만의 것인지도 모른다. 적어도 〈사랑방 손님과 어머니〉에선 그렇다. 양반집 며느리, 여전히 아씨마님인 옥희 엄마는 결국 짤막한 편지로 남자의 구애를 물리친다. 제도와 이성의 판결로서 욕망을 응징하고 옛날 기와집의 높은 대청마루와 안방을 지키기로 하는 것이다.

하지만 옥희 엄마 최은희와 사랑방 손님 김진규가 감질나는 교신을 하다가 결국 목표 달성에 실패하고 마는 사이, 식모인 도금봉은 계란장수 김희갑과 농지거리를 주고받다가 금세 배가 남산만 해지더니 부부가 되어 아씨마님에게 인사드리러 온다. 정상적인 절차라면 눈 맞고 마음 맞고 배 맞는 것이겠으나, 이들 계급에서는 순서가 뒤죽박죽되기도 한다. 욕망의 아래층이 도덕의 위층을 지휘하기도 하는 것이다. 그래서 현대의 지식인 여성이 페미니즘이라는 단어를 알기 전부터 이미 성해방은 계급 피라미드의 아랫동네에 먼저 온 건지도 모른다.

어쨌든 〈사랑방 손님과 어머니〉는 미술학도였던 신상옥 감독의 출신 성분이 드러나는, 회화적으로 정교하게 디자인된 영화다. 영화를 보고 난 뒤 머릿속에 남는 이미지의 잔영은 맑은 수채화의 느낌이다.

신상옥 감독이 말년에 쓴 자서전 제목은 앞서 말했듯『난, 영화였다』이다. 감히 일개인이 하나의 매체와 동격을 자처하다니! 하지만 신상옥의 삶은 영화를 빼고는 남는 것이 없다는 것, 영화를 빼면 사생활도 개인 재산도 변변히 없었다는 것, 남겨진 유산은 영화 필름들뿐이라는 것, 그의 인생은 주제도 소재도 영화였다는 것, 그런 이에게 '난, 영화였다'는 과장도 허세도 아닌 그저 단순한 고백이었을 수 있다.

신상옥의 인생은 그 자체가 영화사적으로 하나의 야심찬 프로젝트였다. 신상옥 감독의 연출작은 72편. 제작한 편 수는 북으로 가기 전에만도 150편이다. 감독과 제작, 두 개의 포지션에서 동시에 그처럼 성공한 '멀티 플레이어'는 한국영화사에 전무후무하다.

신상옥 감독이 세운 영화사 신필름1960~1975은 2만 5000평 대지의 촬영스튜디오와 최신 기자재, 프로듀서 시스템을 갖췄으며 부설 연기실을 두고 매년 신인연기자를 공채했다. 전성기의 신필름은 월급 받는 직원이 250여 명이었고 한 해 28편까지 제작했다 한다. 신필름은 한국영화사에서 할리우드 메이저 영화사의 모델에 가장 근접한 경험이었다.

신상옥 감독은 영화제작업 외에도 안양예술학교를 세웠고 배우극장이라는 극단과 음반사인 예그린레코드를 운영하기도 했다. 신필름은 시나리오 작가에게 파격적인 대우를 하기로 유명했는데, 거듭되는 부도 위기에서도 "돈 걱정을 하면 좋은 글이 안 나올 것 같아서 고료는 넉넉히 준다"앞의 책라는 원칙을 지켰던 것은, 그의 영화

제국이 결코 무소불위 야심의 산물만은 아니었음을 말해준다.

감독으로서 신상옥의 목표는 장르 불문, 스타일 불문, 제작비 불문, 언제나 '웰메이드 영화'였고 제작자로서 신상옥의 목표는 한국영화의 기업화와 산업화, 세계시장 진출이었다. 영화를 감독의 예술이 아니라 시스템의 예술로 보았고, 작가주의 스타일보다 대중적 소통을 우위에 두었던 신상옥의 영화관은 다분히 할리우드적이었다. 신상옥의 영화인생이 충무로에서 출발해 북한을 돌아 결국 할리우드에서 마침표를 찍었다는 것이 정치적 곡절이 빚은 우연만은 아닐 것이다.

신상옥은 『난, 영화였다』에서 이제는 진짜 영화 잘 만들 수 있을 것 같다는 자신감에 차 있고 실제로 여러 작품을 구상하고 있다고 했다. 한국근대사 100년을 주제로 100편짜리 TV시리즈를 만들고 싶다고도 했다. 그때 그의 나이 76세였다. 그의 영화적 야심은 60년대 한국 영화산업의 빅뱅을 주도했던 데서 만족하지 않고 이미 아들 세대가 점령한 2000년대 영화판에서 헤게모니를 꿈꾸다 마침내 그의 육신과 함께 잠들었다.

철저한 실용주의자가 휘말린 격동의 정치현실

신상옥 감독은 연출 및 제작한 200편쯤의 필름으로 남았다. 미군부대의 초콜릿과 양공주와 가난한 작가 등 전시戰時의 분위기를 물씬 풍기는 1952년 작 〈악야〉로 시작되는 신상옥의 필모그래피는 당대의 정치 체제에 대한 동조 또는 의심의 시선으로, 또는 무심한 태도로 해방 60년사를 찍어낸 파노라마다. 그는 관념적인 태도를 경

멸하고 사상·이념은 짐짓 등한시하는 철저한 실용주의자이고자
했지만, 오히려 요동치는 정치현실 한가운데서 영화인 다른 누구의
추종도 불허하는 격정적인 개인사를 살아야 했다. 그 구절양장 우
여곡절 와중에서 그의 머릿속은 의외로 아주 단순했던 것 아니었을
까. '영화를 찍을 수만 있다면 어디든 간다!'

1945년 고려영화협회에서 영화 포스터와 세트 제작 일을 시작한
스무 살 이래 세상을 떠나던 팔순 나이까지 그가 영화에서 손을 놓
고 있었던 시절은 북한에서 감금 상태에 있던 5년 정도일 것이다.
그러나 자서전을 보면, 이 감금생활 동안 "과거 내가 만든 작품 하
나하나를 머릿속에 떠올려보며 스스로 비판하고 개작하는 작업"을
했다. 그 결과, 모든 작품은 "일부 개작할 것과 폐기해버려야 할
것" 둘 중 하나로 분류됐고 그중에서도 1961년 작 〈연산군〉 전후 편
은 "당장 폐기해버리고 싶은 졸작 중의 졸작"이었다. 그는 북에 있
는 동안 서울의 형에게 어렵사리 편지를 넣어 〈연산군〉 전후 편 원
판을 찾아서 불살라버리라고 부탁을 했을 정도였다.

자서전에서 〈연산군〉에 관한 이야기는 신상옥 감독이 전성기를
보냈던 1960년대 영화판의 단면이다.

"〈연산군〉은 우리나라 최초의 본격적인 궁중사극이었고 사극 중
에서는 처음으로 인간상을 그리려 애쓴 작품이다. 그래서인지 외국
의 평자들도 '한국의 햄릿'이라고 높이 평가하기도 한다. 그러나
내게는 '좀 더 잘 만들 수 있었는데……' 하는 아쉬움이 많은 작품
이다. 나는 〈연산군〉을 신정 프로에 맞추기 위해 두 달 만에 완성했
다. 그런데 이 작품이 대히트를 하게 되자 흥행업자들의 성화에 못
이겨 나는 다시 한 달 만에 후편인 〈폭군 연산〉을 번개처럼 만들어

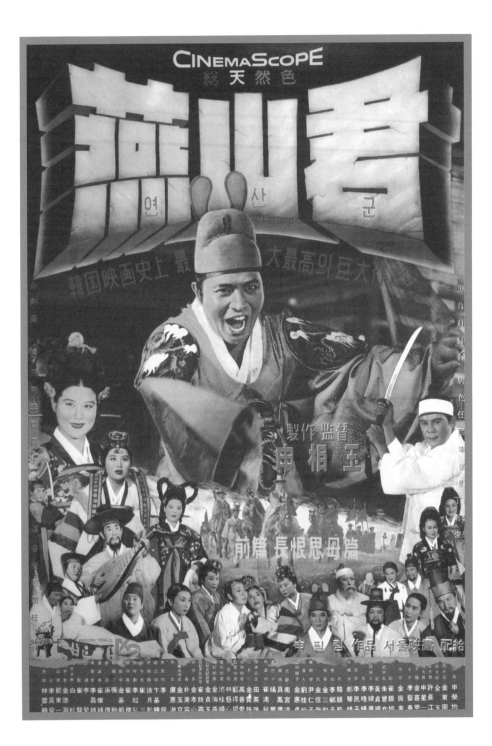

구정 특선 프로로 붙였다. 나는 이 작품이야말로 견딜 수 없는 치욕이라고 생각했다."^{앞의 책}

신상옥 감독은 진성기였던 1960년대 10년 동안 34편을 감독했다. 한 해 3~4편 꼴이다.

〈연산군〉 전후 편은 소각의 운명만은 면했고 지금 한국영상자료원에 보관되어 있다. 하지만 신상옥 감독의 재편집본으로 남았다. 서울에 돌아온 신상옥 감독은 영상자료원에 와서 〈연산군〉 〈폭군 연산〉 〈성춘향〉 필름을 반출해 갔다. 나중에 돌아온 필름을 확인해보니 필름 길이가 줄어들어 있었다. 〈연산군〉은 14분 분량, 〈폭군 연산〉은 무려 54분 분량이 삭제돼 있었다. 영상자료원 직원이 이유를 묻자 신상옥 감독은 "편집을 새로 했다"라고 답했다 한다. 이중 〈폭군 연산〉은 유일본 필름이라 이제 감독의 재편집 버전만 남은 셈이다.

자신이 만든 작품을 불태워 없애고 싶어 했던 그 지독한 증오는 영화에 대한 징글징글한 애정과 정확히 같은 크기였을 것이다. 문제의 〈연산군〉이 디지털 복원을 거쳐 2009년 칸영화제 클래식부문에 초청된 것을 그가 안다면 어떤 표정을 지을까.

여배우의 나이, 그 미스터리

신상옥·최은희 세대의 80년은 초현실적으로 긴 시간이다. 최은희 씨와 비슷한 연배인 소설가 박완서 씨는 "500년 산 것 같다"라고 말했었다. 봉건과 현대의 경계 위에 가로누운 인생이라 이미 드라마틱하거니와, 식민지와 해방공간과 전쟁 등 치명적인 드라마들이 겹겹이 주름져 있는 인생을 펴면 물리적인 시간은 80년이되 500년 치의 사연이 잠겨 있는 것이다. 우리 세대는 대체로 약간씩 색깔이 다른 공화국 몇 개를 배경으로 그저 지루하지 않을 정도의 사건들을 통과해왔다. 나 개인만 해도 경미한 학생시위 경력이나 여고생 때 구급낭 메고 열병 헤쳐모여 하던 교련시간, 그런 정도를 빼고는 별로 시대와 몸을 섞지 않은 인생이다.

하지만 신상옥·최은희 세대는 대기 시대 배경과 완벽하게 포개지는 개인사를 갖고 있다.

식민시대에 위안부로 끌려가지 않으려고 직장 아니면 남편을 구하는가 하면, 전쟁 때는 인민군의 경비대 협주단에 징발됐다가 탈출한다는 것이 국군 정훈공작대에 동원되고, 전선을 고무줄 넘듯 넘다가 가족과 헤어지고 만나고……. 최은희 씨는 전선에서 국군 장교에게 성폭행당한 일도 고백하고 있다. 자서전의 제목을 '고백'이라고 붙이기도 했지만 그 솔직함이 놀랍다. 최은희 씨는 이로써 개인사를 역사에 헌정하고 있다. 수치심 따위의 사사로운 감정은 접고 자신의 행운과 불운, 업적과 치부까지 패키지로 묶어서 대중 앞에 내놓은 셈이다. 그 최선의 의도를 나는 높이 산다.

다만 한 가지 미스터리가 남는다. 최은희 씨는 이 책에 자신이 1930년생이라고 적었다. 하지만 영화계에선 그가 1926년생인 신상옥 감독보다 한 살 많았다고 기억하는 이들도 적지 않고, 또 얼마 전까지의 기록에는 1928년생이라고 돼 있다. 여배우들이 흔히 그러듯 그도 나이를 치부로 여기는 것일까. 과거사의 가장 깊숙한 상처까지도 공개하고 난 뒤인데도 말이다. 애초에 호적이 잘못되었더라, 하는 이야기도 미스터리에 대한 깔끔한 답은 못 된다. 자서전을 읽으면서 이제는 거진 다 알게 됐다 싶었던 최은희라는 인물은, 다시 '여배우'라는 결코 호락호락하지 않은 미스터리 속으로 숨어버린다.

검열의 시대

감독의 책임은 어디까지인가

걸작 소설에서 '에로영화'로 전락한 〈난장이가 쏘아올린 작은 공〉

계급을 가르쳐준 소설, 『난.쏘.공』이 던진 화두

우리 소설의 역사에서 『난장이가 쏘아올린 작은 공』^{조세희, 문학과지성}^{사, 1978}의 자리는 아주 특별하다. 이광수 시대 이후, 그러니까 해방 이후 문학사에서 수십 년에 걸쳐 세대를 넘어 읽히고 또 읽히면서 '명예의 전당'에 이름을 올린 소설은 여럿이다. 그중 박경리의 『토지』는 '소설 한국근대사'를 일컫는 일반명사가 되었고, 최인훈의 『광장』은 이념이 승했던 현대사의 질곡에 빠진 우울한 한국인의 초상, 정체성 분열의 민족문제를 다룬 걸작이라면, 조세희의 『난장이가 쏘아올린 작은 공』은 경제개발5개년계획 시대의 한국사회에 대한 계급 해부를 시도한 야심작이다.

자, 선진국 문턱이 코앞이라는 우리 사회를 한번 들여다보자구. 여기 난장이^{난쟁이. 여기서는 출간 당시 표기에 따름}네 가족이 있어. 가장인 난장이는 공구 자루를 메고 다니면서 수도 파이프도 고치고 펌프를 달아주는 일을 하지. 그 날품팔이로 아내와 아들 둘, 딸 하나를 먹이고 공부시키긴 힘들어. 결국 세 남매는 고등학교도 마치지 못하고 각기 은강자동차, 은강전기, 은강방직의 노동자가 되었어. 십대의 이 노동자들이 각기 하루 열다섯 시간씩 일하는데, 그러면 난장이네 가족은 이제 부자가 되었나?

평범한 질문 같지만, 이 질문이 1978년의 한국사회에 던져졌다는 점이 중요하다. 그때의 한국인 일반은 대학을 나왔건 나오지 않았건 지적, 사상적 미숙아들이었다. 나는 그해에 대학 신입생이 되었고 서클에서 이 책을 읽고 세미나를 했다.

'십대의 이 노동자들이 각기 하루 열다섯 시간씩 일하는데, 그러면 난장이네 가족은 이제 부자가 되었나?' 이것은 정말이지 뜻밖의 질문이었다. 우리가 학교에 다닌 12년 동안 한 번도 들어보지 못한, 스스로 해볼 생각도 않았던 질문이었다. 신라 3대 여왕이 아닌 것은? 텅스텐의 산지로 맞는 것은? 우리는 이런 사지선다형 질문들의 공세를 성공적으로 막아낸 결과 대학생이 되었던 것이다. 더구나 십대 노동자는 내 가족 중에도, 내 친구 중에도 없었고 나는 십대 노동자를 한 번도 생각해볼 기회가 없이 스무 살이 되었다.

이 소설은 그래서 내게 충격적이었다. "우리의 팔목은 공장 안에서 굵어갔다" "사람들이 그의 몫을 가로챘던 것 아냐?" 이런 단순한 문장들도 어찌나 강력한 폭발력을 지녔던지 30년이 지난 지금까지 기억에 남아 있다.

호리병 속의 새를 어떻게 꺼낼 것인가. 〈만다라〉의 이 화두처럼, 『난장이가 쏘아올린 작은 공』에 나오는 '뫼비우스의 띠'나 '클라인 씨의 병' 같은 생경한 말들도 이해할 듯 말 듯한 채로 두고두고

뇌리에 남아 영감을 자극했다. '도도새'도 마찬가지다. "십칠 세기 말까지 인도양 모리티우스 섬에 살았던 새다. 그 새는 날개를 사용한 생각을 하지 않았다. 그래서 날개가 퇴화했다. 나중엔 날 수가 없게 되어 모조리 잡혀 멸종당했다."「우주 여행」 중에서. 『난장이가 쏘아 올린 작은 공』 날개라도 돋으려는 듯 겨드랑이가 근질거렸던 스무 살 나이에 이런 식의 이야기는 단순한 메타포가 아니라 거의 선동의 구호였다.

우리는 계급이라는 개념을 사회과학 서적이 아니라 이 소설을 통해 이해했다. 난장이 가족은, 계급적 장애와 육체적 장애가 시너지를 일으켰으니 더할 나위 없는 사회 최저층이다. 그 난장이 일가를 중심으로 이웃과 공장의 하층민들, 중간층 신애네 가족, 상류층 윤호와 경애네 가족, 재벌 총수와 지식인 노동운동가들이 서로 직접·간접으로 연결되어 있다. 『난장이가 쏘아올린 작은 공』은 각기 동떨어져 보이기도 하는 이 등장인물들의 상황을 모자이크해 하나의 계급지형을 완성한다. 여기에다 부잣집 아이들의 아버지와 할아버지, 그리고 대대로 노비였던 난장이의 조상들까지 귀족과 천민의 계보를 슬쩍 배경에 붙여놓음으로써 계급구조를 종횡으로 축조한다.

이 소설은 너무 이항대립 구도로 몰아가는 것 아닌가, 너무 신경질적으로 계급문제에 집착하는 것 아닌가, 모든 문제를 다 계급적인 이해, 계급적인 지배·피지배 관계로 해석하는 계급환원주의 아닌가 하는 의구심도 들게 한다. 하지만 사회현실을 정공법으로 다루는 리얼리즘 소설로서 『난장이가 쏘아올린 작은 공』이 세대교체와 사회변화를 무릅쓰고 30년이라는 시간의 풍화작용을 이겨내

'불멸의 고전'으로 남은 것은, 현상을 넘어 본질에 가닿은 통찰력, 과장과 도그마로 치부할 수만은 없는 리얼리티가 뒷받침되지 않았으면 가능하지도 않았을 것이다. 또한 당대 현실에 밀착된 리얼리즘 태도에 잠언과 우화의 어법을 섞은 독특한 스타일이 소설의 매력과 생명력을 어느 만치 지탱해주었다고 본다.

『난장이가 쏘아올린 작은 공』은 1978년 6월 5일 문학과지성사에서 조판이 나온 이래 134쇄를 찍었고 2000년 출판사를 옮겨 다시 111쇄를 찍었다. 판매 부수는 100만 부를 넘겼다.

적어도 1970년대 말에 대학에 입학한 우리들은, 사회과학 서적이 아니라『난장이가 쏘아올린 작은 공』을 읽고 계급을 처음 생각하게 된 세대다. 80년대 말까지『자본론』등 마르크스 원전은 금서였다. 대신 당국의 허용한계 안에 여러 종류의 대체재들이 있었다. 에리히 프롬이나 허버트 마르쿠제 등, 마르크스보다 좀 더 학구적이면서 조금 덜 전투적인 프랑크푸르트학파의 자본주의 비판론들이 가장 각광받는 대체재들이었다. 소설이되 대단히 사회과학적인 소설인『난장이가 쏘아올린 작은 공』역시 대체재로서 역할을 했다.

강력한 통속성이 모든 것을 삼키다

영화 〈난장이가 쏘아올린 작은 공〉이원세 감독은 1981년에 나왔는데, 웬일인지 우리는 소설은 열심히 읽고 토론도 했으면서 영화를 볼 생각은 하지 않았다. 영상자료원에 온 뒤 나는 일부러 이 영화를 챙겨 보았다. 이 영화는 지금 영상자료원 온라인 사이트에서 VOD

서비스로 볼 수 있게 돼 있다. 영화를 보고 나니 한마디로 황당했다. 아니 이게 뭐야. 『난장이가 쏘아올린 작은 공』이 에로영화가 되었다니! 1970~80년대에 대학생이었던 우리 세대에게 '운명의 지침을 바꿔놓았던 날카로운 첫 키스의 추억'은 그림자도 찾을 수 없었다.

영화에도 난장이 김불이네 가족이 나오고 난장이네 집이 철거되면서 가족들이 겪는 수난이 나오지만, 원작의 모자이크 조각들은 원래의 의미들이 해체된 채 영화의 강력한 통속성 속에 죄다 흡수돼버렸다.

영화가 원작 소설과 결정적으로 다른 점.

첫째, 무대가 중랑천이나 청계천변쯤 돼 보이는 '서울시 낙원구 행복동' 빈민가였던 것이 서해안의 염전지대로 바뀌었다. 결과, 난장이 가족의 문제는 보편적인 도시빈민이 아니라 특정한 지역민의 문제가 되었고 이들의 사는 모습이 한국사회의 중심이 아니라 변두리의 풍경으로 격하되었다.

둘째, 난장이 일가의 가장인 난장이 김불이의 직업이 바뀌었다. 수도 고치고 펌프 뚫어주는 날품팔이 노동자에서 술집 종업원이 되었다. 빨간 모자의 장난감 병정 같은 차림을 하고 술집 입구에서 "어서 오십시오. 여자와 술이 있습니다"라고 외치면서 호객행위를 하는, 말하자면 '삐끼'가 되었다. 그는 손님이나 행인들에게 조롱거리가 된다. 영화에선 난장이와 그 자식들이 난장이네라고 차별당하고 수모당하는 장면들이 압도적으로 많아졌다. 초점이 계급문제에서 신체적 장애의 문제로 이동했다.

셋째, 난장이뿐 아니라 다른 인물들도 직업을 조금씩 바꿨는데,

난장이가 쏘아올린 작은 공 1981

공장 노동자였던 둘째 아들 영호가 세차장에서 일하면서 권투 챔피언을 꿈꾸는 아마추어 복서가 된 것이 가장 특이하다.

넷째, 에로 모드의 강화. 난장이 딸 영희와 부동산업자와의 베드신 외에 큰아들 영수와 옆집 처녀 명희의 다소 동화童話적인 관계도 베드신으로 발전한다.

다섯째, 계급 피라미드를 바닥부터 꼭대기까지 보여주는 원작 소설과 달리 영화에는 바닥 계급만 나온다. 원래 『난장이가 쏘아올린 작은 공』은 11개의 중단편으로 구성된 옴니버스 형식으로 각각의 에피소드들이 난장이 가족과 다양한 주변 인물들로 시점을 옮겨 다니는데, 영화가 여기서 난장이 가족 이야기 한 편을 골라 각색하면서 다른 주변 인물들을 다 지워버린 탓이다. 그리하여 원작 소설의 계급 피라미드는 날아가고 맨 아래층만 남았으니, 복잡하고 입체적인 설계는 대략 건너뛴 채 밋밋하고 평면적인 드라마로 남게 된 것이다. 소설 『난장이가 쏘아올린 작은 공』은 하나의 사회과학적, 인류학적 수준의 인물지人物誌였고, 그것이 이 소설의 탁월함이었다. 하지만 영화가 물려받은 것은 원작의 에피소드 몇 가지뿐이다.

심의, 또 심의…… 94쪽짜리 심의서류 파일

영화에 대해 분개하다가 예전에 이 영화가 심하게 검열당했으며 김민기의 영화음악도 잘렸더라는 기사를 읽은 기억이 났다. 나는 이 영화의 실패에 대해 감독이 어디까지 책임져야 하는지 반드시 따져보고 싶었다.

영상자료원에는 영화 〈난장이가 쏘아올린 작은 공〉의 시나리오 두 종류가 비치되어 있다. 그리고 공연윤리위원회에서 넘어온 심의서류가 미공개자료로 보관되어 있다. 이 영화의 심의서류는 누런 표지에 무려 94쪽짜리 두툼한 파일이다. 서류 파일의 두께는 영화가 겪은 곡절의 부피를 뜻한다.

▪ 제작신고 : 〈난장이가 쏘아올린 작은 공〉의 제작사인 한진흥업주식회사(대표 한갑진)가 문화공보부에 제작신고서를 낸 것은 1981년 7월 21일이었다. 감독은 이원세, 각색은 홍파였다. 당시는 시나리오와 영화 필름에 대한 이중검열 체제였다. 제작신고를 하면 영화 대본에 대한 사전심의를 거쳐 제작허가를 받았고, 영화가 완성되면 다시 '영화검열'을 거쳐 상영허가가 났다. 「제작신고서」와 함께 제출된 영화 대본에 대한 공연윤리위원회(이하 공윤)의 「심의 의견서」는 상당히 길었다.

줄거리 : 가난과 신체적인 비정상 상태로 인한 편견 속에서 난장이 일가가 살아가는 얘기. 난장이 아버지를 가장으로 삼은 일가들이 서로 맘을 모아 가난을 극복하려고 살아가지만 도시계획에 따라 집이 헐리게 되자 시련이 닥친다. 난장이 아버지는 우주비행의 공상을 꿈꾸면서

굴뚝에서 추락사하고 딸 영희는 부동산업자의 손에 넘어간 아파트 입주권을 되찾기 위해 몸을 던진다.

작품 내용, 심의 의견

1. 70년대 중반을 시대배경으로 명시하기는 했으나 가난하고 절박한 서민들의 생활상과 애환이 짙게 깔려 많은 사회성 문제를 투영하고 있다.

2. 현지처로 전락 직전 음독자살한 호스테스, 아파트 입주권을 되찾기 위해 순결한 몸을 부동산업자에게 던지는 난장이집 딸, 생의 절망 끝에 우주비행의 환상을 안고 굴뚝에서 떨어져 죽는 난장이 가장 등 암담한 에피소드들이다.

3. 난장이라는 편견, 모멸감 같은 것이 깔릴 우려가 있다. 장애자의 해이기도 하지만 이런 묘사는 매우 신중해야 할 것 같다. 비록 그들 가족이나 이웃은 이것을 극복하려고 하지만…….

4. 철거에 따른 씬. 철거민들이 동회(행정기관)에 분노의 감정을 집단적으로 나타내는 장면 묘사는 신경 써야 할 장면이다.
예) 공가─동회에 대해 의미 없는 고함을 질러댄다 등.

5. 빈부의 대비. 가난한 자의 분노 같은 묘사는 사회고발성을 확대할 우려가 있음.
예) 00원─수재위문금 1억 원. 근로자 월급─저렴. 노조원의 항의, 집단적 의사 표시. 철거 장면…… 가난한 자들의 집단적인 분노 절망감 묘사 등.

6. 이러한 묘사에 비해 난장이 일가들의 구제의식(릴리프)이 약하고 라스트의 암담한 결말도 비존이 약해서 사회고발성 드라마로 강조될 우려도 있을 것 같다.

7. 이상의 점들을 참작, 이 작품이 빈부대비, 사회고발, 가난한 자에 대한 동정감 유발 등의 인상을 짙게 할지 모르는 우려(노파심)가 있음으로 주제 또는 소재 자체에 대한 정책적인 판단을 요할 것 같다.

이런 이유와 함께 제작신고는 퇴짜 맞았다.

■ 개작 : 한진흥업은 8월 4일 문화공보부에 「자진 개작 신고」를 제출했다. 「개작신고서」는 "원 대본에서 완전히 탈피, 현 사회에 심각하게 대두되고 있는 기업의 공해문제로 사회개도성 주제 설정을 내용으로 하는 계몽영화로 개작하여 아래와 같이 개작 대본을 제출하오니 선처하여주시기 바랍니다"로 돼 있다.

영화사는 개작 대본과 「개작 줄거리 대비표」「사유서」를 첨부했다.

「사유서」전문 : "개작 의도는 가난한 사람이 개미처럼 일을 하여 자기가 갖고 싶어 하던 집을 정부 소유 땅에 집을 지어 안락하게 생활하다가 도시계획에 의거, 철거를 당하고 비운을 맞아 다시 고통을 이기고 재기한다는 내용을 현 사회 기업 공해 문제로 날로 심각해져가는 사회계몽을 유도하는 작품으로 밝고 명랑한 국민의 정서적인 작품으로 개작코저 이에 사유서를 제출합니다."

「개작 줄거리 대비표」는 이렇다.

당초 신고 내용 → 개작 신고 내용

1. 도심지의 무허가 건물에 살고 있는 서민들의 이야기. → 철따라 철새들이 날아드는 서해안 어느 염전에 사는 염부들의 이야기.

2. 과거 70년대 주택행정이 과연 서민들을 위한 행정이었던가, 고발식

의 드라마. → 어느 개인 염전회사의 개인 땅에 무단으로 집을 짓고 살던 염부들. 그 염전이 오염으로 폐쇄되고 공업단지로 바뀌자 염부들의 가족들이 모두 힘을 합쳐 자기 집을 갖고저 힘쓰는 홈드라마 형식.

3. 노사문제 임금에 두 씬 정도의 묘사가 있었다. → 노사문제는 전혀 삽입 안 돼 있음.

4. 대학 휴학생인 지섭이 열심히 살아가려는 서민들에게 어떻게 살아야 하느냐? 이야기한다. → 전작이 고발 형식이었다면, 개작은 가족이 주제다. 핵가족인 현대에 작은 가족이지만 분산되면 비극이 벌어지고 모이면 어떤 난관도 극복할 수 있고 난장이 가족을 통해서 물질과 배금사상으로 치닫고 있는 우리 세대에 외적인 새마을 보다는 내적으로 깊숙이 파고드는, 다시 말해서 정신적인 제몽을 할 수 있는 주제를 전체적으로 이야기한다.

개작 시나리오는 공윤의 심의를 통과했다. 공윤은 "개작으로 1. 원작의 부정적 측면이 제거됐음. 2. 드라마의 초점을 한 서민가족의 내 집 마련 꿈에 둠으로써 사회극이라기보다 홈드라마의 요소가 짙어졌다고 하겠음. 3. 따로 지적될 만한 대사는 없었음. 4. 시나리오 상으로는 별루 문제점이 없다고 하겠음"으로 심의 의견을 냈다. 하지만 문화공보부에서 문제가 되었던 듯, 제작허가가 나지 않았다.

■ 재개작 : 영화사는 다시 8월 26일 「재개작 신고서」를 문화공보부에 제출했다. 영화사는 「사유서」에서 "개작 의도는 어려운 환경 속에서도 굴하지 않고 최선의 노력을 다하여 숭고한 인간애와 그리

고 가족이 분산되면 비극이 벌어지고 모이면 어떠한 난관도 극복할 수 있다는 홈드라마로 개작, 밝고 명랑한 작품의 주제를 살리고져" 한다고 밝혔다.

이 세 번째 시나리오에 대해 공윤은 8월 30일 다음과 같은 의견을 달아 〈영화심의필증〉을 교부했다.

1. 개작에서 초고의 문제점을 많이 수정한 듯함.
2. 서민들의 밑바닥 인생이 겪는 페시미즘이 짙게 깔려 있고 가난한 무허가집 철거, 이로 인해 영화와 악덕 부동산업자에게 몸을 버리는 등의 얘기들이 있어 사회고발성의 이미지를 풍길 것 같은데 인간드라마로 승화시킨다면 좋겠음.
3. 되도록 드라마의 시대배경을 요즘으로 하지 말고 10여 년쯤 전으로 하여 오늘의 사회상을 어둡게 부각시키지 않는 배려가 있었으면…….
4. 씬 99. "선생께서는 천년사직을……"의 표현은 왜곡되게 전달되지 않았으면(상식적인 대사 같지만).

■ 제작 : 한진흥업은 문화공보부에 "제작신고 유의사항대로 제작할 것이며 본 영화가 사회에 문제점이 있다고 판단되어 어떤 행정조치가 유할 시에도 이에 따르겠음을 각서합니다"라는 각서를 제출했다. 이렇게 해서 영화는 촬영에 들어갔다. 그 뒤 문화공보부로 이른바 '관계 기관'의 공문들이 접수되었고 문화공보부는 제작사에 유의사항을 통보했다.

먼저, 치안본부장으로부터 온 「불순서적 영화제작 통보」라는 문서.

아래와 같은 첩보가 입수되어 통보하오니 참고하시기 바랍니다.

1. 8.28자 일간스포츠 12면 '막간' 란에 신인배우 이효정이 이원세 감독의 신작 '난장이…'에 출연하고 있다고 보도된 바 있는데

2. '난쏘공'은 조세희 소설집으로 1978. 6. 5 초판 발행. 1979. 3. 31 문학과지성사에서 15판을 발행하여 주로 대학가의 문제써클 및 문제학생 등이 대학생 의식화용으로 많이 활용하고 있는 불온한 서적이므로 '난쏘공'을 영화화하게 된 동기 및 각본 등을 충분히 검토하여 불순성이 내포되지 않도록 사전조정이 요망된다는 여론임.

국가안전기획부 영화검열관으로부터 시나리오 검토 의견이 접수된 것은 9월 15일. 제작허가는 났으나 문제의 소지가 있어 문화공보부가 시나리오 검토를 요청했던 것 같다.

국가안전기획부의 시나리오 검토 의견

1. 본 시나리오는 3차에 걸친 개작을 통해 원작보다는 많이 순화되었으나

2. 본 시나리오 내용은 사회저변층의 단면을 적나라하게 묘사, 고발한 픽션으로서 방영금지대상 문제작품으로는 볼 수 없으나, 다만 현실을 부정적으로 보는 일부 청소년층을 불필요하게 자극시키거나 유사한 처지에 있는 서민들에게 좌절감과 계층 간의 위화감을 조성하는 등의 부작용을 유발시킬 가능성은 내포.

3. 동 시나리오의 결론 부분을 서민들에게 희망과 용기를 불러일으킬 수 있는 내용으로 순화개작토록 조치하여 당국의 자신감을 과시하되 동 영화 완성 후 검열을 강화 조정토록 함이 가할 것으로 사료됨.

9월 17일, 문화공보부는 영화사에 유의사항을 통보했다.

가. 사회상을 어둡게 부각시키지 않도록 하고

나. 현실을 부정적으로 보는 일부 청소년층을 자극시키거나 서민층에
　게 좌절감과 계층 간의 위화감 조성 등을 유발시키지 않도록 하며

다. 특히 다음 사항을 순화 또는 삭제하여 서민들에게 희망과 용기를
　불러일으킬 수 있도록 승화된 홈드라마로 제작하시기 바랍니다.

• 정사 장면 및 대사 "거추장스러운 걸 떼어버리니까 시원해"(씬 13)

• 난장이를 조롱하는 대사 및 장면(예 : 씬 25, 32, 33, 3449, 52)

• 동사무소 나오는 장면(예 : 씬 44)

• 호스테스가 현지처로 전락, 자살하는 장면(예 : 씬 55, 62, 67, 68)

• 여자가 몸을 팔아 아파트 입주권을 되찾는 장면(예 : 씬 100, 101,
　103, 105, 108)

• 난장이가 자살하는 장면(씬 125)

　동 영화 검열시에는 위 유의사항을 포함하여 영화법 제13조 규정 저
촉여부를 엄격히 심의할 것이니 이에 저촉되어 일부제한 또는 불합격
되는 일이 없도록 각별히 유의하시기 바랍니다. 끝.

■ 검열 합격 : 영화는 마침내 완성되었다. 한진흥업은 9월 25일
「영화검열신청서」를 문화공보부에 제출했다. 한국영화제작자협회
는 9월 30일자로 "영화자율정화위원회 심의 결과 위법행위가 없음
을 확인합니다"라는 확인서를 문화공보부에 제출했다.

　또한 공윤은 10월 7일자로 심의위원 10명 서명을 붙여 「영화검열
종합의견서」를 내놓았다. 수정 지시는 두 군데.

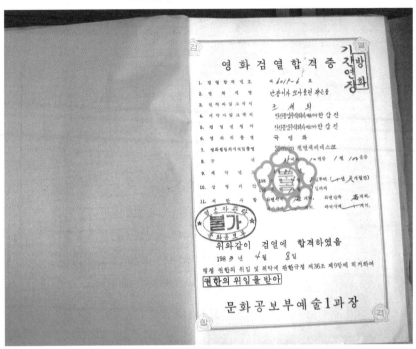

1983년, 〈난장이가 쏘아올린 작은 공〉 재개봉을 허가하는 〈영화검열합격증〉

화면삭제 : 씬 101-가. 침대 시트에 피 묻은 장면 삭제

화면단축 : 씬 13의 정사 장면 중 율동 부분 화면 단축

그리고 10월 8일자로 〈영화검열합격증〉이 나왔다.

울적하고 암담한 화면 위로 에로신만 뛴다

〈난장이가 쏘아올린 작은 공〉의 시나리오는 네 가지 버전이었던 것 같다. 오리지널, 개작 대본, 재개작 대본, 그리고 최종 대본. 이 중 영상자료원에 있는 두 권은 개작 대본과 최종 대본으로 보인다. 아깝게도 오리지널 시나리오는 없다.

영화가 계급 피라미드를 구성하는 인물군상을 버리고 난장이 가족 위주로 방향을 잡았을 때 이미 원작의 스케일을 절반만 따라잡기로 작정한 셈이다. 이처럼 반쪽짜리 각색이긴 했으나, 처음엔 원작 소설에서 그리 멀지 않은 지점에서 출발했던 것 같다. 심의 의견과 개작 대비표로 미루어볼 때 오리지널 시나리오는 도시 빈민가라는 무대나 노동현장의 사건들까지 비교적 원작의 분위기에 근접하지 않았었나 싶다.

하지만 대본 심의에서 한 번 퇴짜를 맞은 뒤 첫 번째 개작 과정에서 느닷없이 염전지대가 나오고 노사간의 갈등 장면은 없어지고 운동권 학생 지섭이라는 인물도 사라졌다. 영호가 갑자기 권투선수가 되는 것도 개작 대본부터 아닌가 싶다. 난장이 가족에게 지섭은 다른 계급으로부터 온 유일한 친구로, 그의 존재는 작품의 코드에 결정적인 요소다. 원작에서는 난장이네 집이 철거되는 날 소고기를 사들고 오는 사람이 지섭인데, 영화에서는 지섭 대신 둘째 아들 영호가 권투시합에서 K.O로 지고는 소고기를 사 온다. 이후 시나리오는 두 번 더 개작되었다. 심의 의견에 구체적으로 지적이 나온 것은 즉각 시정되었다. 세 번째 대본에 대한 공윤의 「심의의견서」에 "씬 99. '선생께서는 천년사직을⋯⋯'의 표현은 왜곡되게 전달되지 않았으면"이라는 문구가 있는데, 최종 대본에선 이 대사가 빠졌다.

결과적으로 영화는 울적하고 암담하다. 대물림하는 난장이 가족의 가난과 수모, 그것을 부인하고 저항하려는 에너지가 거세되자 영화는 그저 한 빈민 가족의 출구 없는 삶 주위를 궁시렁대며 맴돌다가 끝나는 느낌이다. 그 무기력한 화면 위에서 에로신이 더욱 두드러져 보인다.

실제로 제작사는 아예 셀링 포인트를 에로 쪽으로 밀고 나갔다. 전형적인 에로물용이었던 포스터가 그 같은 마케팅 전략을 말해준다. 영화 포스터는 침대 위에서 입 벌리고 누운 여배우 얼굴의 이미지에다 카피가 절창이다. "엄마! 난 성인야, 내 몸은 내 마음대로 할 꺼야! 참을 꺼야, 참을 꺼야!" 포스터 한쪽에는 이런 카피도 있다. "한국 지성의 가슴을 울린 문제의 베스트셀러!" '문제의 베스트셀러'를 읽은 '한국 지성'들 입장에서는 한미디로 당황스럽고 혼란스러운 영화 광고였다. 이 소설을 주제로 세미나를 한 우리가 영화를 보러 갈 생각을 하지 않은 건 당연했다.

문화공보부의 주문은 "서민들에게 희망과 용기를 불러일으킬 수 있도록 승화된 홈드라마"였고 영화사의 주장은 "가족들이 모두 힘을 합쳐 자기 집을 갖고저 힘쓰는 홈드라마"였지만 결국 영화는 어느 쪽도 아니었다. 당초 영화감독과 시나리오 작가가 꿈꾸었던 쪽도 아니었다. 그러니까, 당국의 지시도 안 먹히고 작가의 의도도 살지 못한 엉거주춤한, 아주 이상한 영화가 나와버렸다. 대한극장에서 개봉, 관객 동원 기록이 1만 3575명이라고 되어 있으니 흥행에도 실패한 셈이다.

이원세 감독과 시나리오 작가 홍파는 1970년대 중후반 이장호, 하길종, 변인식, 김호선 등과 함께 '영상시대' 동인으로 활동했던 나름 패기만만한 중견 작가들이었다. 1971년 〈잃어버린 계절〉로 데뷔한 이원세 감독은 신파 내지 에로틱 멜로로 대중성을 얻은 감독이었는데 〈난장이가 쏘아올린 작은 공〉은 모처럼 사회성 강한 작품에 도전했다가 좌절한 경험이 되었고, 1984년 〈그 여름의 마지막 날들〉로 대종상 작품상을 받기도 했지만 1985년 작 〈여왕벌〉로 반미 시비를 겪

은 뒤 영화감독 생활을 접고 미국으로 이민을 떠나버렸다.

문학과 영화, 존중과 무시의 역설

문학에서는 검열제도가 작가들로 하여금 각종 은유의 기법, 기기묘묘한 표현 방법을 개발하게 만든 결과 미학적인 발전을 가져왔다는 해석도 있다. 하지만 그것은 영화에는 적용하기 힘든 논리다. 문학에 비해 영화는 늘 몇 배는 완고한 검열시스템을 견뎌야 했다. 소설 『난장이가 쏘아올린 작은 공』이 서점가의 베스트셀러 목록에 올라 있는 동안, 이 묵직한 소설을 경량급 드라마로 각색한 영화 〈난장이가 쏘아올린 작은 공〉이 그럼에도 사지절단당했다는 것이 그 명징한 예다.

검열의 시대 1960~80년대에 문학은 사후검열이었지만 영화는 사전검열이었다. 문학은 책이 나온 다음에 금서가 되었지만 영화는 몇 겹의 검열 장치를 통과해야 개봉할 수 있었다. 문학은 영화에 비해 생산량이 많아 사전검열이 힘들기도 했다. 하지만 문학과 영화에 대한 차별대우 뒤에는 검열당국의 이중적인 태도가 있다. 존중과 무시의 역설인데, 문학에 대해서는 장르 자체를 고급한 것으로 우대하면서 대중적 영향력은 무시하는 반면, 영화에 대해서는 딴따라라고 깔보면서 대중적 영향력은 중시한다. 그것이 문학에 대해서는 관대하고 영화에 대해서는 가혹해지는 이유다. 물론 이것은 우리나라에서 문화적 봉건시대라 할 수 있는 1980년대까지의 얘기다. 전통적인 신분 계급이 무너지듯 문화예술 장르에 대한 귀천貴賤의 고정관념이 깨지면서, 동시에 전체주의의 유산인 검열제도도 철거된 이후 우리는 비로소 문화예술의 현대를 누리게 되었다.

어쨌든, 영화 〈난장이가 쏘아올린 작은 공〉은 나쁜 시대를 만났다. 걸작 소설이 고르지 않은 시대의 표면 위에 굴절을 겪으면서 왜곡된 이미지를 남겼다. "한국 지성의 가슴을 울린 문제의 베스트셀러"가 "참을 꺼야, 참을 꺼야!"가 되었다. 영화 〈난장이가 쏘아올린 작은 공〉이 문학사에서 원작 소설의 지위만큼 성취를 보여주었다면, 한국영화사도 결이 조금 더 풍부해졌을 것이다.

불행히도 원작이 영화의 실패를 더욱 도드라져 보이게 한다. 소설의 인상을 버리고 그냥 영화를 딱 본다면, 1980년대 초반에 이 정도 스타일과 이야기를 가진 영화도 많지 않다.

난장이네 집이 철거되는 날 둘째 아들 영호가 소고기를 사들고 온다. "엄마, 우리 파티를 하죠. 불고기 파티를……." 풍로에 고기를 굽고 식구들이 모여앉아 불고기를 먹는다. 불도저가 옆집을 부수는 소리가 들린다. 식구들이 있는 방의 벽을 망치로 허물던 철거반원들이 멈칫 놀라 작업을 멈춘다. "저 안에 사람이 있어." 식구들은 벽이 헐리고 지붕이 내려앉는데 그냥 태연히 고기를 먹는다. 입주권 팔아 전세금 빼주고 나니 아파트는 고사하고 당장 이사할 곳도 없다. 난장이네 식구들은 주변을 두리번거리면서 묵묵히 고기를 먹는다. 화를 내지도 대들어 싸우지도 않는다. 기괴한 최후의 만찬, 정말 섬뜩한 장면이다. 이 영화를 다 버린다 해도 남을 명장면이라고 나는 생각한다.

개봉은 잠깐이고 아카이브는 영원하다

누벨바그 이래 영화가 감독의 작품이라는 생각이 보편화됐지만, 영화에 대한 감독의 권한은 가끔 검열기구나 제작자에 의해 침해당하기도 한다. 작품을 둘러싼 감독과 제작자, 또는 검열기구 사이의 신성전은 유서 깊은 것이고, 외부의 손을 심하게 탄 작품들에 대해 친권 포기를 선언하는 감독도 있다. 스탠리 큐브릭 감독은 스튜디오의 간섭을 심하게 받았던 〈스팔타커스〉Spartacus, 1960를 자신의 필모그래피에서 아예 빼버렸었다. 영화는 시스템의 산물이라는 철학의 소유자였던 신상옥 감독도 배급업자들에 떠밀려 개봉한 〈연산군〉 연작 필름을 태워 없애달라고 했었다.

〈난장이가 쏘아올린 작은 공〉은 이원세 감독의 대표작으로 돼 있지만 지금 뉴욕에 있는 감독은 이 영화에 대해 생각조차 하기 싫을 것이다. 이 영화는 공윤 심의에 걸린 두 장면이 일부 삭제되어 개봉했었다. 하지만 영상자료원에는 잘리기 전의 오리지널 네거티브 필름이 보관돼 있어서 이 버전으로 온라인 서비스를 하고 있다.

이두용 감독의 1980년 작 〈최후의 증인〉은 원래 154분짜리 대작이었다. 하지만 공윤에서 네 군데 삭제당하고 제작자가 배급 편의를 위해 편집하고 해서 120분으로 개봉했다. 비디오는 다시 90분짜리 반토막 버전으로 출시됐다. 〈최후의 증인〉은 한 살인사건을 추적하는 과정에서 전후 30년에 걸쳐 내연하는 전쟁과 좌우 대립의 상처를 열어 보이는 미스터리 시대물인데, 반토막 비디오는 주요 사건 위주로 요점정리하다 보니 주요 등장인물이 마지막 장면에 갑

자기 나타나 어리둥절하게 하는가 하면, 주인공이 자살하는 결말도 이해하기 힘들게 되어 있다. 영상자료원은 154분 오리지널 네거티브 필름을 원본으로 해서 2008년 12월 상영회를 열고 DVD를 출시했다. 거의 30년 만에 감독판으로 복원된 것이다.

제작자가 재편집했다거나 검열에서 잘렸다거나 그런 영화들은 부지기수다. 〈최후의 증인〉처럼 감독판 원본이 들어와 있는 경우는 개봉 수십 년이 지난 뒤에라도 원본으로 관객을 만날 수 있다. 상영용 프린트는 개봉 과정에서 우여곡절을 겪을 수도 있을 텐데, 내가 감독이나 제작자라면 그 영화의 오리지널 필름이나 디렉터스 컷을 영상자료원에 갖다 맡길 것이다. 개봉은 잠깐이고 아카이브와 시네마테크는 영원하기 때문이다.

슬픈 악녀

다섯 번 다시 보기, 마침내 하녀 편에 서다

심리스릴러의 걸작, 김기영의 〈하녀〉

첫 만남

〈하녀〉[1960]를 처음 본 게 언제였을까.

1960~70년대 개봉관서 영화를 본 세대에게 김기영은 센세이셔 널한 이름이었고, 내 선배들 중엔 대학 1학년 때 〈충녀〉[1972]를 보고 그 유명한 '유리·알사탕 섹스신'에 놀란 가슴이 지금도 두근댄다는 사람도 있지만, 내가 '미성년자 관람불가 영화'를 볼 수 있는 성인 이 되었을 때 김기영은 이미 '과거의 이름'이 된 다음이었다. '18세 관람가'의 김기영 영화는 설이나 추석의 명절 TV 단골 메뉴도 아니 었던 데다 웬만한 비디오가게들은 신작 위주로 갖춰놓고 있으니, 김기영 영화 한 편을 챙겨보기 위해서는 특별한 성의가 필요했다.

나는 〈씨네21〉에서 일할 때 〈하녀〉를 처음 보았다. 물론 비디오로 보았다. 김기영 감독이 부산국제영화제 회고전을 전후해서 저널리 즘의 시야 안으로 다시 들어온 1997년 무렵이었던 것 같다. 1984년 작 〈바보사냥〉 이후 반半 은퇴 상태의 쓸쓸한 노년기를 보내던 김기영 감독은 1997년 부산국제영화제 회고전 이후 갑자기 강제규, 이창동, 이광모 같은 신흥 스타 감독들 사이로 덩두렷 떠올랐다. 아마도 인터뷰 때문이었지 싶은데 김기영 감독이 〈씨네21〉 편집실을 찾아왔었고, 나는 이 복청도 우렁우렁한 거구의 노감독을 직접 알현할 기회를 갖게 되었다. 하지만 1998년 초 어느 날 명륜동의 단독주택 한 채를 잿더미로 만든 한밤의 화제로 인해 이 만남은 처음이자 마지막이 되었다. 자식 세대 비평가들이 쌓아올린 스타덤 위에서 아연 사기충천, 신작 시나리오를 들고 동분서주하던 그는 자신의 영화 스폰서이기도 했던 아내와 함께 졸지에 세상을 떠났다. 추앙을 추모로 일거에 바꾼 죽음, 그가 세상을 떠나는 방식은 과장과 반전이 뒤엉킨 그의 영화와 흡사했다.

저년 죽여라!

그 〈하녀〉를 다시 보았다. 그것도 무려 네 차례씩이나. 디지털 복원에 들어가기 전에 어떤 영화였더라 궁금해서 한 번, 칸영화제에서 디지털 복원판으로 또 한 번, 칸에서 돌아와 추가 복원작업을 위해 점검하느라 또 한 번, 〈김기영 전작전〉에서 다시 한 번. 그 사이사이, 디지털 복원 과정에서 복원 이전과 복원 이후를 비교하는 '비포 & 애프터' 동영상을 또 여러 차례! 관람 대상일 때도 있었고 작업 대상일 때도 있었다.

그런데 어쩔 수 없이 여러 번 거듭 보게 되면서 재미있는 체험을 했다. 그것도 일종의 '진화'였다. 영화를 보는 것은 두 시간의 몰입, 두 시간 동안의 감정적·정신적 총동원 상태인데, 그 반응 체계가 관람 횟수에 따라 바뀌는 것이었다.

누구나 〈하녀〉를 처음 볼 때 심리스릴러의 걸작답게 흥분과 긴장에 가위눌린 채 파국의 속도감에 휘말려들게 마련이다. 관객의 내부에서 재현되는 대리전, 그 심리적 조종이 공포물의 기본 전략이기도 하다. 얌전한 가정이 슬며시 끼어든 하녀에 의해 난장판이 되는 과정을 속수무책으로 지켜볼 때 나 역시 이 4인 가족에게 닥칠 운명에 대한 초조감과 하녀의 패악질에 대한 적개심이 뒤섞여 속이 바짝바짝 탔다. 내게도 4인 가족의 일원이자 '제도권 정실부인'으로서의 자의식이 작용한 것일까. 하녀는 내 평온한 일상의 울타리를 넘보는 틈입자였다. 한마디로 외적의 침입이었다. 김기영 감독은 〈하녀〉 개봉관에서 객석의 여자가 "저년 죽여라!"라고 소리치는 것을 보았다고 했었다. 하녀는 공공의 적이었다.

두 번째 볼 때, 나는 이미 결말을 다 알아버렸고 스릴은 절반의 무게로 가벼워졌다. 하녀가 무슨 짓을 할지, 누가 죽을지도 아는 마당에 내러티브의 구심력은 현저히 약해질 밖에. 불안이 가라앉아 여유가 생긴 만큼 주변이 눈에 들어오기 시작했다. 메인에서 약간 비껴난 경희나 선영이 같은 인물들에게도 어떤 개성이 부여돼 있음을 눈치 챈 것은 두 번째 봤을 때였다. 하녀에 대한 가족 구성원들의 태도에서 비겁함과 악랄함이 부쩍 거슬려온 것도 그 다음이다. 허기를 면하고 난 뒤에야 맛을 음미하듯, 이 영화가 제공하는 한 '바께스'의 긴장과 공포를 포식한 다음에야 나는 이 정교한 이층집 세트에서 감독이 인물들의 관계를 어떻게 배치하고 있는지가 눈에 들어왔다. 영상자료원 시네마테크의 〈김기영 전작전〉 개막식에서는 원래 인사말을 마치고 자리를 뜰 생각이었으나, 적절한 타이밍을 기다리며 망설이는 동안 영화는 오프닝시퀀스를 마쳐가고 있었고 장면들의 릴레이를 자를 엄두를 못낸 나는 그대로 주저앉아 통산 다섯 번째 〈하녀〉를 보게 되었다.

볼 때마다 달라지는 영화

다섯 번 보면서 여전히 흥미를 잃지 않고 몰입할 수 있는 영화는 많지 않을 것이다. 결말에 대한 궁금증, 다가올 사태에 대한 공포가 사라진 뒤에도 〈하녀〉는 여전히 흥미진진했다. 재미있는 것은, 다섯 번째 볼 때 마침내 내가 하녀의 시점을 갖게 됐다는 사실이다. 하녀는 〈하녀〉의 주인공임에도 관객의 사랑을 얻지 못하는 위치였고 나 역시 매번 주인 일가족의 뒤켠에서 적대감에 가득 차 하녀를 노려보았었다. 하녀는 늘 선악의 전선 저편에 홀로 서 있었다. 그것은 말이 하녀지 한마디로 마녀였다.

애거사 크리스티의 추리소설들, 〈지구를 지켜라!〉장준환 감독, 2003 와 〈식스 센스〉The Sixth Sense, 나이트 샤말란 감독, 1999 같은 숱한 반전의 명작들을 보고도 여전히 사물을 반대편에서 거꾸로 바라보는 것은 쉽지 않은 과제다. 공공의 적에 대한 적대감, 마녀에 대한 공포와 질시, 그러한 고정관념의 명령, 습관의 그늘에서 네 번쯤 영화를 보고 나서야 일탈의 여유와 용기가 생겼던 것일까. 나는 처음으로 하녀의 등 뒤에 서서 4인 가족을 마주보는 시점을 갖게 되었다. 일종의 역지사지易地思之, 코페르니쿠스적 발상의 전환!

이제 영화는 전혀 새로운 텍스트가 되었다.

우선, 하녀의 등장부터! 원래 방직공장의 여공인 하녀는 기숙사 벽장에 숨어 담배 피는 모습으로 관객 앞에 데뷔한다. 벽장문을 열다가 깜짝 놀란 동료 여공 경희가 "담배 피는 여자가 어딨어?" 하자 하녀가 눈을 동그랗게 뜨고 "여기 여공들한테 배웠는걸?" 하고 대꾸한다. 음악선생님 집 하녀로 가면 월급이 5000원이라는 말에 하녀는 주저 없이 "보따리 싸야겠군" 한다. 담배는 하녀에게 새겨지는 첫 번째 낙인. 하지만 단정한 흰색 원피스에 두 갈래로 땋아 내린 머리하며, 맹랑하면서도 해맑고 순진한 처녀의 얼굴이다.

두 번째 낙인은 쥐다. 음악선생의 이층집에 처음 오던 날 하녀는 부엌에서 부지깽이로 쥐를 때려잡은 뒤 쥐꼬리를 잡아 흔드는 행위로 이 집 사람들과 확실하고도 인상적인 첫 대면을 한다. 더욱이 안주인이 쥐를 보고 놀라 혼절한 얼마 뒤의 일! 김기영의 다른 영화들에서처럼 이 영화에서도 쥐는 주연급 상징물이다. 안락하고 청결한 일상 공간에 스파이처럼 잠입하는 존재, 천하고 불결한 '외부의 적'이라는 점에서 쥐와 하녀는 이른바 거울 이미지다. 음악선생은 하녀를 엄하게 꾸짖는다. "쥐는 쥐약으로 잡는 거야!"

남자는 아내와 제자와 하녀를 구별한다

담배 피고 쥐를 때려잡는 대목에서 하녀는 관객들에게 일차 경계 경보를 발령하는데, 이것은 시작일 뿐이다. 악녀 본색이 차츰 드러나면서 영화가 한 여자의 광기에 휘말리며 공포의 롤러코스터를 타는 것은 그 다음부터다. 모처럼 극장 구경을 나온 1960년의 아줌마가 객석에서 엉겁결에 "저년 죽여라!" 하고 소리치고 말았다는 사

하녀 1960

정은 충분히 이해가 간다.

하지만 나는 이미 다섯 번째 〈하녀〉를 보는 입장. 이 악녀의 소문도 벌써 진부해졌고 스릴과 호러의 대공세도 약발이 떨어진 뒤, 나는 이성의 눈으로 등장인물들의 태도를 관찰한다. 그리고 이층 양옥집에 사는 이 중산층 4인 가족의 평범하고 상식적인 태도들 속에 들어 있는 잔혹함을 발견하고 질린다.

우선, 하녀를 대놓고 놀리고 괴롭히는 두 아이의 위악성. 하지만 아이들의 위악성은 과장된 것이고 공개돼 있는 것이라 별로 위험하지는 않다. 집주인 부부의 '계산된 악의'에 비한다면 말이다. 이 집의 남자는 자신에게 연애편지 보낸 여공을 사감에게 신고할 정도로 독실한 애처가이자 비타협적인 생활인. 하지만 전통적으로 요부의 낚싯밥이 되는 것은 바람둥이보다는 모범생 '꽈'의 성실남들이다. 피아노를 배우는 제자에게 은근슬쩍 건반 위에 손을 포개 얹거나 등 뒤에서 감싸안거나 하는 행동은 이 애처가 성실남의 숨겨진 욕망을 내비친다. 하지만 하녀에 대해서는 근엄하고 냉정한 상전의 태도를 고수한다. 하녀가 피아노를 가르쳐달라고 하자 "너는 피아노에 손대지 마"라고 단칼에 자른다. 이 남자는 자신을 둘러싼 세 여자, 아내와 제자와 하녀를 철저히 구별한다.

그리고 이 남자가 하녀를 임신시켰다는 사실을 알았을 때 아내는 즉각 "아이를 떼고 조용히 집에서 내보내"는 계획을 실행에 옮긴다. 스캔들이 바깥에 알려지면 직장 잘리고 패가망신한다는 것, 가까스로 쌓아올린 이층 양옥집, 행복의 모뉴먼트를 무너뜨릴 수 없다는 것, 그 절체절명의 위기의식 위에 부부가 일치단결 공조체제를 구축한다. 가정을 살리기 위해서는, 남편이 바람 피운 정도는 사소한 사건이며 심지어 어린 아들이 살해당한 것조차 쉬쉬 덮어둘 수 있는 일이 돼버린다. 이런 도착적인 생존 본능! 우리가 문화라고 부르는 것, 상식이라고 부르는 것, 관습이라고 부르는 것에는 그런 것도 들어 있다. 우리에게 익숙한 태도들에 숨겨져 있는 비열함과 악랄함.

하녀가 가여워서 마음이 아프다

"이 집 남자는 애를 배게 하고 이 집 여자는 애를 떼게 하고……. 피가 멈추질 않아."

하녀는 낙태를 하고 아내는 출산을 한다. 일부러 계단에서 굴러 낙태한 뒤 사흘 동안 굶은 채 혼자 누워 있던 하녀가 부부의 침실에 내려와 이렇게 말했을 때는 이미 하녀의 눈빛이 광기로 빛날 즈음이다. 하녀의 얼굴도 점점 청아함을 잃어가면서 귀기를 띠어간다. 옷도 흰색에서 검정색으로 바뀌고 영화 중간쯤부터는 처음의 단정한 갈래머리도 어느새 풀어헤쳐져 있다.

주인 남자와 함께 쥐약을 먹고 죽음의 길에서만은 남자를 독점하겠다고 하녀가 선언했을 때, 하녀에게는 원천적으로 금지됐던 순정의 깨진 조각이 하녀의 속 깊은 곳에서 튀어나오는 순간의 그 섬뜩한 진정성이라니. 〈하녀〉의 클라이맥스를 이루는 이 대목은 영화를 처음 보았을 때는 하녀 엽기행각의 꼭짓점으로 다가왔던 것 같다. 하지만 다섯 번째 봤을 때 나는 하녀가 가여워서 마음이 아팠다.

이 영화의 주인공들에게는 다 이름이 있다. 하녀와 같은 공장을 다닌 젊은 아가씨들도 경희, 선영, 뭐 그렇게 다 이름이 있다. 하지만 하녀는 그냥 하녀다. 2인칭으로 부를 때는 '너' 다. 주인집의 어린 아들딸도 이 과년한 처녀를 '너' 라고 부른다. "농촌 여성을 도시로 끌어들여 착취하는 부르주아 가족과 산업사회에 유죄를 선고하고 복수하기 위해 찾아온"주진숙 외 『여성영화인사전』, 2001 복수의 여신이라는 해석도 설득력 있어 보인다. 이 하층계급 여자에게 복수의 방책이란 육체의 덫을 놓는 외에 다른 무엇이 있겠는가.

남편은 피아노 레슨, 아내는 재봉질을 하면서 부부가 안팎으로 열심히 일해 가까스로 이층 양옥집을 마련한 이 집 가족들이 특별히 사악하거나 하녀를 천대했기 때문에 복수의 타깃이 된 건 아니다. 오히려 이 4인 가족이 너무나 평범하기 때문에 거기서 우리 내면에 들어 있을지도 모르는 비열함과 잔혹함, 자각증상 없는 주류집단의 악의, 그 미필적 고의를 발견할 수 있게 되는 것이다.

김기영 감독이 왜 '식모' 대신 '하녀' 라는 표현을 썼을까. 이층 양옥, 라이스 카레, 피아노 레슨처럼 모더니즘 취향 탓이기도 하겠지만, 좀 더 계급 색깔 나는 쪽을 택한 것 아닐까 싶다.

김기영 영화, 의사 출신 감독의 해부학 교실

김기영 감독은 의사 출신이다. 서울대 의대를 나왔고 잠시 의사 일을 했으며 아내는 치과의사였다. 김기영 감독은 메스를 든 의사의 자세로 영화를 찍는다. 그래서 그의 영화들은 각각 하나의 해부학 교실이다. 그의 영화 속에서 해부당하는 건 사람의 육체가 아니라 사회 시스템이라는 또 하나의 육체다. 사회 시스템, 그 기본 단위인 가족, 그것을 견인해나가는 여인, 이것이 김기영 감독의 집요한 해부학 과제다. 일견 탄탄하고 풍요로워 보이는 중산층 가정이지만 이 가족의 공동생활을 해부했을 때 그 내부는 비릿비릿하고 너덜너덜한 오장육부의 엽기적인 풍경이다.

1960년대에는 이만희, 임권택 할 것 없이 모두들 고용감독이었고 영화사들의 의무제작편수를 채워주기 위해 1년에 많게는 10편 넘는 영화를 찍기도 했다. 그 시절에 김기영 감독은 대체로 시나리오에서 제작까지 영화의 진 과정을 장악하고 책임지는 거의 유일한 '작가주의 감독'이었다. 그가 1955년 데뷔작 〈죽음의 상자〉에서 95년 유작 〈죽어도 좋은 경험〉까지 40년 동안 상대적으로 과작寡作인 32편을 남긴 건 그래서다. 60년대의 절정 이후엔 내리막이었으며 작품에 따라 편차가 크지만 그럼에도 어떤 작품이든 캐릭터에서 비주얼까지 김기영의 서명이 뚜렷한 것 역시 그래서다. 〈하녀〉〈화녀〉1971 〈충녀〉 연작은 물론이고 〈고려장〉1963 〈이어도〉1977의 기괴함 역시 김기영답거니와, 이만희의 〈만추〉는 김수용 감독도 리메이크했지만 김기영 감독이 리메이크했을 때는 또 얼마나 달라지는지. 김기영 판 〈만추〉인 〈육체의 약속〉1975은 〈만추〉의 서정을 씨 말려버리는 대신 두 불행한 남녀를 기상천외한 사건들 속에 던져놓아 불운의 극단까지 밀어붙인다.

한국영화사 최고 걸작 두 편 가운데 하나?

2008년 한 해는 우리 영상자료원에 거의 김기영의 해였다. 김기영 감독 10주기라서 김기영 감독의 작품 가운데 필름으로 남아 있는 23편을 상영하는 〈김기영 전작전〉을 열었고, 〈충녀〉〈육체의 약속〉〈이어도〉〈고려장〉 등 4편으로 '김기영 DVD 컬렉션'을 냈고, 김기영 감독이 생전에 펴냈던 『김기영 시나리오 선집』의 둘째 권을 출간했으며, 그의 삶과 작품세계를 일별하는 일종의 평전인 『전설의 낙인―영화감독 김기영』이연호을 '필름스토리' 총서의 하나로 내기도 했다. 또한 딱히 10주기를 의식했던 것은 아니지만 세계영화재단과 공동으로 〈하녀〉를 디지털 복원해서 칸영화제에 간 것도 2008년이다. 디지털 복원 대상작으로 특별히 〈하녀〉를 찍었던 마틴 스콜세지 감독은 "이토록 강렬하고 열정적으로 밀실공포를 다룬 작품이 서구에서도 골수 영화광에게만 알려져 있다는 사실은 영화 역사상 최대 사고 중 하나다"라는 논평을 보내왔다.

나는 한국영화사에서 세트와 등장인물과 카메라를 그토록 정교하게 조응시키는 미장센 감각을 본 일이 없다. 물론 〈하녀〉가 한국영화사의 최고 걸작이라고 말하는 것은 위험하다. '최고 걸작'을 고르는 일이란 원천적으로 불가능하다. 하지만 〈하녀〉가 한국영화사에서 최고 걸작 두 편 가운데 하나라고는 말할 수 있겠다. 그것은 무한대의 융통성을 지닌 말이기 때문이다.

유혹의 맛

애절하게 기적을 꿈꾸다

이광수의 꿈, 신상옥·배창호의 꿈, 예수의 꿈

두 개의 꿈

'꿈'은 두 가지 뜻을 가지고 있다. 잠 속의 환각도 꿈이고, 미래의 소망도 꿈이다. 두 가지는 성질도 다르고 차원도 다른, 전혀 동떨어진 영역에 속해 있는 어떤 것이다. 하지만 놀라운 유사성을 갖고 있다. 모두 마음의 작용이며, 물리적 실체가 없고, 지금 현실과의 관계란 그저 가느다란 끈 정도다. 나는 문득, 그 꿈도 꿈이라 부르고 저 꿈도 꿈이라고 부른 최초의 사람들이 무슨 생각을 했을까 궁금해진다. 그리고, 우리말뿐 아니라 다른 언어를 만든 사람들도 똑같은 발상을 했다는 사실이 놀랍다. 영어의 'dream' 역시 두 가지 꿈이다. 중국어의 '夢'도 그렇다. 프랑스어의 'rêve' 레브나 스페인어의 'sueño' 수에뇨도 두 가지 뜻으로 쓰인다고 한다.

사람들이 일찍이 두 가지 꿈 사이의 유사성을 간파한 것이다. 우리가 잠자면서 꾸는 꿈에는 현실에서 깨어진 소망의 조각들이 기발한 모양으로 기워져 있곤 한다. 좌절한 욕망이 꿈으로 나타나기도 한다는 건 정신분석학의 정설이다. 하지만 반대로, 우리가 마음속에 간직한 소망 역시 잠 속의 환각처럼 부질없는 것이라는 암묵적인 합의가 이 어법의 배경에 깔려 있는 것 아닐까.

한국영화사에 두 개의 꿈이 있다. 신상옥 감독의 1967년 작 〈꿈〉과 배창호 감독의 1990년 작 〈꿈〉. 모두 이광수 소설 『꿈』[1947]이 원작이고 그 뿌리는 『삼국유사』에 나오는 조신설화다. 산사山寺의 중이 꾸는 백일몽에 관한 이야기다.

신상옥의 〈꿈〉, 연적의 발아래 목숨을 구걸하다

이 영화는 예쁜 여자를 짝사랑한 젊은 스님의 꿈 이야기다.

원작인 이광수 소설은 아주 잔인했다. 주인공인 조신이라는 스님은 몰골이 흉악해서 눈코는 찌그러지고 몸은 비틀렸다고 돼 있다. 그런데 불행히도 그가 마음에 품은 대상은, 결혼을 사흘 앞둔(!) 그 지역 태수(!)의 아름다운 딸(!)이다. 그는 노스님에게 '죽어 지옥에 떨어지고 짐승으로 다시 태어난다 해도' 그녀를 '일 년만, 아니 한 달이라도, 단 하루라도, 아니 이 밤이 샐 때까지만이라도' 사랑하게 해달라고 애원하고, 노스님은 법당 안에서 꼼짝 않고 염불하고 있으면 소원을 이루어주겠다고 한다. 조신이 밤새도록 '관세음보살'을 부르고 있는데 새벽녘에 법당 문 두드리는 소리가 들리더니 태수의 딸 달례가 법당으로 들어온다. 게다가 달례는 '스님과 단둘이 살 수 있는 데라면 어디든 데려가달라'고 말하는데, 금상첨화! 평생 둘이 먹고 살아도 남을 만큼의 보물이 든 보퉁이까지 챙겨 왔다.

꿈 1967

꿈이 아니고서야……

홍행에 대한 감독의 배려였을 테지만, 영화에서 조신은 신영균이
다. 소설과는 반대로, 강인하고 책임감 강해 보이는 미남이다. 그가
염불하는 법당에 달례가 수줍어하며 들어섰을 때 얼핏, 있을 수 있
는 사건처럼 보인다. 이제 하루가 아니라, 심지어 일 년도 아니고,
다섯 아이를 낳고 15년 동안 같이 산다. 산속 움집에서 사는 꼴이
흡사 빨치산이지만 나름, 전원생활을 즐기는 단란한 일가족의 면모
가 없지 않다. 힘 좋은 남편과 착한 아내의 조합. 다만 유일한 위협
은, 달례의 약혼자였던 모례 화랑이 여전히 달례를 잊지 못해 군사
들을 이끌고 전국을 뒤지고 다닌다는 소문이다. 그리고 마침내 이

산중에 들이닥친다. 도망치다 잡힌 조신은 연적戀敵의 칼끝 앞에 무릎을 꿇고 엎드려 목숨을 구걸한다. 심지어, 아내를 돌아보며 어르신께 잘 좀 말씀드려달라고 애원한다.

이 남자는 목숨을 구걸하느라 모든 걸 내팽개친다. 현실권력을 무찌르고 여자를 쟁취한 지난 15년 세월의 빛나는 승리. 권력의 피라미드에선 형편없이 하등하지만 짝짓기 경쟁에선 우승한 남자의 우월감. 남성적인 매력에다 책임감 강한 남편에 대한 아내의 사랑과 존경심. 한때, 한 여자를 얻기 위해 다른 모든 걸 버린 그였는데……. 젊은 한때 사랑에 목숨을 걸었던 그였는데…….

사랑 때문에 세상으로부터 파문당하고 산속에서 은둔생활을 하는 건 '사련死戀(그 사랑으로 인해 세상 전체와 적이 되는 그런 사랑)의 영광'이라 부를 수도 있을 것이다. 반면, 연적의 발아래 엎드려 목숨을 구걸하는 지경이야말로 진정한 의미의 전락轉落일 것이다.

배창호의 〈꿈〉, 비참의 끝

신상옥의 〈꿈〉이 원작 소설을 그저 종이에서 필름으로 매체를 바꾼 정도였다면 배창호의 〈꿈〉은 신상옥과 같은 필름 매체 위에 전혀 새로운 '꿈의 해석'을 그려 보인다.

배창호 〈꿈〉의 조신은 안성기다. 신영균에게는 절대 불가능하겠지만 안성기는 소심하고 비겁하고 용렬한 남자를 연기할 수 있다. 배창호 영화에서 조신은 그런 볼품없는 남자다. 한데 상대인 달례는 황신혜다. 달례가 고을 최고의 미색인 건 물론이거니와, 황신혜는 당대 여배우들 가운데서도 획기적인 미모였으니 이 볼품없는 스님의 소망은 얼마나 애처로운가. 그런데, 배창호 감독은 이 애처로운 소망을 기적으로 구원하지 않고 끝까지 방치한다.

배창호 감독(1953년생)은 신상옥(1925년생), 이광수(1892년생)보다 한 세대, 두 세대씩 젊다. 그만큼 사물을 보는 시선이 '쿨' 하다. 꿈같은 일이 일어나지만 그렇게 호락호락하지 않다. 그런 남자와 그런 여자가 만나서 이상적인 조합을 이루고 단란한 가정을 꾸민다고? 있을 수 없는 일이다. 환상은 환멸로 바뀌고 지리멸렬한 현실이 꾸역꾸역 밀려온다. 양귀비 같은 여자는 무기력한 남편을 조소하며 바람을 피우고 마침내는 몸도 판다. 부부 사이에는 의심과 모멸, 냉담과 증오만 남는다. 이들 부부의 은신처가 들통 나고 금 다섯 돈의 현상금이 걸리기 전에 이미 부부의 삶은 안에서부터 와해돼버렸다.

우리가 한때는 그렇게 서로한테 미쳐서 야반도주했었는데……라고 기억 날 듯 말 듯한 과거를 자위하듯 만지작거려보기도 하지만 그렇다고 지금의 비참이 줄어들진 않는다. 아들은 양식을 훔치다 맞아 죽고 아내는 나환자가 되어 집을 떠나고 남편은 거렁뱅이가 되어 떠돈다. 남자는 구차한 삶을 끝내고 싶지만 죽음의 축복조차 그에게 사치다. 남자는 연적의 칼끝 앞에 무릎을 꿇고 제발 죽여달라고 애원하지만 "너 같은 놈은 그럴 가치도 없다"는 대답이 돌아온다.

인생에서 밝고 따뜻하고 즐겁고 아름다운 그 모든 것이 사라지고 오직 구차한 목숨만이 걸레뭉치처럼 남겨지는 순간! 조신은 꿈에서 깨어난다. 앞에 부처님이 보인다. 법당 마루에 엎드려 잠시 잠들었던 것이다. 조신은 날듯이 기뻐한다. 이런! 나는 아직 빡빡머리에 목탁을 들고 거무튀튀한 장삼을 걸친 중이구나. 다행히 파계도 하지 않았고 아직 절에서 살고 있구나.

영화를 보다가 나도 조신의 처지를 함께 기뻐한다. 법당을 나가는 조신을 뒤따라 마당으로 나설 때 나도 세상이 새롭게 다시 보인다. 절의 앞뜰은 얼마나 산뜻한가. 때는 마침 봄날이고 마당은 정갈하게 빗질이 되어 있고 화단에 꽃이 만개해 있다. 공기조차 반짝반짝 윤이 나는 느낌이다. 노스님의 잔소리마저 유쾌하다.

법당 앞마당에 아식 태수 가족이 머물러 있다. 절을 떠나는 달례 일행을 바라보다 노스님이 짐짓 조신을 돌아보며 "참 곱지?" 하고 묻자 조신이 주저 없이 "제 눈에는 썩은 나무토막처럼 보였습니다"라고 대답한다. 그의 백일몽에 동행하지 않았더라면 아마 억지나 위선으로 들렸을 것이다.

배창호의 〈꿈〉은 걸작이다. 1990년 무렵에 이 정도로 '재색'을 겸비한 수작이 또 있었나 싶다. 이미지도 퍽 즐길 만하고, 이야기도 경청할 만하다. 이런 영화는 반드시, 화면이 크고 100퍼센트 몰입할 수 있는 영화관에서 보아야 한다. 하지만 가까스로 영화제나 시네마테크의 기획에 낚이면 모를까, 영화관에서 이 영화를 볼 기회는 희박하다. 하는 수 없이 비디오라도 꼭 빌려보라고 권한다. 하지만 아무리 걸작이라 한들, 17년 전의 영화가 동네 비디오가게 아무데나 있을 리 만무하니, 슬픈 일!

〈예수의 마지막 유혹〉, 메시아의 전략

마틴 스콜세지 감독의 〈예수의 마지막 유혹〉The Last Temptation of Christ, 1988(물론 그 이전에 니코스 카잔차키스의 원작 소설이 있었지만)

은 〈꿈〉의 서양 버전이라고 할 수 있다. 예수는 사막에서 고행하고 설교여행만 다니다가 장가도 못 가보고 30대 초반에 십자가에 매달린다. 그는 부활해서 메시아가 되기 위해 유다에게 로마 경찰에 신고하게 하고 십자가형을 받아들이긴 했지만, 막상 십자가에 매달려 있다 보니 어마어마한 신체적인 고통이 '신의 아들'의 한계를 시험한다. 대못이 박힌 팔목발목에서 극심한 고통이 밀려오고 머리에 쓴 가시관에서 쉴 새 없이 피가 흘러내린다. 실제로 예수가 십자가에 매달려 부르짖었다는 "아버지 왜 저를 버리셨나이까"는 아마 예수가 고통을 못 이긴 나머지 메시아로서의 삶을 후회하면서 하느님을 원망하는 말이었을 거라고, 〈예수의 마지막 유혹〉의 원작자나 감독은 믿고 있다.

재미난 발상이다. 더구나 우리 같은 동양의, 비기독교인 입장에서는 그 시점에 예수가 받았을 스트레스를 충분히 짐작하며 제정신이었든 패닉 상태였든 아버지를 원망하는 마음도 공감할 수 있다. 그래서 미국에선 기독교 단체들의 반발 때문에 개봉도 제때 하지 못하고 혹심한 논란에 휘말렸던, 중세였다면 스콜세지를 진즉에 화형대로 보냈을 '신성모독의 문제작'이 내게는 그냥 대단히 재미나고 상식적인 영화로 보일 따름이었다.

십자가에 매달린 예수는 아마도 극심한 신체적 고통으로 인한 탈진상태 때문이었지 싶은데, 문득 심신이 평온해지고 사위가 고요해짐을 느낀다. 그는 수호천사의 손을 잡고 십자가에서 내려오는데 그가 제일 먼저 간 곳은 막달라 마리아의 방이다. 메시아의 입장이라 몸을 허락하지 않은 탓에 그동안 이 여자에게 얼마나 상처를 주었던가. 예수는 그녀와 결혼해서 아이 여럿을 낳고 파파할아버지가 될 때까지 산다. 이제 침대에 누워 노환으로 별세할 때쯤, 예수보다 더 늙은 제자들이 임종하러 온다.

유다가 비난을 퍼붓는다. "십자가에 매달려 죽었다 부활해야 세상을 구원할 텐데, 여기서 여자와 아이들과 함께 도대체 뭐하는 거요. 당신은 배반자야. 겁쟁이야." 이 병약한 늙은 예수가 침대에서 굴러 떨어져서 간신히 바닥을 기어 집밖에 나와보니, 예루살렘은 로마인들 손에 불바다가 되어 있고 사람들은 비명을 지르며 이리저리 달아난다.

예수는 자신의 불효를 반성하고 십자가의 수난을 간절히 소원한다. 그렇게 해서 십자가에 매달린 예수는 마침내 "완성됐다!"라는 한마디를 남기고 세상을 떠났다는, 뭐 그런, 믿거나 말거나 이야기다.

민족의 죄인 이광수의 변명

신의 아들이고 부부관계도 없이 태어난 예수조차도 세속적인 삶에 대한 욕망이 있었다는데 하물며 낙산사의 이름 없는 중이야! 내 생각에 예수나 조신이나 그 꿈을 꾸었을 때 비슷한 나이였던 것 같다.

내가 신상옥의 〈꿈〉에서 조신이었다면, 나도 목숨을 구걸했을 게 틀림없다. 목에 칼이 들어오는데 별 수 있나. 적선을 구하는 거지꼴로, 그것도 연적에게 목숨을 구걸했겠지. 하지만 목에 칼 들어올 일도 없는 관찰자 입장이고 보니, 조신이 미련하고 딱하게 느껴진다.

기적이 이루어져서 15년 행복하게 살면 된 것 아닌가. 뭘 더 바라나. 꿈에서 깨고 보니, 자신은 여전히 목탁 두드리고 있고 달례는 자신에게 곁눈질조차 주지 않고는 이미 뒷모습을 보이며 멀어져가는 중이다. 그 대목에서 가슴을 쓸어내리며 다행스러워하는 조신을 나는 알 것 같다가 말 것 같다가 한다.

현실에서 터무니없는 행운을 꿈꾼 대가는 신상옥보다 배창호 쪽이 더 그럴싸하다. 실제로 행복해지고 싶은 우리의 꿈을 방해하는 것은 무엇인가. 그럭저럭 행복할 수도 있는 우리의 삶을 위협하는 것은 무엇인가. 행복은, 일생에 걸쳐 쌓아올렸다 외적의 침입으로 한순간에 무너지는 그런 것인가. 더럽게 운 나쁘면 그럴 수도 있다. 하지만 행복의 코드도, 그것의 방해꾼도 우리 내부에 있는 것 아닐까. 그리고 우리 대부분은 완전한 행복을 꿈꿀 수 없는 태도를 갖고 있는 건 아닐까.

이광수가 이 소설을 발표한 것이 1947년. 해방된 뒤 그는 봉원사라는 절에 들어가 책 읽고 농사 지으며 살았는데, 일제 말의 친일활동에 대해 자책하며 돌베개를 베고 자느라 병을 얻었다. 탁월한 지식인이고 작가였던 그가 그 탁월함만큼이나 식민지 통치 당국의 집중적인 공략의 표적이 됐을 것임에 나는 연민을 갖는 쪽이다. 그가 대동아전쟁에 지원병으로 나가라고 젊은 학생들을 고무하는 글을 쓰고 연설을 하다가 뜻하지 않게 빨리 닥쳐온 독립을 맞아 종로 네거리에서 '민족의 죄인'이라고 돌팔매를 당하는 순간, 마치 조신처럼 퍼뜩 꿈에서 깨어났더라면 얼마나 좋았을까.

하지만 그것은 꿈이 아닌 현실이었고 친일의 기록은 이미 역사가 되었으며 죽음으로도 그것에서 자유로울 수 없다는 것을 알았을 때, 이광수가 할 수 있는 일은 자신의 헛꿈에 대해 하나의 변명과도 같은 소설을 남기는 길뿐이었다.

〈꿈〉은 결국은, 모든 것이 정연한 질서 아래 돌아가는 그런 세상을 찬미하려는 것일까. 가부좌 틀고 앉아 묵상하다가 잠깐만 졸아도 커다란 몽둥이로 등짝을 사정없이 얻어맞는 그런 딱딱한 질서일지라도 말이다. 그 질서를 받아들이고 나면, 조화롭고 평화로운 세상이다. 화단에는 꽃이 피어 있고, 마당은 정갈하게 빗질이 돼 있고, 쓰레기는 쓰레기통에, 부처님은 법당에, 쌀은 쌀독에, 스님들은 목탁을 들고 염불하는, 조화롭고 평화로운 세상이다.

욕망도 제각각의 그릇 안에 질서 정연하게 담겨 있다. 노예에게는 제 몸 부서지는 줄도 모르고 일해서 주인에게 잘 보이려는 욕망, 태수에게는 사람이든 물건이든 모든 좋은 것은 다 제 손에 넣겠다는 욕망, 중의 머릿속엔 오직 초월이나 해탈같이 순도 높은 정신적 욕망이, 들어 있다. 그것이 질서 정연한 세계다.

물론, 작가는 앞뒤 꽉 막힌, 입구도 출구도 닫힌 그런 정연한 질서를 찬미하고 싶은 건 기필코 아니었을 것이다. 다만 과도한 욕심, 그 헛된 꿈을 자책하고 싶었을 것이다.

조신이 등 긁어줄 때마다 흐뭇해 하던 노스님의 말씀이 새삼 울려온다.

"떠날 때가 되니 시방세계가 깨끗하고 아름다워 보이는구나."

귀신영화의 교과서

CG 이전, 한국 공포영화의 구석기시대를 만나다
〈월하의 공동묘지〉와 최고의 악녀 캐릭터 도금봉

'6.25' 외상후 스트레스 증후군

전후 베이비붐의 정체가 뭘까. 재난을 당한 사람들이 새로운 생명에 집착하게 되는 때문인지, 또는 강한 심리적 외상이 이성을 무력화시켜 성욕만 비대해진 탓인지, 아니면 전쟁 통에 헤어졌던 가족이 다시 만나 한 지붕 아래 살게 된 데 따른 마땅한 결과일까. 어쨌든 한국에서 흔히 1950년대 중반부터 1960년대 초반까지 태어난 사람들을 베이비붐 세대라 부른다. 그러니까 나도 베이비붐 세대의 일원이다.

전쟁이 끝난 뒤에 태어나 다양한 전쟁 방지 장치들이 발명되는 시대에 사는 우리는 어쩌면 단군 이래 처음으로 평화롭게 살다 자연사의 축복을 받는 세대가 될지도 모른다. 인민군의 따발총을 본 적도, 일사후퇴 때 길에서 눈보라를 맞은 적도 없는 나는 전쟁과는 무관하게 성장했다고 여겨왔다. 그래서 '전후세대'나 '베이비붐 세대'에 대한 자각증상이 별로 없다. 다만 내 어린 시절이 귀신들 천지였던 것을 떠올릴 때 내가 전후세대임을 실감한다.

정말이지, 어렸을 적에는 귀신꿈을 많이 꾸었다. 무서운 꿈을 꿨다 하면 다 귀신꿈이었다. 곧잘 귀신들에게 가위눌리기도 했다. 그 시절엔 누구나 전쟁 때 죽은 가족이나 일가붙이의 기억을 갖고 있었고 그 기억은 두려움으로 잠복해 있다가 언제든 귀신의 형상이 되어 우리의 잠 속으로 습격해 들어왔다. 아니, 어쩌면, 전쟁 중에 비명횡사한 일가붙이나 동네 사람들이 귀신이 되어 우리들 사이에 끼어 살았던 것인지도 모른다.

귀신 얘기는 또 얼마나 많았던가. 특히 재래식 화장실은 귀신들의 본부였다. 동네의 버려진 폐가 역시 귀신들의 서식처였다. 공동묘지는 더 말할 것도 없다.

흔히 베트남전이나 나치학살, 또는 교통사고와 같은 큰 사건사고를 치른 사람이 겪게 되는 후유증을 '외상후 스트레스 증후군'이라고 하는데, 어찌 보면 한국사회 전체가 외상후 스트레스 증후군을 앓고 있었다. 하기야 지금 남북관계가 꼬였다 풀렸다 하는 것이나 대북관계에 대해 오른편이든 왼편이든 과민반응을 보이는 것도 외상후 스트레스 증후군에서 아직 벗어나지 못한 증거인지 모른다.

밤마다 귀신꿈 꾸던 대중과 귀신영화

1960년대 후반의 귀신영화 붐도 일종의 전후 신드롬이었다. 밤마다 귀신꿈을 꾸다가 가위눌렸던 불우한 국민들이 귀신영화 붐에 조응한 관객 대중이었다. 그리고 그 귀신영화의 정점은 단연 〈월하의 공동묘지)^{권철휘 감독, 1967}였다. 〈월하의 공동묘지〉는 실제로 귀신영화 부문에서 최고 흥행사례이기도 했고 또한 수많은 귀신영화들의 교과서가 되었다.

한밤의 공동묘지. 무덤이 반으로 갈라지고 관 속에서 소복의 여인이 벌떡 일어난다. 공동묘지 길로 택시 한 대가 다가온다. 길가에서 소복의 여인이 손짓을 하자 택시 기사는 기함을 하고 놀란다. "귀, 귀, 귀신이야!" 택시 기사가 다시 고개를 들어보니 소복의 여인은 어느새 사라지고 없다. 고개를 좌우로 흔들며 '귀신이라니, 그럴 리 없지' 하고 중얼거릴 때 택시 뒷좌석에서 소복의 여인이 손을 내민다.

무대는 고래등 같은 기와집 안방으로 옮겨지고 눈매가 사나운 새 안주인(이게 도금봉인데)이 친정어머니더러 건넌방의 아기에게 독약을 먹이고 오라고 다그친다. 딸의 서슬에 벌벌 떠는 노친네는 "에구, 관세음보살……" 하면서 아기에게 독약을 먹인다. 이때 횡~ 하고 바람이 한 자락 불더니 홀연히 소복의 여인이 나타나서 방바닥에 쓰러져 있는 아이를 안고 쓰다듬자 아이가 생기를 되찾는다. 그리고 출장 갔던 남편(이건 박노식이) 선물 꾸러미를 안고 들어오자 안주인이 "아니, 며칠 뒤에 오신다더니……"하면서 황망히 뛰어나온다.

여기서 플래시백. 이야기가 과거로 거슬러 올라간다. 소복의 여인은 얼마 전에 세상을 떠난 이 집의 원래 안주인 명순. 독립운동가의 딸인 명순은 오빠와 애인이 독립운동하다 감옥에 가자 옥바라지를 위해 기생이 된다. 오빠는 고생하는 여동생을 위해 죄를 혼자 뒤집어쓰기로 하고 여동생의 애인인 친구를 감옥에서 내보낸다. 그래서 명순은 결혼을 하고 남편은 만주에 드나들면서 사업을 해서 큰 부자가 된다. 하지만 명순은 오빠 생각에 시름시름 아프고 집안을 돌보아줄 식모(도금봉)를 들이지만 식모가 병원에서 약을 타 오면서 명순은 병세가 더 심해져간다.

안방을 차지한 식모가 정부情夫인 의사와 짜고 명순이 간통한 것으로 모함하고, 누명을 쓴 명순이 '은장도'를 꺼내 자결하는 대목에서 마침내 '요부' 도금봉이 기밍이 웃을 하면서 영화는 규전직하 재난극으로 속도를 내기 시작한다. 명순의 아들을 죽이려다 결국 무덤에서 조용히 쉬고 있던 명순을 불러내고 만 이야기는 앞에서 이미 본 터이다. 명순은 오빠와 남편에게 순종하고 간통 혐의에 목숨을 버리는 봉건의 여인. 아들이 독살당하는 지경만 아니었으면, 무덤에서 떨쳐 일어났을 리 만무하다. 이제 싸움은 요부와 귀신의 싸움! 낮에는 요부가 귀신을 눌러 이기고 밤에는 귀신이 요부를 흠씬 혼내주는데 '꼬끼오' 하고 새벽닭이 울면 다시 전세가 역전된다. 귀신에게 쫓기면서 패닉 상태가 된 요부는 재산을 독차지하려고 남편과 정부까지 죽이려 든다. 결과는 등장인물 모두가(세 명만 빼고) 칼 맞아 죽고 기절해 죽고 우물에 빠져 죽고 염산에 타 죽고, 이래 죽고 저래 죽는 자멸극이다.

컴퓨터 그래픽, 그 Before & After

공포괴기영화의 역사는 컴퓨터 그래픽CG 이전과 이후로 확연히 갈린다. 컴퓨터 그래픽은 장르 불문하고 영화적 표현의 한계를 무한대로 넓혀놓았지만 특히 이런 판타지 장르는 컴퓨터 그래픽과 함께 구석기시대에서 일약 철기문명으로 혁명적인 진화를 이뤘다. 우리 영화사에서 처음 컴퓨터 그래픽을 본격적으로 사용한 영화가 1994년 작 〈구미호〉였으니, 1980년대까지도 공포괴기영화의 구석기시대였던 셈이다. 1960년대만 해도 귀신영화라면 모두 '전설 따라 삼천리'였다. 여자들이 하얀 소복 차림에 긴 생머리 가발을 쓰고 얼굴에 회칠하고 입에 피 흘리며 나오는 것밖에는 달리 방법이 없었다.

1967년 작인 〈월하의 공동묘지〉는 구석기시대 공포괴기영화의 진면목을 보여준다. 연기가 피어오르고 무덤이 갈리지는 식의 특수효과, 그리고 해골바가지나 식칼 같은 엽기 소품은 필수다. 〈월하의 공동묘지〉에는 해골바가지나 식칼 외에도 고양이, 못, 망치, 붕대, 가발 같은 소품들이 총출동한다. 갑자기 담 밑에서 해골바가지가 쓰윽 올라오고 바람이 휘잉 불면서 대문이 덜컹 열릴 때 가끔씩 '아이쿠, 이건 또 뭐야' 깜짝깜짝 놀래는 게 구석기 귀신영화의 특징.

시종일관 온몸의 혈관이 긴장에 팽팽히 부풀고 피부가 바싹 말라오는 모던한 공포영화들에 비하면 애교스럽다. 하지만 그래픽 이미지와 음향효과에 기대어 분위기로 밀고 나가는 요즘 공포영화들에 비하면, 아주 성실한 시나리오, 장편소설 분량에 해당하는 풍부한 내러티브, 구구절절 사연도 많은 캐릭터들이 단연 강점이다. 가해자도 분명, 피해자도 분명하고, 착한 쪽과 나쁜 쪽도 분명하다. 귀신이 된 사연도 눈물 날 정도로 절절하다. 경쟁이 치열하고 살풍경한 현대도시 자체를 복수의 대상으로 삼는 것처럼 보이는, TV나 비디오, 휴대폰을 통해 옮겨 붙기도 하는, 불특정 다수를 대상으로 하

는 이상심리의 연쇄살인범 같은 요즘 귀신들에 비하면, 옛날 귀신
은 '인간적인, 너무나 인간적인' 귀신들이다.

한 많은 여자귀신들의 어긋난 복수극

〈월하의 공동묘지〉는 과연, 60년대 '귀신의 시대'의 지존이 될 만
하다. 도금봉은 1960~70년대 한국영화에서 악역을 전담하다시피
한 여배우지만 〈월하의 공동묘지〉야말로 '악녀 캐릭터'의 최고봉이
다. 폐병쟁이 본부인을 유폐시켜놓은 아래채 방 앞에서 주인 남자
의 팔짱을 끼며 "여보!" 하고 부를 때의 그 교성이라니! 또한, 〈월하
의 공동묘지〉의 귀신은 장화홍련 자매처럼 유서 깊지도 유명하지
도 않지만 이후 〈전설의 고향〉을 비롯한 온갖 귀신드라마에서 끊임
없이 리메이크되는 '한을 품은 여자귀신'의 한 전범을 수립했다.

전통적으로 우리 역사에서 가장 내공이 센, 가장 권위 있는 귀신
캐릭터가 '한을 품고 죽은 여자' 귀신이다. 변변한 남자귀신은 찾
아볼래도 없다. 봉건 가부장제 사회지만, 남자도 배신을 당하고 부
당한 일을 당할 수 있다. 하지만 남자는 복수의 칼을 갈기도 하고
심하면 역적모의도 한다. 또 억울하면 출세를 하면 된다. 하지만 그
세속의 질서, 현실의 패러다임은 여자들에게는 패자부활전을 허용
하지 않는다. '로또밖에 방법 없다'는 처절한 카피처럼, 귀신이 되
는 길밖에는 방법이 없다.

하지만 이 여자귀신들의 복수는 하나같이 타깃이 어긋나 있다.
복수의 대상은 늘 계모나 또 다른 여자다. 따지고 보면, 〈월하의 공
동묘지〉에서도 명순을 배신한 건 남편이다. 계모나 식모가 아니다.

명순의 남편이나 장화홍련의 아버지나 공통점은 물렁하고 줏대 없는 남자들이라는 점이다. 도대체 집안이 어떻게 돌아가는지 모르는, 진짜 모르는지 알면서 모른 체하는지, 여하튼 무심하고 무덤덤하고 무개념한 남자들이다. 그들이 가부장으로서 직무를 태만히 하고 판단을 그르침으로써 몇 명의 여자가 인생을 망쳤나. 멀쩡한 여자를 귀신 만들기도 하지만 또 멀쩡한 여자를 악녀로 만들기도 하는 것이다.

그런데 이 '한 많은 여자귀신'들은 대개 자신의 운명을 망친 주적主敵으로 설정해놓은 여자를 손봐준 다음 남편 또는 아버지의 사랑을 되찾으면 그것으로 목표 달성이다. 공동묘지의 잡초 무성한 무덤 앞에서 뻔뻔한 남자가 "여보, 내가 잘못했어. 하나 남은 우리 아들은 내가 잘 키울게"라고 말하면 그걸로 끝이다.

아주아주 옛날에 나는 이 영화를 극장에서 보았다, 고 지금껏 생각해왔다. 복잡한 이야기는 증발해버리고 소복 입은 귀신이 무덤에서 나오는 장면 하나가 기억에 남아 있다. 1967년에 개봉했으니 국민학교 2학년 때 영화를 보았다는 얘기다. 그런데 정말 영화를 보았던 것일까. 그저 학교 가는 길에 전봇대나 담벼락에 붙어 있던 포스터를 보았던 건 아닐까. 참으로 믿을 수 없는 것이 기억이다.

✦ 덧붙임

도금봉 씨를 생각한다

2009년 6월 초 어느 날, 배우 도금봉의 부음이 신문과 인터넷에 일제히 떴다. 흔히 여배우들은 스크린을 떠나면서 대중에게서 잊혔다가 부음으로 돌아오곤 한다. 도금봉 씨는 1970년대까지 아주 왕성한 현역이었지만 80년대 들어 뜸해져서는 1997년 작 〈삼인조〉의 단역을 마지막으로 은퇴했다.

1930년생, 우리 나이로 80세라 천수를 누렸다고 말할 수는 있지만 말년이 불우했다. 한때 삼청동에서 음식점을 한다는 소문이 있었고 아들이 사업에 실패해서 집도 날리고 고생한다는 소문도 있었는데 결국 말년에는 한 성당의 노인복지관에 몸을 의탁하고 있었다 한다. 그리고 자신의 죽음을 바깥에 알리지 말아달라고 유언했다 한다.

도금봉은 우리 세대의 한 아이콘이었다. 1960~70년대에 문희, 남정임, 윤정희 같은 예쁜 여배우들이 피고 졌지만 도금봉처럼 강렬하고 독보적인 개성으로 은막을 쥐락펴락했던 여배우는 없었다. 도금봉은 악녀나 요부 전담이었고, 아니면 악착같은 '또순이' 거나 익살맞은 '향단이' 였다. 내가 본 영화 가운데, 흔히 젊은 여배우들이 연기하는 평범한 양갓집 규수로 나온 것은 〈로맨스 빠빠〉와 〈삼등과장〉 정도 아니었나 싶다. 〈연산군〉 연작의 장녹수를 비롯해서 그의 악녀 요부 시리즈는 끝이 없다. 그중에서도 압권은 단연 〈월하의 공동묘지〉다.

그 시절 여배우들이 대개 그렇듯, 그의 경우도 도금봉都琴峰은 예명이다. 본명은 정옥순인데, '누구시더라' 다. 도금봉은 1957년 영화 〈황진이〉로 데뷔했는데, 조긍하 감독이 황진이가 살았던 송도松都의 都와 가야금의 琴, 높은 봉우리라는 뜻의 峰을 넣어 도금봉이라는 이름을 지어주었다. 평양 기생 황진이를 연기한 여배우 이름으로 딱 어울리는 작명이다. 하지만 도금봉은 그 영화 이후에도 죽을 때까지 도금봉이었다.

1980년대까지 충무로에 흔했던 배우들 이름 짓기 풍습이 참으로 흥미롭다. 화류계에서 기생 머리 올리면서 이름을 지어주는 것이나 불문에서 수계식하면서 법명을 주는 것처럼, 영화계도 하나의 새로운 세상인지라 새로운 이름으로 새로운 생명을 얻는다는 얘기다. 다만, 영화계의 경우, 주로 여배우에게 남자 감독이 이름을 지어준다는 점이 다소 에로틱하다. 실제로 여배우와 남자 감독의 관계가 에로틱하게 발선하기도 한다. 영화감독은 생활고에 시달리거나 삼류영화를 찍어대거나 몇 편 찍고 망하거나 간에 최소한 배우의 이름을 짓는 순간만은 조물주나 아버지와 동격이다. 조물주의 권능을 지닌 감독은 한 독립된 성인의 이름을 정말이지 내키는 대로 지었다. 이만희 감독은 자신의 연인이자 페르소나였던 문정숙 이름을 원용해 〈흑맥〉의 주연으로 발탁한 신인여배우 이순임에게 문희라는 이름을 주었고 말년의 파트너였던 스무 살 연하의 젊은 여성 오경숙은 문숙이라고 명명했다. 이장호 감독은 조영숙이라는 무명의 신인 TV탤런트에게 자기 성을 넣어 이보희라는 이름을 붙여서 영화배우로 데뷔시켰다. 여배우만이 아니다. 본명이 강신영이었던 신성일은 〈로맨스 빠빠〉로 데뷔할 때 신상옥 감독이 자기 성을 붙여 신성일이라고 이름을 지었다. 실제로 감독의 작명이 스타에게 훨씬 어울린다 싶으니 엔터테이너란, 호적에 오르는 선남선녀들과는 다른 특별한 이름을 필요로 하는 것인지 모른다. 눈초리 치켜뜨고 표독한 대사를 뱉어내는 악녀를 정순옥이 연기한다는 건 있을 수 없는 일! 그래도 도금봉쯤은 돼야지.

박찬욱 감독이 〈삼인조〉에서 굳이 도금봉을 불러내고 싶었던 이유처럼, 나도 〈씨네21〉에서 일할 때 내 기억 속에서 압도적 카리스마를 지니고 있던 도금봉 씨를 한번 만나보고 싶었다. 그는 삼청동에서 음식점을 한다고 했는데 수소문 끝에 도금봉 씨와 전화통화를 했다. 통화를 한 뒤 내 실망은 이만저만이 아니었는데, 단순히 인터뷰 요청을 거절당해서가 아니었다. 그는 대략 "저는 영화하고는 아무런 관련 없이 살고 있어요. 우리 강아지 보는 낙에 살아요"라는 요지의 대답을 했다. 수백 편의 영화를 찍은 배우가 은퇴 후에 어떤 선택을 하건 전혀 비난할 일은 아니다. 도금봉에 대한 내 이미지가 여전히 은막의 판타지에서 벗어나지 못했다는 것, 또한 그것이 깨어지지 않기를 막연히 기대하고 있었다는 것은 도금봉이 아니라 내 자신의 문제일 따름이다.

70년 만의 생환

변사와 악단, 미국에 가다

역동적이며 리드미컬한 소동극, 〈청춘의 십자로〉 리바이벌

| 너무 오래돼서 새로운, 무성영화 상영회

2008년 5월, 우리 영상자료원이 개관영화제의 개막작으로 준비한 〈청춘의 십자로〉안종화 감독. 1934 공연은 한마디로 빅 히트였다. 객석에서는 쉴 새 없이 폭소가 터졌고 공연이 끝난 뒤 극장을 나서던 사람들은 내게 "O.S.T. 음반 내라"라거나 "장기공연해라"라는 주문들을 했다. 외국서 온 게스트들도 변사 해설을 한 마디도 못 알아들었을 테지만 즐거운 표정이었고 "판타스틱했다" "즐거운 경험이었다"라고 덕담들을 했다.

첫날 공연에서 새카매진 얼굴로 노심초사하던 총연출 김태용 감독도 공연을 끝내곤 들떠 있었고 '이제 마음 놓고 보여줘도 되겠다' 싶었던지 다음 날 공연에는 가족과 친구들을 대거 초대했다. 전체 2회 공연 중에서 둘째 날은 좌석이 매진되고 보조석과 방석이 동원됐다.

필름으로 남아 있는 가장 오래된 한국영화, 1934년 작 무성영화를 그 시대 그대로 재현하기 위해 변사를 붙이고 악극단 연주를 곁들여 상영한 것인데, 이 '무성영화 시대' 식 무성영화 상영은 단순한 영화도 뮤지컬도 연극도 음악회도 아닌, 그것들이 마구 뒤섞인 또 다른 장르였고 명실 공히 '종합예술'이었다. 그것은 그저 객석에 앉아 스크린을 바라보는 것 이상의 어떤 체험이었다. 흑백의 스크린과 변사의 생목소리와 이따금씩 끼어드는 악극단의 반주와 식민시대에서 튀어나온 것 같은 통치마 저고리 여가수의 애살스런 노래, 그 역동적이면서 리드미컬한 소동 한가운데 가담해 있는 느낌! 〈청춘의 십자로〉 공연을 구성하는 모든 요소들은, 고전적인 만큼 실험적이었고 오래된 것이라 새로웠다.

내 자신도 이 입체적인 영화, 이 과묵하면서도 떠들썩한 영화를 관람하는 것이 아주 특별한 경험이었다. 더구나 이 필름을 발견해서 정체를 확인하고 일본서 복원해와 무대에 재현해 대중에 공개하는 과정을 기억하기 때문에 〈청춘의 십자로〉의 리바이벌은 우리 영상자료원에, 그리고 내게 아주 특별했다.

국내 최초로 발견된 질산염 필름을 위한 특별저장고

2007년 여름 우리가 처음 본 〈청춘의 십자로〉는 8개의 녹슨 캔 안에 비닐에 싸인 채 들어 있던 낡은 필름이었다. 여덟 캔 중 하나에는 필름 대신 하얀 가루가 담겨 있었다. 필름이 산화되어 밀가루처럼 변한 것이었다. 영화를 구성하는 8개의 롤 가운데 한 토막은 영원히 사라져버린 셈이다. 필름 캔 뚜껑에는 〈아리랑〉〈장한몽〉

〈세 동무〉, 이런 제목들이 붙어 있어 우리는 한두 토막이나마 〈아리랑〉이 굴러들어 왔나 하고 잠시 흥분하기도 했다.

하지만 우리 직원들은 이것이 드물게도 오리지널 네거필름이라는 데 놀랐고, 국내에 한 편도 남아 있지 않은 질산염 필름지금과 같은 아세테이트 필름이 나오기 전 50년대까지 생산된 초창기 필름이라는 데 더욱 놀랐으며, 1936년 작 〈미몽〉보다 2년 앞선, 현존하는 최고最古의 필름이라는 데 더더욱 놀랐다. 한국영화사를 전공한 우리 연구원은 필름 몇 컷을 점검하고는 안종화 감독의 1934년 작 〈청춘의 십자로〉라고 확인해주었다. 필름이라는 실체로서 존재하는 한국영화사의 기원이 2년 앞당겨지는 순간이었다.

〈청춘의 십자로〉 필름을 갖고 있던 이는 전쟁 전에 단성사를 운영하던 분의 아드님이었다. 피난 갈 때 단성사 창고에 필름 캔들이 거적때기에 덮인 채 쌓여 있었다고 하는데, 그 뒤 주인이 바뀌고 또 이사를 다니고 하면서 결국 이 8개의 캔이 살아남았다.

질산염 필름은 가연성이 강해 필름들끼리 부대끼다 자연발화할 정도라 가끔 필름수장고 화재의 원인이 되곤 한다. 다시 말해 거의 불쏘시개나 마찬가지다. 그렇게 '성질이 불같은' 필름이 어느 민가의 창고에 쌓인 채, 가끔 트럭에 실려 이사도 다니면서, 지금껏 70년 넘게 살아남았다는 사실은 불가사의다. 필름 주인은 "어머니가 생전에 중요한 물건이니 잘 간수해야 한다고 말씀하셨다"라고 했고 물건의 정체를 모른 채 어머니 말씀을 실천에 옮긴 셈이다. 그는 한번도 캔의 뚜껑을 열어보지 않은 채 그대로 두었다고 했는데, 대체로 사람 수명보다도 짧은 질산염 필름이 그토록 오래 살아남은 비결이 바로 그것이었다. 알루미늄 캔들은 닫힌 채 부식돼 드라이버

와 망치 같은 도구를 이용해 열어야 했는데, 필름이 숨도 못 쉬고 알루미늄 캔 안에 비닐로 꽁꽁 싸여 있었던 덕분에 바깥 공기에, 산소에 노출되지 않았던 것이다. 주인이 30년 전쯤 이 캔들을 처분해볼까 하고 필름 캔 하나를 열어 여기저기 보여준 일이 있다고 하는데 밀가루가 되어 사라진 캔이 바로 그 캔이다.

국내에서 최초로 발견된, 또한 영상자료원이 보유한 첫 질산염 필름이라, 우리는 이 '성실이 불같은' 득이체질의 필름을 질 모시기 위해 질산염 필름 저장고(크기나 모양이나 흡사 냉장고처럼 생겼는데)를 새로 구입했다. 〈청춘의 십자로〉 필름 원본은 지금도 필름 수장고가 아니라 우리 보존기술센터 사무실 가운데 따로 놓인 특수 저장고에 달랑 혼자 들어 있다. 남들은 다 여관방에 빽빽이 끼어 자는데 저 혼자 성질 더러워서 호텔 스위트룸을 차지하고 있다고나 할까.

돌아온 〈청춘의 십자로〉, 길어지는 한국영화사

지금까지 제작·개봉한 한국영화는 5970편, 그중에서 3924편이 영상자료원 수장고에 보관돼 있다. 2009년 5월 31일 기준 전체 편수의 65.7퍼센트를 건진 셈이다. 영상자료원의 전신인 필름보관소가 생겨난 1974년부터 국가가 영화 필름을 거둬서 보관하기 시작한 셈이고 1996년 필름의무납본제도가 생겨나면서 비로소 체계적인 수집 보존이 이루어졌으니, 우리 영화 아카이브 정책은 영화평론가들의 조롱거리가 돼도 할 말이 없다. 이걸 두고 정성일 씨는 "치매 걸린 한국영화사"라 했고 김소영 씨는 1993년 유학에서 돌아와 한국

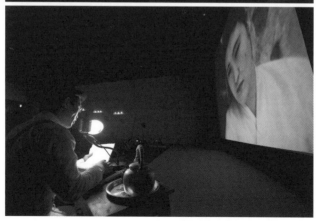

〈청춘의 십자로〉 리바이벌 공연 2008. 5

영화사를 좀 공부하려고 들여다보았더니 식민시대 영화가 한 편도 남아 있지 않더라면서 "텅 빈 아카이브"라 불렀다.

아카이브 정책도 문제이지만 식민체제, 미군정에다 전쟁에 이르는 '정치적 사고의 현대사' 40년이 초창기 영화의 흔적을 깡그리 날려버렸다. 내가 영상자료원에 왔을 땐 해외 아카이브를 뒤지면서 초창기 영화를 발굴해 '텅 빈 필름창고'를 채우는 작업이 한창 활발할 때였다. 넉분에 한국영화사의 기록은 점점 길어지고 있고 2004년 중국 전영자료관에서 찾아온 〈군용열차〉의 1938년에서 2005년 〈미몽〉의 1936년으로, 다시 2007년 〈청춘의 십자로〉의 1934년으로, 2년씩 기록이 갱신돼왔다.

그런데 이 현존 최고의 필름이라는 것이, 그동안 우리가 훑고 다닌 러시아나 중국이나 일본 같은 데도 아니고, 국내에서 그것도 서울서, 그것도 은평구, 자료원 이웃동네에서 발견됐다는─솔직히 말하면 필름 주인이 자발적으로 제보를 해온 것인데─ 사실이 좀 어이없고 황당한 일이다.

어쨌든 〈청춘의 십자로〉는 질산염 필름인 데다 수축이 많이 진행돼 국내에서는 다룰 수 없는 상태였고 일본에 보내 복원작업을 해야 했다. 복원돼 돌아온 〈청춘의 십자로〉의 내부 시사 때 우리 직원들 사이에선 가벼운 탄성이 일었다. 대사도 음향도 없었지만 이미지만으로도 충분히 새로웠기 때문이다. 카메라워크나 편집이 과감하고 실험적이었으며 이야기 구성이나 연기도 대단히 코믹했다.

1930년대 당시의 서울도 '시대사적 볼거리'였다. 서울역과 그 광장 주변, 클래식 풍의 외국산 자동차와 지게와 '구루마'가 뒤섞이는 거리, 근대 도시의 모던보이들과 그 주변의 여자들, 골프장과 연회장과 이층 양옥의 그야말로 '유한계급有閑階級' 사람들, 그 한편에 늙고 병든 아버지를 모시고 셋집에 사는 어린 자매. 가난한 처녀를 섹스 파트너로 낚아챈 악당들과 그녀를 구해내는 힘 좋고 성격까지 좋은 주인공 남자!

그래서 앵콜 공연을 하게 되었던 것이었던 것이었다

개관영화제에 맞추어 〈청춘의 십자로〉를 당시처럼 재현해보기로 하고 김태용 감독에게 연출을 의뢰했을 때, 우리는 어떤 결과물이 나올지 전혀 짐작할 수 없었다. 하지만 이 유례 없는 작업이 진도가 나가면서 김태용 감독과 스태프들은 우리가 제공한 제작비 규모에 아랑곳없이 작업에 푹 빠졌고, 그 의미와 재미에 붙들려 점점 오버하기 시작했다. 음악감독은 오직 두 차례인 이 공연을 위해 전편의 배경음악을 새로 작곡했고 주제곡을 포함해 노래를 두 개나 만들었다. 대본작가는 영화사 기록에 몇 줄 남아 있는 영화 줄거리를 토대로 변사 해설을 완전히 새로 썼고, 변사 조희봉 씨는 연습 한 번씩 할 때마다 대사를 조금씩 고치고 애드리브를 새로 집어넣었다. 김태용 감독은 영화 도입부에 넣을 인서트 장면을 만들겠다고 개막식 전날 밤 카메라를 들고 공원으로 나갔다. 개관을 앞두고 우리 박물관 팀이 날밤 새우는 사무실 한쪽에선 매일 밤 김태용 감독과 변사와 대본작가, 무대감독이 나와서 연습을 했다.

〈청춘의 십자로〉가 개막식에서 처음 공개됐을 때 관객들은 옛날 무성영화 한 편을 재현한다는 것이 완전히 새로운 하나의 창작임을 알게 되었다. 그것은 관객뿐 아니라 김태용 감독을 비롯한 제작팀 역시 마찬가지였던 것 같다.

이틀 공연을 마친 뒤 뒤풀이에서 제작팀은 중구난방 나름 할 말이 많았다. 김태용 감독은 "한 달만 더 준비하면 작품성을 좀 더 높여볼 수 있겠는데……", 박천휘 음악감독은 "노래 좀 더 넣었으면 좋겠는데……", 변사 조희봉 씨는 "애드리브도 더 넣고 대사 연습도 더 하면 좋겠는데……", 뮤지컬 가수인 임문희 씨는 "저, 연습을 하루밖에 못해서요, 다시 하면……", 남사 상내역인 뮤지컬 가수 김대종 씨는 "앵콜 공연 하면 저도 일정 맞춰볼게요." 이렇게 되었다. 그래서 우리는 개관영화제를 한 지 두 달 만에 〈청춘의 십자로〉 앵콜 공연을 하게 되었다. 그리고 충무로영화제, 헤이리, 부산국제영화제, 뿐만 아니라 태평양 건너 미국의 뉴욕영화제와 예일대학 등 순회상영 코스에 들어가면서 리바이벌에 리바이벌을 거듭하게 되었던 것이었던 것이었다!

✚ 덧붙임

변사와 무성영화 시대

〈청춘의 십자로〉를 1930년대식으로 리바이벌하는 기획의 성공은 물론 총연출 김태용 감독과 제작팀 전체의 수고로 이루어졌지만 결정적인 요인은 변사였다고 본다. 무성영화에서 필름이 육체라면 변사는 영혼이다. 필름이라는 육체에 영혼을 불어넣는 것이 변사의 역할인 것이다. 무성영화 시대의 최고 스타는 배우보다도 변사였다. 극장마다 전속 변사들을 두었는데, 변사가 누구냐가 영화의 흥행에 큰 영향을 미쳤다. 1920년대에 고급관리 월급이 40원, 인기

배우의 출연료가 50원일 때, 변사의 평균 월급이 70원, 1급 변사의 경우는 150원까지 받았다_{안종화, 『한국영화측면비사』 춘추각, 1962} 는 것으로 당시 사회에서 변사의 위상을 짐작할 수 있다. 서양에서도 무성영화 시대에 간혹 이런 해설자가 등장하기도 했다고 하지만 무성영화의 상영 양식으로 정착한 것은 일본과 한국에서였다. 독특한 변사 문화가 한국의 판소리, 일본의 분라쿠文樂 같은 이야기 예술의 전통과 관련 있다고 보는 시각도 있다.

하나의 직종으로서 '변사'는 무성영화 시대가 막을 내리면서 소멸했다. 하지만 1960년대까지는 지방으로 떠도는 유랑극단들이 간혹 변사 해설과 함께 무성영화를 틀어주기도 했다 한다. 나는 1980년대 말이었던가 대학로 동숭시네마테크에 '마지막 변사' 신출 선생의 해설로 〈검사와 여선생〉윤대룡 감독, 1948을 본 기억이 있는데, 신출의 〈검사와 여선생〉은 최근까지도 이따금 특별이벤트로 무대에 올려져왔다.

〈청춘의 십자로〉 상영 이벤트를 기획했을 때 제작팀은 새로운 변사를 만들어내기로 하고 연극무대 경험이 있는 젊은 배우들 중에서 물색했다. 실제로 무성영화 시대의 변사는 지적이고 젊은, 당대 최고의 엔터테이너였던 것이다. 김태용 감독은 '순발력과 재치, 영화사적인 이해, 그리고 1930년대적 외모(!)'를 보아 배우 조희봉 씨를 캐스팅했다 한다. 실제로 대본 독회에서 변사 조희봉 씨가 대사를 많이 고치고 상영 현장에서 애드리브를 적절히 구사해 객석의 호응을 이끌어냈다.

식민지 조선에서 무성영화를 만들어 배급한 것이 1923년의 〈국경〉과 1924년의 〈춘향전〉부터이고 발성영화가 처음 등장한 것이

1935년 〈춘향전〉이었으니, 그 사이를 흔히 무성영화 시대라 부른다. 최초의 대박 흥행작이자 민족주의 영화였던 나운규의 〈아리랑〉[1926]이 식민지 대중 사이에 영화라는 첨단 매체를 삽시간에 대유행시킨 이래 1937년 중일전쟁이 시작되고 나운규도 세상을 떠난 뒤 조선 영화가 급전직하 전시체제에 휘말려들 때까지, 조선의 무성영화는 대략 10년의 전성기를 누렸다. 하지만 이 무성영화 시대는 〈청춘의 십사로〉가 공개된 2008년까지는 그저 소문과 기록으로 전해질 뿐이었다. 그러니까 신문이나 잡지 기사로 재구성해보는 가상의 세계였다. 〈검사와 여선생〉이 그간 유일하게 남아 있는 무성영화였지만 1948년 작인 이 영화는 발성영화 시대에 제작비가 모자라 무성영화로 찍은 돌연변이 케이스였다. 〈청춘의 십자로〉가 발견됨으로써 우리는 비로소 무성영화 시대의 내부를 들여다볼 수 있게 되었다. 그것도 무성영화 테크닉의 절정을! 〈청춘의 십자로〉는 최초의 발성영화가 나오기 직전인 1934년, 무성영화 전성기가 남긴 소중한 유물인 셈이다.

엔조이 여성 변천사

자유부인들, 어디로 가시나

〈자유부인〉에서 〈바람난 가족〉까지, 집 나온 노라들의 운명

| 1956년 서울, 자유부인의 출발은 평범했다

〈자유부인〉^{한형모 감독, 1956}은 대학교수 부인이 양품점에 취직하면서 바깥세상에 나와 겪게 되는 모험 활극 내지 애정 편력의 오디세이다. 여염집 정실부인이 쓰개치마 벗어던지고 집 밖으로 나서자마자, 멀쩡해 보였던 모든 남자들이 일제히 자유부인을 낚는 낚시꾼으로 커밍아웃한다. 옆집 총각은 교수 부인의 스토커였고 점잖던 사장님은 '늙은 제비' 본색을 드러낸다. 대학교수 남편의 박봉 월급을 거들겠다고 집을 나온 여자가 겪는 바깥세상 편력은 춤바람, 연애바람, 술바람, 담배바람, 패션바람, 투기바람 등 각종 바람의 종합선물세트다. 직업이랍시고 여자가 가질 수 있는 기회란 고작 외제 물건이나 밀수품들 떼다 터무니없이 비싸게 파는 양품점 지배인.

"어떻게 하면 짧은 인생을 엔조이하냐가 문제지."

이 영화에는 '엔조이'^{enjoy}라는 표현이 자주 나온다. 1950년대 사회가 정말 이랬을까. 적어도 소설가 정비석, 영화감독 한형모가 〈자유부인〉에 퍼 담은 1950년대 서울 공기는 거의 소돔과 고모라다.

분명한 것은, 1956년 최고의 흥행작이었던 이 영화를 보고 극장을 나서는 성인 남녀들은 고개를 절레절레 흔들면서 이런 이야기를 주고받았으리라는 사실이다. "여자를 집 밖으로 내돌리면 못쓴다니까."

그릇하고 여자는 바깥으로 내돌리면 '기쓰' 난다. 그런 속담 아닌 속담을 나도 들은 적 있다. 그러니까 이 영화는 자유부인 겁주기용, 또는 자유부인 지망생 겁주기용 교재로는 최고였을 것이다. 여자한테 자유라니, 당치도 않은 말씀! 봉건 군주제와 식민 통치로부터 해방됐지만 나라가 해방되고 남자가 해방된 것이지 여자가 해방된 건 아니거든! 작가 역시 당대 사회에 대해 그런 교육 효과를 기대했음이 틀림없다. 여자들이 동경하는 담장 너머 세상을 실제보다 훨씬 흉흉한 파렴치범 천지로, 사회 전체를 하나의 거대한 퇴폐 이발소처럼 과장한 흔적이 역력한 것으로 보아서 말이다.

여하튼 모처럼 집을 나온 자유부인의 모험은 처참한 실패담으로 끝나고 만다. 결국 형편없이 스타일 구긴 자유부인이 '사회의 죄인' 모양 참회의 눈물을 줄줄 흘리며 집에 돌아온다. 대문간에서 자유부인은 대학교수 남편의 준엄한 판결을 받는다.

"허영에 빠져서 가정을 저버리고 어머니로서의 의무를 향락으로 바꾼 당신이 무슨 면목으로 돌아왔소. 한 조각 양심이 남았으면 여기서 깨끗이 돌아가시오."

"어찌 그리 가혹한 말씀을……."

"당신의 행실을 잘 생각해보시오."

하지만 도덕적 해이와 일탈의 다양한 패턴들을 몸소 실천해 보인 자유부인 대장정의 출발은 지극히 범상한 것이었다. 영화의 첫 장면은 자유부인의 안방에서 시작한다. 자유부인은 다림질하고 있고 남편은 신문을 보고 있고 그 사이에 아들이 책상을 놓고 공부하고 있다. 아들이 엄마에게 공부 내용에 대해 물어본다. 자유부인은 다림질하고 있다가, 물론 다리는 것이 남편 옷인데, 어쨌든 간에 김이 쉭쉭 나는 다림질을 멈추지 않은 채 남편에게 "당신이 좀 봐줘요" 하고 말한다. 이 말에 남편은 보던 신문을 접더니 "나는 원고 쓸 게 있어서……" 하면서 일어나 건넌방 서재로 간다. 지금, 21세기 4인 가족이 살아가는 우리 집이나 친구 집에서도 간혹 재현되곤 하는 범상하고 보편적인 시추에이션 아닌가.

위기의 여자들, 여관으로 가다

자유부인은 '집 나온 노라' 또는 '위기의 여자' 의 한국형 아이콘이고 지난 50년 동안 한국영화사를 관통하여 행진해온 '바람난 부인' 의 원조다. 나는 한국의 영화감독들이 정체성 위기에 빠진 중년 여성들을 호텔과 여관으로 유인하는 데 나름 큰 공헌을 했다고 생각한다. 여자가 남편과 아이들 뒷바라지로 세월을 보내다가 아이들이 품안을 떠나고 부부관계는 썰렁해질 때 대체로 중년의 위기를 겪는다. 그래서 '빈 둥지 증후군' 이라고도 한다. 빈 둥지를 지키다가 아무도 알아주지 않고 인생에 낙도 없으면 빈 둥지 걷어차고 나가버리는 거 아니겠나.

(왼쪽부터) 자유부인 1956, 안개기둥 1986

　대개 한국사회에서 중년의 위기에 봉착한 여자들이 찾아내는 출구는 첫 번째가 종교, 그 다음이 재테크나 소비 중독, 애인 만들기, 재취업, 그런데 그도 저도 마땅찮은 많은 여자들은 우울증에 빠지는 것 아닐까. 그런데 영화감독들은 이중에서 오직 '애인 만들기' 케이스에만 집중하는 것이다.

　〈애마부인〉1982~1995이 10편 넘는 장수 시리즈가 된 것이 그 예다. 우리 영화사에서 이제 드디어 여자의 욕정이 본격적인 이슈로 등장한다. 〈자유부인〉은 바깥세상에 대한 봉건 부인들의 접근권, 그 거동의 자유에 관한 문제였고, 〈안개기둥〉박철수 감독. 1986은 가부장제에서 유린당한 지식인 여성의 정체성을 회복하는 문제이지만, 〈애마부인〉정인엽 감독. 1982에서는 여자의 몸 자체가 영화의 주제이자 소재가 되었다. 원조 애마부인 안소영의 풍만한 가슴은 그 안에 폭발할 듯한 뭔가가 들어 있음을 웅변했다. 설상가상, 남편은 교도소에 수감 중이고 형기는 자그마치 10년이다. 게다가 남편은 바람둥이였고 그 때문에 애마부인도 속깨나 썩었다. 남편을 위해 수절해야 한다는 도덕의 명령으로부터도 자유로워졌는데, 그렇다면 결과는 뻔하지 않은가. 하필 남편 면회 가는 기차여행 중에 잘생긴 청년이 말을 걸어오고 같은 동네 사는 옛 애인과 우연히 마주치기도 한다.

〈애마부인〉은 매번 놀라운 가슴 사이즈를 자랑하는 여배우들을 데뷔시켰고, 이들은 남편이 해외근무거나 발기불능이거나 일중독이거나 간에 늘 외롭고 불행한 여인을 연기했다. 이 애마부인들이 아무리 고독과 불운에 미모가 다 물어뜯긴 표정을 짓고 있어도 관객들은 이 여인의 불행이 무엇인지는 솔직히 관심 밖이다. 관객뿐 아니라 평론가도, 심지어 감독과 제작자도, 일치된 관심사는 오직, 이 두 남녀가 언제 여관에 들어가 숙박계를 쓰고 옷을 벗을 것인가이다.

〈안개기둥〉, 모성신화를 졸업하다

머리에 바람 든 자유부인들은 지금 어디로 가고 있나. 자유바람이 살짝 들어버린 이 부인들 행렬은 지금 어디까지 왔나. 자유부인이 다운타운에 진출했다 망신당한 1956년으로부터 다시 30년이 지난 1986년이 되면, 인형의 집을 나선 노라의 걸음걸이가 달라진다. 〈안개기둥〉이 '멜로드라마가 마침내 페미니즘을 만난' 최초의 사례로 특별한 취급을 받는 것은 그래서다.

1950~60년대는 여자들이 집안에 있어야 한다는 것이 상식이었던 시대였고, 1970~80년대는 여자들이 취업을 해도 결혼하면 '되도록' 가정으로 돌아가야 한다는 것이 상식이던 시대였다. 그 무렵의 보통 대졸 여성들처럼 〈안개기둥〉의 여자도 대학시절부터 사귀던 남자와 결혼해서 첫아이를 낳은 뒤 남편의 성화로 직장을 그만

둔다. 그러나 두 아이를 낳고 부부 사이의 인격적 관계가 완전히 무너진 다음 여자는 집을 나온다.

집 나온 여자가 갈등하고 방황하던 끝에 아주 불쌍한 몰골이 되어 집으로 돌아가고 용서를 구해야 마땅하건만, 이 여자는 출판사 편집장으로 취직을 하고 아주 산뜻하게 새출발한다. 바로 이것이 〈안개기둥〉이 과거와, 30년 전의 '자유부인'과 결별하는 지점이다. 집 나간 여자들을 도로 불러들이는, 바람난 여자들을 굴복시키는 자식의 존재, 그러니까 모성의 신화는 이쯤에서 절대적인 신화의 지위에서 내려온다.

2000년대의 자유부인들은 쿨하다

다시 세월이 흘러 2003년의 자유부인은 어떻게 살고 있나. 〈바람난 가족〉임상수 감독, 2003에 나오는 사람들은 혈연과 필연으로 뭉친 가족이 아니라, 어쩌다 운수 사납게 자연재해나 기상이변을 만나 당분간 같은 텐트에서 얼기설기 숙식을 함께하게 된 사람들 같은 표정이다. 변호사 남편은 젊은 애인과 재미를 보는 데 푹 빠져 있고 시어머니는 수십 년 만에 만난 동창생과 열애 중이다. 남편의 외도 사건이 꼬이고 꼬이던 끝에 아이를 잃게 되자 마침내 여자는 자유부인으로 커밍아웃해버린다. 동네 고삐리와 데이트하고 아이도 갖는다. 그러고 보니 이 여자는 무용가라는 본업을 부엌 선반 위에 모셔놓고 살았던 게 아닌가. 이런! 세상은 넓고 할 일은 많다.

영화의 마지막 장면. 남편인 황정민이 문소리의 무용 스튜디오를 찾아온다. 남자가 까만 서류가방을 들고 선 채 아내에게 화해의 제

바람난 가족 2003

안을 한다. "나 잘할게." 세 번 복창했으나 돌아온 여자의 대답은
"아웃이야"다. 그 다음 여자는 경쾌한 동작으로 대걸레를 밀고 스
튜디오 이쪽 끝에서 저쪽 끝으로 미끄러지듯 달린다. 단념하고 돌
아서던 황정민도 어깨가 축 늘어지는 듯하더니 곧 발을 탁탁 구르
며 상쾌한 뒷모습으로 스튜디오를 떠난다. 〈안개기둥〉에서 '마이
웨이'를 찾은 최명길의 얼굴엔 일방적인 피해자의 섭섭한 표정이
설핏 스쳐 지나갔었는데 〈바람난 가족〉의 문소리 얼굴은 그냥 폭풍
우가 지나간 뒤 맑게 갠 파란 하늘이다. 여자도 남자도, 결혼제도
자체에 대한 태도가 쿨해졌다.

〈미몽〉, 너무 일찍 도착한 자유부인의 비극

이 글을 쓰기 위해 〈자유부인〉을 다시 보니 이 1950년대 자유부
인이 안쓰럽다. 자유부인이 패잔병처럼 힘없는 걸음걸이로 집에 돌

아오던 날, 하필이면 때는 눈발이 흩날리는 엄동설한 겨울밤인데, 외투도 없이 목이 훤히 드러난 공단 치마저고리 차림이 어쩌나 추워 보이는지…….

〈안개기둥〉의 최명길은 '커리어우먼'의 새 인생을 시작하고 〈바람난 가족〉의 문소리는 이제 무용을 다시 하면 되는데, 사생아도 낳아 기르겠다는데, 재미없는 결혼 걷어치우고 싱글맘으로 살겠다는데, 자유부인이 살던 시절엔 집 나온 여자를 빌려줄 사회적 인프라가 없었던 것이다.

그래도 1956년의 자유부인은 1936년의 〈미몽〉양주남 감독 주인공(문예봉)보다는 낫다. 자유부인은 남편에게 문전박대당하는데, 돌아온 탕자가 이 정도 수모야 마땅히 감수해야 하는 것 아니겠는가. 하지만 〈미몽〉에서 춤바람, 자유연애바람이 났던 여인에게는 훨씬 가혹한 처벌이 따른다. 세상 밖으로의 퇴출! 1920년대 식민지 서울의 신인류였던 이른바 신여성, 모던걸 신드롬은 나혜석도 절에 들어가버리고 허정숙은 감옥을 드나들고 1930년대 중반이면 이미 잔해만 남은 즈음, 〈미몽〉은 본격적인 신여성을 다뤘다기보다 일종의 신여성 후유증을 다룬 셈이다. 그것도 살의에 가까운 혐오의 시선으로.

애인 따라 도망치다가 그 차로 자기 딸을 치는 사고를 낸 여자는 딸과 같은 병실에 나란히 누워 있다가 남편이 권총 들고 들이닥치기 직전에 스스로 목숨을 끊는다. 이 여인에 비하면, 남편과 아들 앞에서 참회의 눈물을 흘릴 수 있는 자유부인은 행복한 경우다. 그나마 1936~1956년 사이의 20년 세월이 여자들 편이었다는 증거일까.

내가 겪는 중년의 위기

나 역시 나이 마흔 중반에 접어들었을 때 지독한 '중년여성의 위기'를 맞았다. 내 가치관이나 삶의 태도를 전반적으로 회의하게 만드는 심각한 정체성 혼란이 찾아왔고 지금도 상황이 종료됐다고 할 수는 없다. 내가 '중년여성의 위기'라는 말을 처음 알게 된 것은 아직 중년의 터럭도 묻지 않은 대학생 시절, 시몬 드 보부아르의 『위기의 여자』1967를 읽고서였다. 이 소설은 정확히 바로 그 '빈 둥지 증후군의 중년여자'를 다루고 있었다.

하지만 실제로 내가 겪은 중년의 위기는 책에서도 TV다큐서도 듣도 보도 못한 그런 종류였다. 압도적으로 많은 시간을 사회생활에 배당하고 일하는 재미로 살아오던 나였는데, 어느 날 가만히 돌아보니 직장에서의 완벽주의자가 아이들 일은 기본적인 파악조차 못하고 있었다. 아이들 아침밥은 몇 번이나 제대로 챙겨먹었던 가…….

내게 중년의 위기는 빈 둥지와는 정반대 방향에서 찾아온 것이다. 중년의 위기에 봉착한 여자로서 나의 대사도 듣도 보도 못한 종류였다.

"엄마가 이제부터 저녁에 술 좀 덜 마시고 너네들 공부하는 것 좀 도와줄게."

에필로그

클래식 세상의 안과 밖
한국영상자료원에서 보낸 3년

1. 예기치 않은 새 직장

내가 영상자료원에서 일하게 될 줄은 몰랐다. 〈씨네21〉을 그만둔 뒤 이제 직장생활은 영영 졸업이라 생각했다. 더구나 공무원이 되는 날이 오리라고는 상상도 하지 않았다.

2006년 여름 보름 동안 일생에 처음 가족과 함께 해외여행을 갔는데, 여행에서 돌아온 날 저녁 어떤 술자리에서 영상자료원 얘기를 전해 들었다. 원장 공모에서 '당선자'가 없어 재공모에 들어갔는데 나를 추천하자는 이야기가 있었다고 했다. 영화계와 무관하게 살아온 지 여러 해인 데다 신문도 잘 챙겨보지 않아 영상자료원장 공모도 금시초문이었다. 나는 "앞으로 소설을 좀 잘 쓰도록 할게요"라고 대꾸하고는 마음에 담아두지 않았다. 다만, 내가 소설가인데 다들 실업자로 여기는 것 같아 섭섭했다. 이틀 뒤 다른 사람들로부터 전화가 걸려오면서 나도 진지하게 생각하기 시작했다.

결국 공모에 응하기로 한 것은 결정적으로 직장생활 3년쯤 다시 해봐도 좋겠다는 생각 때문이었다. 2000년 5월 신문사를 나와 6년이 지나는 동안 나는 소설가로서 재능이 없는 것 같다는 점과 혼자 생활하기엔 너무 외로움을 탄다는 점에서 심리적으로 많이 지쳐 있었다. 2002년에 장편소설, 2006년 봄에 단편집을 냈는데, 소설 쓰는 과정은 행복했으나 그 결과는 흥행과 비평 모두 실망스러웠다. 또 무엇보다 소설가의 라이프스타일이 적응곤란이었나. 20년 가까운 기자생활을 마칠 적엔 사람들 틈이 지겹다는 생각, 혼자만의 공간과 시간이 너무 부족하다는 생각이었는데, 막상 혼자가 되고 보니 그 공간과 시간이 주체하기 힘들었고 자주 우울해졌다. 심지어 사람들에 치여 스트레스 받는 것조차 그리워질 지경이었고, 아이들이 학교 가고 없는 집에서 혼자 점심을 챙겨먹다가 아파트 상가에 나가면 국민은행 여직원들이 상가 지하식당에서 수다 떨면서 점심 먹는 모양이 부러웠다. 콜롬비아로 이민 와서는 지중해의 햇볕과 고향 사람들에 대한 향수병을 앓다가 스페인으로 돌아간 뒤에는 다시 남미의 친구들을 못 견디게 그리워하는 『백 년 동안의 고독』의 카탈루냐 사람처럼 두 개의 향수 사이에 갇혀버렸다고 할까.

　영상자료원 얘기가 나왔을 때는, 장편소설을 쓰리라고 9월부터 원주 토지문학관에 집필실을 신청해놓고 있던 중이었다. 하지만 누가 애타게 내 소설을 기다리는 것도 아니고, 장편소설은 2년 만에 출판사가 폐지 처분해 인터넷서점에서조차 절판돼버렸지, 간혹 사람들 만나면 소설 제목(『열정과 불안』)을 헷갈려 "『열정의 습관』 내셨죠?" "『냉정과 열정 사이』였던가" 하는 데 상처도 받았고 해서,

나도 결단을 내렸다. 까짓것, 3년 뒤에 쓰지 뭐. 3년쯤 바깥 공기를 쏘이고 나면 '나 홀로 작업'이 다시 즐거워질 것 같았다. 또 딴청 좀 부리다 보면 소설을 더 잘 쓸 수 있게 될 것 같았다.

2. 영상자료원, 낯선 곳, 낯선 문화

나는 2006년 9월 영상자료원에 왔다. 여기는 모든 게 낯설었다. 내게 이 일이 맡겨진 것은 영화 경력 때문인데, 영상자료원은 영화라는 소재 외에는 영화를 다루는 방식도, 일이 굴러가는 절차도, 조직문화도, 모든 게 달랐다.

첫째, 나는 7년 동안 영화 저널리즘 일을 했지만 항상 필름 위에 세워진 가상현실, 그 사운드와 이미지로서의 영화가 관심 대상이었지 필름 자체는 시야 바깥이었다. 나는 개봉한 다음엔 영화가 어디로 가는지, 스크린 뒤에서 무슨 일이 벌어지는지 한 번도 관심을 갖지 않았는데 이곳은 스크린 뒤의 세상이었다. 수장고에는 필름이 알루미늄캔에 담겨서 쌓여 있고 직원들이 목장갑을 낀 채 낡은 필름들을 세척하거나 특수테이프로 이어붙이고 있었다. "필름을 만질 때 가슴이 떨린다"는 한 직원의 말은 낯설었던 만큼 신선했다.

두 번째, 역시 영화기자로서 나는 늘 새로운 것에 관심을 가졌다. 최근에 나온 영화, 앞으로 나올 영화. 하지만 여기는 새롭지 않은 것들, 과거의 모든 것이 있었다. 내 경력이 그러했으므로, 내게는 과거의 것들이 낯설고 새로웠다. 영상자료원 직원들은, 망가진 필름을 복원하는 일을 하건, 실종된 옛날 필름들을 찾는 일을 하건, 묻혀 있는 고전의 수작들을 골라 극장에 올리는 일을 하건, 또 그

필름들을 영사기에 거는 일을 하건, 또는 박물관의 전시물을 고르는 일을 하건, 모두가 다 옛날 영화와 사귀는 사람들이었다. 나 역시 직업상, 여건상 옛날 한국영화들을 자주 보게 되었고 차츰 이물감과 거리감의 바리케이드들을 돌파하면서 마침내 클래식의 세상 한가운데 도착했다. 그런 3년이 지나자, 2009년 칸영화제 그랑프리 수상작을 볼 이유가 있는 것처럼 영화감독 임권택의 출현을 알린 1962년의 데뷔작을 볼 이유가 있다는 사고방식의 소유자가 되었고, 고전영화를 보는 2시간이 최신영화 2시간의 행복과 같은 밀도의 정겨움이 되었다. 다시 말해, 요즘 세상에 희귀해진, 나와도 영 인연이 멀었던 신구新舊의 균형감각과 온고지신溫故知新의 미덕이 나를 찾아온 것이다. 〈씨네21〉 일을 손에서 놓은 지 10년이 채 안 되었지만 내 머릿속으로 10년 이상의 세월이 저속촬영의 화면처럼 서둘러 흘러버렸던 탓에, 〈씨네21〉의 편집감각이 이따금 멀게 느껴지기도 했다.

세 번째는 공익근무의 특수한 세계였다. 공익근무의 세계, 그러니까 공공부문은 내가 겪었던 민간부문과는 크게 달랐다. 공공부문에서 우선 마음에 들었던 것은 수익성 강박과 파산 공포로부터의 자유였다. 민간부문에선 이윤을 내지 못하면 어떤 명분과 도덕도 설 자리가 없다. 한겨레신문사에선 수습기자조차 회사 재정 상태를 염려하고 더구나 〈씨네21〉은 내가 책임져야 했기 때문에 시장의 변덕에 늘 발밑이 불안했다. 하지만 공공부문은 크든 작든 국가적 기능의 일부를 수행하는 것이라 남북통일이 되고 산업지형이 뒤집혀도 기본이 달라지는 건 아니라는 배짱 같은 게 있다. 적어도 회사가 망해서 모두들 곧 실업자가 될지 모른다는 걱정은 안 해도 되었다.

게다가 민간기업에서 어떤 일을 시작할 때는 '돈이 될까'를 따지지만 공공부문에서는 '사회적 필요'를 따지는데 그런 공공 마인드도 마음에 들었다.

하지만 어떤 권리와 자유도 공짜는 없는 법이다. 민간부문이 이윤강박을 앓는다면 공공부문을 괴롭히는 건 예산 강박이다. 공공부문에선 이윤을 못 내도 명분이 있으면 돈을 갖다 쓸 수 있는데 이건 얼핏 쉬운 길 같아 보이지만 정부의 예산시스템도 시장만큼 경쟁이 치열하고 예산을 쓰는 일도 감시감독이 층층시하다. 그래서 예산 따는 것도 힘들지만 예산 쓰는 것도 쉽지 않다. 민간부문에서는 과정이야 어찌됐건 수익 여부로 심판받지만 공익적 효과란 그렇게 대차대조표가 딱 떨어지지 않는 법이라 돈 쓰는 과정과 절차를 체크하는 수밖에 없는 것이다. 우리 같은 문화부 산하기관은 문화부와 기획재정부, 감사원, 국회 그렇게 네 명의 시어머니를 모시고 산다. 언젠가 고석만 문화콘텐츠진흥원장이 "기관장은 과장(문화부) 아래더라"라고 해서 내가 "우리는 사무관(과장 아래 직급) 아래인데요"라고 말하곤 같이 웃었던 기억이 있다.

마지막으로, 여기 와서 나는 직원들이 늘 극진한 존대의 언사를 쓰는 데 놀랐다. 장관 또는 원장 국장 '께서 이렇게 하시고 저렇게 하시고' 하는 건 이해할 수 있겠는데 가끔 보면 동료들끼리도 그런 존대를 받치고 그 대상이 "지난번에 어떤 관객 한 분이 말씀하시는데"라며 불특정 다수의 관계자들로 확대된 나머지 "이번에 필름을 훼손한 인도영화제 쪽에서 ○○○ 씨란 분이 답신을 보내오셨는데"로 해외까지 포괄적으로 적용되기도 하는 것이다. 이러다 언젠가는 "셰익스피어께서 돌아가신 지 400년이 되셔서"라는 말을 들을지도 모르겠다고 내가 농담하기도 했다. "수행한다" "심려를 끼쳐드려서" 같은 말을 여기선 일상적으로 쓴다. 나는 곧 이것이 공공부문의 어법이라는 것을 알게 되었다. 단순히 조사와 어미, 또는 단어의 문제만이 아니다. 직설법을 최대한 삼가고 누군가에 대한 비판적 발언과 표현은 극도로 절제하는데, 그러니까 그게 공무원 스타일인 셈이다. 그 공무원 스타일이라는 것의 표면을 한 꺼풀 벗겨보면 모종의 미덕과 악덕이 공생하고 있는네, 한쪽 칸에는 타인에 대한 존중과 배려, 다른 칸에는 권위주의와 비겁함이 들어 있다.

나는 그간의 사회생활 20여 년을 기자와 소설가로 보냈고, 비판과 독설과 과장법을 밥 먹듯 하며 사석에서나 지면에서나 150퍼센트 표현의 자유를 누려왔고, 돌이켜보면 이미 그것이 내 인생의 기조이자 의미이자 낙이 돼 있다. 더구나 이른바 오너 경영자도 없는 한겨레신문사에서는 사장도 늘 "○○○ 선배"로 불렸고 사장이 삼인칭 언급대상이 되었을 때 "께서 말씀하시기를" 하는 말은 들어본 일도 해본 일도 없다. 권위주의도 없지만 버릇도 없다고 할 수 있다. 그러니까 한국사회 언어문화의 좌표를 권위주의 기준으로 그렸을 때 나는 그 좌표의 맨 왼쪽에서 오른쪽 끝으로 건너왔던 것이다. 그런데 언어습관을 어찌 하기에 3년은 턱없이 짧아서 나는 공익근무 기간에도 비교적 자유로운 언어생활을 했고, 그럼에도 극존대 문화의 영향이 스며들었음이 틀림없는데, 한 10퍼센트 정도일까. 그것은, 권위주의에 별로 길들여지지 않았다는 얘기인 동시에 존중과 배려의 어법을 조금밖에는 배우지 못했다는 뜻이기도 하다.

내가 처음 왔을 때 영상자료원은 늘 예산 없고 사람 없어서 뭘 못하는 곳으로 돼 있었다. 직원들 인식도 그랬고 영화계의 시선도 그랬다. 당시 영상자료원은 서초동 예술의전당 안에 있었다. 어떤 영화연구자가 우리 온라인 게시판인가에 "피 튀기는 투쟁을 해서라도 예산 따서 사업하세요"라는 글을 올린 것을 읽은 기억이 난다. 실제로 여기 와서 보니 내가 해야 될 일이 바로 그것이었다.

영상자료원은 이미 여러 해 동안 예산과 인력이 동결, 이상한 정체 상태에 놓여 있었다. 한국영화는 이미 90년대 후반부터 르네상스이고 영화판은 후끈 달아올라 모든 게 팝콘처럼 튀겨지고 있었는데 영상자료원은 깊은 물속처럼 차갑게 가라앉아 있었다. 단 하나, 상암동 DMC단지에 짓는 신청사가 2007년 봄에 완공 예정이라 모두들 거기에 기대를 걸고 있었다. 신청사 건립은 전전 원장 시절에 추진한 사업인데, 당시 경영진이 영상자료원에 도약의 기반을 만들어주고 간 셈이다. 파리의 시네마테크 프랑세즈를 비롯해서 외국의 주요 영화 아카이브들은 대개 필름수장고와 시네마테크, 영화박물관, 라이브러리로 구성돼 있고, 이것이 영화자료를 보존하고 또 활용하는 이상적인 시스템인데, 영상자료원은 상암동에 오면서 비로소 그 이상적인 구조를 갖추게 되었다.

9월 25일에 첫 출근해 한 달간 벼락치기 공부를 해서 엉겁결에 국정감사를 치르자마자 다음 날부터 당장 말로만 듣던 '피 튀기는 예산투쟁'의 전선에 나서야 했다. 상암동 신청사가 2007년 4월 완공, 입주 예정이라고는 돼 있는데 이사할 돈이 없었다. 이전비 64억을 영화발전기금에서 쓰기로 했다는데 영화계나 국회가 자료원 이전예산을 기금에서 뭉텅 잘라다 쓰도록 할 리 만무했고 더구나 기금 조성에 관한 법안조차 통과되지 않고 있었다. 이미 정부의 예산 시즌도 지나 2007년도 영상자료원 예산안은 이전비가 빠진 채로 문화부 예산처 나 거쳐 국회에 넘어가 있었다. 방법은 국회에서 예산을 만들어주는 길뿐이었다. 처음에는 문광위 의원들, 그 다음에는 예결위 의원들을 찾아가고 꼭 두 달을 국회로, 예산저로 출근하다시피 해서 이전비 33억을 얻었다. 덤으로 복원복제 예산도 연간 10억 증액 받았다. 덕분에 2007년 봄 예정대로 이전을 하고 나중에 영화발전기금에서 예산을 얻어 영화박물관도 개관했다.

나도 남한테 아쉬운 소리 잘 못하는 체질인데 뜻밖에 예산투쟁은 비굴하거나 부끄럽게 느껴지지 않았다. 그것이 공공의 일이기 때문이었을 것이다. 또 영상자료원의 일들 대개가 응당 되어 있어야 함에도 예산 문제로 묶여 있는 일들이라 그 부당함이 투지를 자극했다. 가령, 내가 처음 왔을 때 영화 아카이브라는 곳에 매체 변환의 기본 장비인 텔레시네 하나 없고 디지털파일을 저장하는 스토리지도 없었다. 2000년대 들어 디지털시네마가 나오고 충무로에 디지털파일들이 굴러다니다 없어져도 디지털파일 수집을 시작도 못하고 있었다.

다만 정부든 국회든 모두들 영화라 하면 영화산업 또는 영화시장을 당장 어떻게 부양할 것인가에만 관심이 있지 영상자료원 같은 영화문화의 재생산구조, 그런 인프라는 시야 바깥이라, 매번 그들 관심의 우선순위에서 빠져 있는 사안에 대해 관심을 돌리게 만드는 일이 힘들었다. 어쨌든, 예산이 늘면서 여러 가지 숙원사업을 해결

할 수 있었는데 새 청사를 개관한 것, 지난 30년간의 독립영화들을 모은 것, 필름 복원복제 시스템의 주요 장비들을 들여온 것, 디지털 아카이빙을 시작한 것, 고전영화 온라인 VOD서비스를 시작한 것이나 한국영화사연구소와 보존기술센터를 만든 것은 다 잘 된 일들로 꼽을 수 있다.

4. 불발된 복원재단, 그리고 심포지엄 취소를 둘러싼 일들

예산 문제는 비교적 잘 풀어나간 셈인데, 모든 일이 뜻대로 된 것은 아니다.

하나는 민간기업과 함께 디지털 복원 재단을 만드는 일. 심하게 훼손된 필름들은 광학복원으로는 한계가 있어 컴퓨터 프로그램으로 복구해야 하는데, 디지털 복원은 비용이 비싸서 국고에 의존해서는 매년 여러 편씩 진행하기는 힘들다. 2007년 5월 칸에서 마틴 스콜세지 감독이 주도한 세계영화재단World Cinema Foundation 출범행사를 보고 온 뒤 나도 기업체의 후원을 받아 '영화 복원재단'을 만드는 계획을 세웠다. 이 때문에 기업인들도 만나보았는데 네이버 사장은 첫 만남에서 선뜻 응낙했고 실무적인 협의도 끝냈다. 그러나 착수 직전에 예기치 않은 변수들 때문에 네이버 쪽에서 약속을 못 지키게 되었고 나도 지친 나머지 재단에 대한 계획을 접어버렸다. 그럼에도 디지털 복원작업을 거른 해는 없었다. 내가 영상자료원에 왔을 때 〈열녀문〉에 대한 디지털 복원 테스트가 진행 중이었는데, 2007년에 〈열녀문〉을 포함해 〈미몽〉〈시집가는 날〉 등 세 편, 2008년에 〈하녀〉, 2009년에 〈연산군〉을 디지털 복원했다. 2008년의 〈하녀〉는 세계영화재단의 지원으로 복원했다. 어쨌든 복원재단의 시도는 낭패를 보았지만 내 뒤에 영상자료원에 오는 누군가에 의해 언젠가는 실현되리라 기대한다.

또 하나는 북한과 관련된 일이다. 이미 널리 알려졌듯, 한국영화 초창기 필름들은 많이 유실됐다. 〈아리랑〉이 없고 〈만추〉가 없다는 건 유명한 얘기고, 임권택 감독 스스로 작가감독의 출발이라 고백하는 〈잡초〉, 신상옥 감독의 데뷔작 〈악야〉 역시 소문으로만 남았다. 우리 초등학교 시절의 단체관람영화 〈저 하늘에도 슬픔이〉를 다시 보려고 찾아본 적 있는데 안타깝게도 필름이 남아 있지 않았다. 한국영화사의 얼마나 많은 작품들이 육신 없이 유령으로 떠돌고 있는지. 영상자료원은 1990년대부터 해외에서 영화를 발굴해왔는데 전임 원장 때 집중적으로 중국과 러시아, 대만 등을 훑어서 식민시대 영화들을 많이 찾아냈다. 아직 더 많은 나라의 아카이브들이 작업 대상으로 남아 있긴 하나 우리 초기 영화가 있을 만한 곳은 대충 섭렵이 된 셈이고 이제 남은 곳은 북한이다. 북한의 국가영화문헌고는 김정일이 개인적인 열정으로 챙겨서 필름 수장량만 3만 벌, 우리의 약 2배인 것으로 알려졌다. 우리 영상자료원의 전신인 필름보관소가 생긴 게 1974년이지만, 북한은 이미 정부수립 직후부터 영화 아카이빙을 시작해 해방 이전 영화들도 상당수 소장하고 있는 것으로 알려져 있다. 김정일 위원장이 최은희 씨에게 혹시 남쪽에는 〈아리랑〉이 있냐고 물었다는 것으로 보아 나운규의 〈아리랑〉은 그쪽에도 없는 것으로 보이지만, 최은희·신상옥 부부는 거기서 이만희의 〈만추〉를 보았다고 했다. 어쨌든, 우리가 중국이나 일본에 그렇게 하듯, 북한의 영화문헌고에 공문을 보내

협조를 요청한 뒤 직접 방문해 자료들을 조사하고 필름을 복사해 돌아올 수 있으면 얼마나 좋을까. 2007년 정부 채널이 막혀 있을 때 우리민족서로돕기운동본부를 통해 북쪽에 제안서를 전달했고 노무현 대통령이 방북할 때 수행원이었던 문성근 씨를 통해 다시 제안서를 보내기도 했지만 묵묵부답이었다. 2008년에는 비공식 루트로 〈아리랑〉 3편과 〈만추〉 필름을 주겠다는 제안에 우리 직원들이 연변에 갔다가 허탕을 치기도 했다. 어쨌든 결정적으로 남은 희망은 북쪽이다.

이 일들은 정황상 불발했지만 나중에 누가 해도 하게 될 일이고, 지난 3년을 돌아볼 때 정작 착잡한 일은 그것들이 아니다. 내가 임기 3년의 반환점을 돌았을 때 정권이 바뀌었지만 영상자료원 일이 대단히 권력적이지도, 특별히 정치적이지도 않아서 새 정부하고 크게 부딪칠 일이 없었다. 하지만 2008년 10월, 박정희 정권기의 국책홍보영화 기획전과 심포지엄을 일주일 앞두고 인터넷에 기사가 뜨기 시작하자 문화부에서 제동을 걸었다. 대통령이 8.15 광복절 축사에서 건국 60주년 사업에 대해 지시하고 박정희 정권이 너무 평가절하돼 있어서 재평가하자는 것이 정부 방침인데 정부기관에서 어떻게 이런 심포지엄을 할 수 있냐는 것이었다. 이미 보도자료가 배포되어 기사가 나오기 시작했고 인쇄소에서 기획전 팸플릿을 찍기 시작한 마당이었다. 오래 고민할 틈도 없었다. 어차피 심포지엄은 강행하기 힘들었고 나는 문화부와 일전을 치르는 쪽보다 자리를 지키는 쪽을 택했다. 마침 국정감사 기간 중이었고 나는 국정감사에서 한나라당 어느 의원에게 어떻게 그런 심포지엄을 계획할 수 있느냐고 공격당했고, 다음 날은 심포지엄에서 발표하기로 돼 있던 연구자들로부터 어떻게 심포지엄을 취소할 수 있느냐고 공격당했다. 사실 프로그램팀에서 기획전을 한다고 했을 때 부대행사로 심포지엄을 하자고 한 것도 나였다. 직원들은 노조 총회를 열어 내게 공개질의서를 보냈고 내가 답변을 하는 것으로 사건은 마무리되었지만, 내 개인 사정이야 어쨌든 이 일은 영상자료원 3년의 오점으로 남게 됐고, 이 심포지엄을 둘러싼 일들을 생각하면 나는 지금도 기분이 엉망이 된다. 그것이 개인적인 자리 욕심이있던가.

5. 칸영화제 3년 개근이 의미하는 것

2000년 임권택 감독의 〈춘향뎐〉이 처음 칸영화제 경쟁부문에 초청된 이래 해마다 칸영화제는 충무로를 떠들썩하게 하고 있다. 1990년대까지만 해도 칸 경쟁부문은 천상의 놀이터였는데, 요즘은 해마다 또는 한 해 걸러 우리 영화가 출석한다. 2007년에는 심지어 〈밀양〉〈숨〉두 편이 동반 진출, 2008년엔 〈좋은놈, 나쁜 놈, 이상한 놈〉이 비경쟁부문에 갔지만, 2009년에는 〈박쥐〉가 다시 경쟁부문에 갔다. 이 영화들의 칸영화제 성적은 모두 그해의 전 국민적 관심사였는데, 그 3년 동안 우리 고전영화들도 조용히 칸영화제에 개근했다. 칸영화제 클래식부문인데, 클래식이란 늘 이렇게 조용한 것이다.

영상자료원이 디지털 복원한 영화가 처음 칸영화제에 간 것은 2007년 〈열녀문〉이었다. 신상옥 감독의 1962년 작 〈열녀문〉은 대만서 발굴 수집해 디지털 복원한 것으로, 2006년 10월 어떤 자리에서 우연히 만난 피에르 뤼시엥 씨가 부산영화제에서 보았다면서 칸영화제에 초청하도록 주선하고 싶다고 말했다. 칸영화제 집행위원장이었던 쥘 자콥과 절친해서 칸영화제의 이른바 '비공식 선정위원' 역할을 해온 70대의 뤼시엥 씨는 임권택 감독을 칸에 소개한, 한국영화의 '칸으로 가는 길'을 닦은 장본인이지만 괴팍하고 독선적인 성격 때문에 갈등도 많이 일으키는 문제적 인물이다. 2007년 5월 칸영화제에서 만난 그는 몇 가지 실무적인 문제들과 함께 내가 〈열녀문〉 무대인사에 불참한 것 때문에 숨 넘어가도록 화를 냈고 나도 이제 너하고는 끝장이라는 식으로 맞받고 해서 아주 썰렁하게 헤어졌다.

사실 〈열녀문〉 상영에 갔어야 했고 원래 〈열녀문〉 일정에 맞춰 항공권을 끊어놓았다. 하지만 스콜세지의 세계영화재단 출범 회견이 영화제 후반부에 있다는 얘길 듣고는 〈열녀문〉을 포기하고 출국 날짜를 늦추었다. 당시 내 관심사는, 세계영화재단을 모델로 국내에 복원재단을 만드는 것과 세계영화재단의 지원을 받아 우리 고전영화를 복원해보자는 것, 두 가지였다. 나는 서울을 떠나기 전부터 칸영화제 쪽에 스콜세지 감독과의 면담을 요청해놓았지만 그것은 한마디로 씨알도 안 먹히는 소리였던 것이, 칸에 가보니 스콜세지 감독은 세계영화재단 일뿐 아니라 60주년 칸영화제의 특별게스트여서 3박 4일인가의 칸 일정이 대통령만큼 빠듯했다.

세계영화재단 출범 기자회견에 갔더니 스콜세지 감독은 키도 조그만 사람이 검은 양복 차림의 경호원 부대에 폭 파묻혀서 다니고 있었다. 기자회견 끝나고 출입문을 지키다가 좁은 문간에서 어쩔 수 없이 경호원들과 틈이 생겼을 때 스콜세지 감독에게 말을 건넸다. 내가 당신의 오랜 팬이고 한국영상자료원 원장이라고 소개를 하자 스콜세지는 우디 앨런처럼 약간 들뜨고 빠른 목소리로 "오, 판타스틱!" 하고 소리쳤다. 내 인터뷰 요청에 그는 "테러블리 비지"라고 대답했다. 저녁에 세계영화재단의 첫 번째 복원지원작 시사회에 가서 무대인사하러 온 그에게 다시 접근했는데 그보다 머리 하나만큼 큰 금발의 여비서가 "명함을 받았으니 앞으로 서로 연락하자"라며 가로막았다. 나는 말하자면 파파라치 같았고 그것이 기자로서 내게 익숙한 방식이었지만, 내가 몇 달 전부터 한국 영화 아카이브의 대표이고 그 신분으로 칸에 왔다는 생각을 하자 심란했다. 그날 저녁에 어쩌다 이창동 감독과 저녁을 먹게 되어 내가 오늘 완전 파파라치였는데 국가망신시킨 것 같다고 했다. 그의 논평은 3단논법을 사용했는데 굼떴지만 권위 있었다. "음…… 그 일을 어떻게든 성사시키겠다는 열정은 좋은 것이지…… 그런데 무리한 건 사실이네…… 뭐 그렇다고 국가망신시켰다고 생각할 것까지야 있겠어."

칸에서 별 성과 없이 돌아온 뒤, 결국은 서울에 들른 UC어바인 교수 김경현 씨가 다리를 놓아 김기영 감독의 1960년 작 〈하녀〉가 세계영화재단의 복원작으로 선정될 수 있었다. 김경현 씨 부인인 김진아 감독의 작품 〈두 번째 사랑〉에 출연한 여배우 베라 파미가가 스콜세지 감독과 친해서 김경현 씨 부부와도 식사를 같이 하고 메일을 주고받는 사이가 되었다 한다. 세계영화재단은 매년 전세계적으로 고전영화 3편을 골라 지원하는데 복원작들은 칸영화제 클래식부문을 통해 공개됐다. 그래서 2008년에는 〈하녀〉가 칸영화제에 갔다. 두 번째 칸영화제에 가자 칸 클래식부문 책임자가 이제 내년 계획에 대해 이야기하자고 했고 앞으로 매년 어떤 식으로 출품

작 협의를 하면 될지 일정을 알려주었다. 이제 영상자료원과 칸 클래식부문 사이에 공식적인 업무 채널이 생긴 것이다. 그는 "그런데 뤼시엥 씨가 집행위원장하고 친하기 때문에 그가 추천하면 일이 쉽다"라고 귀띔했다.

2009년에는 컬러영화로 첫 디지털 복원한 신상옥 감독의 〈연산군〉이 칸영화제에 갔는데, 칸 클래식부문 디렉터의 조언대로 다시 뤼시엥 씨와의 관계를 복원해서 그의 추천으로 일을 진행한 것이다. 세상 일이란! 칸 시사회에서 〈하녀〉는 국경을 넘어 걸작이었고 〈연산군〉은 그렇지 않았다. 〈하녀〉의 객석은 긴장과 몰입으로 숨 죽였던 반면 〈연산군〉은 관객의 3분의 1 정도가 중간에 자리를 떴는데 관객이 한 사람씩 일어서 나갈 때마다 쿵쿵하는 발소리가 내 가슴에 쾅쾅 울렸다. 〈하녀〉의 탁월한 '모더니티'와는 달리 왕조 사극의 이국적인 볼거리가 나름 외국 관객들에게 통할 것이라고 기대했었지만, 복잡한 역사 배경과 신파조와 산만한 짜임새가 외국인들에게는 넘을 수 없는 벽이었던 것 같다.

칸영화제 클래식부문은 2000년대 들어 생겨나 한 해 30편 이상의 대규모 섹션이 되었다. 이곳의 관객은 주로 전세계 영화제와 시네마테크 프로그래머들, 그리고 노년의 관광객들이다. 레드 카펫과 카메라 플래시와 요트 파티들 뒤켠에서 클래식부문은 조용히 굴러간다. 앞을 보고 걸어가는 사람들 가운데 어쩌다 한 번쯤 뒤를 돌아보는 사람, 그 마이너리티의 시선을 기다리는 것이 클래식의 지위다. 명백히 칸영화제는 신작을 위한 이벤트다. 세계 영화마케팅의 전진기지인 것이다. 해마다 칸영화제에 모여드는 수천 명의 기자들, 영화산업 종사자들, 영화평론가들, 영화팬들의 관심사는 90퍼센트, 어떤 작품이 상을 가져갈 것이며 어떤 영화가 어디에 얼마에 팔리느냐는 것이다.

그럼에도 칸영화제 클래식부문에 우리 고전영화를 보낸다는 것은 중요한 일이다. 클래식부문은 전세계 영화제와 시네마테크 프로그램을 위한 쇼케이스이고 경쟁부문처럼 여기서도 한국영화 지분을 갖는 게 중요하다. 르네상스의 한국영화에 호감을 갖고 있는 세계의 관객들은 이 나라에 과거엔 어떤 영화가 있었나에 호기심을 갖게 마련이고, 르네상스 효과는 고전 레퍼토리들이 받쳐줄 때 더 길게 갈 수 있는 것이다. 이 문제에 대한 대응과 전략은 마땅히 우리 영상자료원의 몫이다.

또한 무엇보다 디지털 복원작을 칸에 내놓는다는 것이 갖는 의미가 있다. 칸에 가면 디지털 복원 자체에 대한 경의의 시선을 느낄 수 있다. 거의 모든 나라에 영화 아카이브가 있지만 디지털 복원을 하는 곳은 많지 않다. 우리가 매년 디지털 복원작을 칸에 가져가는 것은 한국영상자료원의 수준을 말해줄 뿐 아니라 한국의 지적·문화적 수준에 대한 존경심을 유발한다. '한국 사람들은 자국 문화를 지키고 대접할 줄 아는 국민이구나' 하고 말이다.

6. 정부 산하 기관장의 임기 문제

어찌 하다 보니 내가 노무현 정부 때 임명된 문화부 산하 기관장 가운데 거의 마지막에 남아 임기를 마치는 사례가 되었다. 실제로 2009년 들어 공공기관장 회의나 국회 상임위에 가보면 지난 정권에서 같이 출발했던 낯익은 얼굴을 거의 찾아볼 수 없게 되었다.

자연, 어딜 가나 내가 혼자 남은 이유에 대해 중구난방 해설들이 만발한다. "고대 출신이라서 살려준 거야" "여자 티오 아닐까" "별로 중요하지 않은 기관이라서겠지" "예외 사례로 일부러 남겨두는 건 아닐까." 더구나 나를 잘 모르는 사람들은 내가 임기를 채우는 것에 대해 여러 가지 부정적인 상상력을 발동할 것이다. 그래서 언젠가 한 번은 공개적인 설명 내지 해명이 필요하다는 생각을 하고 있었다.

턱도 없는 해석들이 많았지만, 고대 출신이라서는 아니고 내가 고대 인맥에 구명운동을 한 것도 아니며, 새 정부 들어 양성평등 개념은 크게 후퇴했으니 여자 티오는 아닌 것 같고, 영상자료원장이 그만큼 '정치적으로' 중요하지 않은 자리인 때문이라는 것은 맞는 것 같다. 가장 결정적인 것은 유인촌 장관의 개인적인 판단이었다. 하지만 아무리 이전부터 아는 사이였거나 어떤 다른 뜻이 있다 해도 영상자료원이 영화진흥위원회처럼 '정치적으로' 중요한 기관이라면 달랐을 것이다.

3년 임기 가운데 1년 반이 지났을 때 정권이 바뀌었다. 예상했던 일이지만 그것이 내 임기와 관련된 일이 되리라고 예상하지 않았었다. 기관장 퇴출 문제가 주요 뉴스였던 2008년에는 일간지들에 이따금씩 내가 사퇴 거부자로 분류돼 있는 기사가 실렸지만 정작 내게 직접적인 사퇴 압력은 없었다. 실무 라인도 나를 보호해준 것 같고 장관의 뜻도 작용한 것 같다. 내가 처음 사퇴 요구를 받은 것은 2009년 2월 말이었다. 문화부의 한 간부가 만나자고 했고, "결심만 서면 즉시" 정리해줄 것을 요청했다. 내 임기는 9월까지였다. "이제 문화부도 새롭게 출발하려 하고 있고 영상자료원도 변화의 계기가 필요하다"는 요지였다. 나는 "내가 와서 예산도 두 배 이상 늘렸는데 영상자료원에 변화의 계기가 필요하다는 건 동의할 수 없다. 사표는 낼 수 없으니 해임해달라. 정기감사 결과를 잘 들여다보면 직무태만이나 그런 사유를 찾아낼 수 있을 것"이라고 대답했다. 하지만 마음은 바로 정리했다. 문화부에서 신호가 온 이상 일해나가기는 힘들어진 것이다.

머칠 뒤 장관실에 면담을 요청했다. 나는 "5월에 부에노스 아이레스의 국제영상자료원연맹 총회까지 하고 마치고 싶다. 그 사이에 후임자를 뽑으면 될 것 같다"라는 의사를 밝혔고 장관은 그러자고 했다. 그는 내게 사퇴 권고한 것을 사후에 보고받았다고 했다. 다음 주에 나는 우리 실무진에 후임원장 공모를 위한 준비를 시켰고 준비절차가 진행 중이었는데 문화부에서 일단 중지해달라고 요청해왔다. 유인촌 장관은 전화를 해서 하던 일 마무리하고 그냥 임기 마치라고 했다. 나중에 부에노스 아이레스 출장에서 돌아오자마자 나는 장관에게 사퇴 의사를 밝히고 후임자 인선을 부탁했는데 그는 만류했다.

내가 저널리스트 입장으로 다시 돌아와 객관적으로 평한다면, 유인촌 장관은 정치적인 문제에 대해 가끔 이중적인 태도를 취하기는 하지만 열정적이고 유능한 인물임에 틀림없다. 그는 기관장 물갈이의 주역으로 강성 이미지가 각인되었지만, 매파 정치인이 되기엔 유연하고 상식적인 심성이 많이 남아 있다. 하지만 정권의 첫 장관에게 주어지는 막대한 권한이 상식의 힘을 흔들 때도 많은 것 같고 또 일단 정치논리 한가운데 몸을 던진 이상 권력의 의지가 앞으로 그를 어떻게 바꿔놓을지 알 수 없다.

어쨌든 유인촌 장관은 본인이 의도했든 의도하지 않았든 기관장 강제 퇴출 정책의 총대를 멘 셈인데, 이명박 정부의 다른 정책들은 내가 말할 자격도 정보도 없지만 기관상 퇴출 문세에 대해시민은 한마디 하지 않을 수 없다.

정부 산하기관의 기관장은 지금 임기제에 공모하도록 돼 있다. 1980년대까지만 해도 청와대가 어제 군복 벗은 퇴역군인들을 각종 공기업, 공공기관의 장으로 줄줄이 내려 보내고, 아무런 전문지식이나 네트워크도 없는 이들이 하루아침에 특정 부문의 책임자가 되어 쥐락펴락하다가 금세 더 좋은 자리로 옮겨 가고 그랬는데, 그게 불과 10~20년 전까지 우리 정치현실이었다. 그에 비하면 기관장 임기제와 공모제는 민주적이고 실용적이다. 공모제를 통해 기관장 후보의 자격과 실력을 검증하는 절차, 그리고 기관장이 어떤 장기적인 비전을 가지고 계획을 하고 실행에 옮길 수 있도록 보장하는 3년 임기, 아주 합리적인 시스템이다. 이 제도는 2003년 정부 산하기관 관리 기본법, 그리고 2007년 공공기관 운영에 관한 법률 제정을 통해 점차 체계를 갖추게 되었다. 건국 60년이라 하지만 공공기관장 문제에 관한 한 이제 비로소 하나의 합리적인 시스템에 도달한 셈이다.

이번 정부가 그 법을 존중했으면 이 시스템은 앞으로 안정적으로 정착해나가게 됐을 것이다. 하지만 새 정부는 출범 1년 만에 임기와 상관없이 정부 산하기관 기관장의 99퍼센트를 교체했다. 내가 뛰어난 업무 능력 때문에 남게 된 게 아닌 것처럼, 중도하차한 기관장들이 모두 그럴 만한 비리를 저질렀거나 무능했다고는 생각하지 않는다. 기관장 일괄 퇴출 정책은 당장의 후유증보다도 가까스로 구축한 합리적인 시스템을 한방에 무너뜨렸다는 점에서 더 문제다.

나는 정권을 인수한 측의 입장도 이해한다. 빨리 정부 부처와 공공기관을 장악해서 새 정부의 국정 철학을 관철시키고 싶을 것이고 또 인적 청산으로 새 정부에 충성하는 네트워크를 만들고 선거 공신들에게 자리도 나눠줘야 하는 것이다. 정부 부처는 조직 개편과 인사로 곧바로 판을 새로 짜면 되는데, 공공기관은 기관장이 모두 공모로 뽑혔고 임기를 보장한다고 돼 있으니 간단치 않다. 이 대목에서 이명박 정부는 임기 불문하고 다 쓸어내는 쪽을 택했다.

정부가 바뀌면 정책을 바꾸는 건 당연하지만, 법제도가 허용하는 범위 내에서, 절차를 존중하면서 해야 한다. 어차피 대통령 임기는 5년이고 기관장 임기는 3년이다. 기관장 임기가 많이 남았든 적게 남았든 정권보다 먼저 끝나게 마련이라 새 정권이 자기 손으로 기관장을 교체하고 기관을 손볼 수 있게 돼 있다. 그러니 못마땅하더라도 그 기관장을 파트너로 해서 조정하고 타협하면서 일을 추진해 나가야 하는 것이다. 임기가 너무 많이 남았고 정치적으로 타협도 안 되는 기관장의 경우, 교체할 수 있는 합법적인 통로도 있다. 지금 공공기관 운영에 관한 법률은 기관장이 3년 임기 아래 1년 단위로 재계약하도록 돼 있고 경영평가 결과에 따라 해임시킬 수도 있게 돼 있다. 그런 적법한 수단이 있음에도 정부는 그쪽을 택하지 않았다. 권력을 인수한 쪽 정서로는 그게 너무 감질나고 답답한 방식이었을 것이다. 그래서 절차 무시하고 법제도 무시하고 게임의 룰 무시하고 지금, 당장, 모조리 끝장내는 쪽으로 갔는데, 권력도 법제도 아래 있고 그래서 함부로 못하는 것이 있어야 한다. 권력으로 못하는 게 없으면 그것이 파시즘이다.

이제 앞으로 어떻게 될 것인가. 대통령 바뀔 때마다, 또는 집권당이 바뀔 때마다, 공공기관장들을 일괄 교체할 것인가. 공공기관장 임기도 5년으로 해서 대통령하고 생사를 함께하도록 법을 바꾸지 않는 다음에야 정권교체기에 일대 혼란이 일어날 것이다. 내 후임 영상자료원장은 차기 대통령 선거 3개월 전에 임기가 끝난다. 그 후임자를 뽑는다고 공고를 내도 대통령 임기 말에 누가 지원하려 들까. 그러면 새 정권 출범 때까지 기다릴 것인가. 나는 왜 그렇게 들 무리를 하는지, 지자체나 기업체도 아니고 국가 단위에서 왜 그렇게 일처리를 하는지 이해할 수 없다. 시스템을 한번 파괴하면 당장의 피해자는 남들이지만 나중에는 자신들도 시스템의 보호를 받지 못하게 된다.

지금 대통령제 자체가 바뀔 수도 있는 상황이긴 하지만 어쨌든 지금대로라면, 이제 한국도 미국처럼 정권이 대략 보수와 진보 정당 사이를 5년이나 10년 단위로 좌우왕복하는 시대에 접어들었다. 최소한 군사독재 단계는 넘어섰으니 이제 민주주의 발전은 정권이동에 익숙해지는 것, 정권교체가 자연스러워지는 것, 전 정권의 업적은 수용하고 문제점을 혁신해나가는 것, 그 변증법적 시너지 여부에 달려 있다.

정치라는 것이 어차피 권력투쟁인데, 선량하기를 기대하지 않는다. 위선만 해도 미덕이다. 막후에서 어떤 음모와 공작을 벌이든, 겉으론 룰을 따르면서 공명정대하고 세련돼 보이려 하는 것, 룰을 깨거나 부도덕하게, 폭력적으로 보이는 것은 극구 피하려는 것, 그런 위선의 미덕만 지켜져도 지금보다는 낫다고 생각한다.

7. 이제 소설을 잘 써보리라

처음 영상자료원에 오게 되었을 때 〈올드미스 다이어리〉를 방금 찍다 온 것 같은 짓궂은 여자 선배들이 내게 기대에 가득 찬 시선을 보냈다. "이제 미남배우들 소개팅 시켜줄 거지?" 나는 "물론!" 하고 대답했다. "최무룡, 허장강, 박노식, 뭐 그런 배우들인데 괜찮아?" 한 선배가 다시 물었다. "장동건은 안 돼?" 나는 이렇게 내답했나. "장동건은 안 되고 장동휘는 되지."

나는 지난 3년의 영상자료원 일이 대체로 즐거웠다. 여기 일 자체도 재미있었고, 예산투쟁이 스트레스 쌓이긴 했지만 흥미롭기도 했고, 공공부문 내부에서 그 메커니즘을 경험해본 것도 유익했다. 더구나 정권교체기의 공무원 사회, 그 진풍경도 구경했다.

나는 영상자료원에 와서 첫 인사말에서 3년이 처음이자 마지막 공직이며 유임에 대한 생각도, 이 자리를 딛고 어디 딴 데로 건너뛸 생각도 애당초 없다고 말했었다. 취임사에서부터 꼭 그렇게 결벽을 떨 필요가 있느냐는 타박을 듣기도 했지만, 그게 내 결벽증이다. 기자로, 글 쓰는 사람의 정체성을 가지고 살아온 사람에게 그런 결벽증은 어떤 존재 이유이자 존립 근거와 같은 것이다. 〈한겨레〉를 창간했던 우리 선배들은 지성으로나 능력으로나 도덕성으로나 뛰어난 분들이었는데 대개들 끝까지 지식인 또는 저널리스트의 자리를 지켰다. 나는 그분들에 대한 존경심을 가지고 나이 들어 왔다. 나는 영상자료원에 관한 제안을 받았을 때 가령 〈씨네21〉 만드는 일의 연장선에서 약간 다른, 새로운 어떤 일이라 여기며 받아들였다. 이것을 정치라고도, 권력이라고도 생각하지 않았다.

공직이라고는 해도 비교적 자유롭고 지적이고 문화적인 일이었지만 그것도 일종의 공공부문 시집살이라 3년이 끝나니 어떤 해방감이 밀려온다. 단순히 불리석인 섯만은 아닌데, 무엇보다 이제 저널리스트 또는 소설가로서 표현의 자유를 되찾게 된 데서 오는 것이다.

이제 당장의 일은 여기 오기 전에 준비하던 소설을 쓰는 것이다. 어떤 역사 공간이 배경이라 3년 전에 20권쯤의 책을 읽었는데 모두 다시 읽어야 한다는 게 가장 괴로운 일이다. 내 두뇌는 용량도 작은데 지난 3년의 업무용 파일들이 과격하게 밀어닥치면서 소설과 관련된 기존의 파일들을 무차별 '덮어쓰기' 해버린 것 같다. 그때는 참으로 흥미진진하게 책들을 읽고 메모도 했는데 황당할 정도로 거의 기억에 남아 있질 않다.

다행인 것은, 소설을 떠나 있는 동안 일간지, 주간지 기자의 조급함으로 소설을 쓰던 예전의 나를 되돌아보게 되더라는 것이다. 그때는 데뷔작을 쓰자마자 쾌속으로 출판했고, 걸작을 썼는데 세상이 몰라준다고 불평했는데, 이제 '데뷔작을 여러 번 고쳐 썼더라면, 데뷔가 더 힘들었더라면 더 나은 소설이 나왔을 텐데' 하는 생각도 할 줄 알게 되었다. 그래서 내가 소설가로서 재능이 있는지 없는지에 대해 고민하는 일은 잠시 접고 최선을 다해서 소설을 한번 써보리라 생각하고 있다.

얼마 전 〈씨네21〉을 보다가 소설가 김연수 씨가 쓴 에세이를 읽게 되었다. 그가 주요 문학상들을 휩쓸면서 일약 문단의 기린아로 발돋움하기 직전의 신인시절, 소설가로 버텨야 하나 취직을 해야 하나 고민하다가 〈씨네21〉 기자모집에 지원했다 한다. 그는 당시

내가 면접을 보면서 감독 이름인 코언의 알파벳 철자 같은 곤란한 질문을 해서 자신을 떨어뜨렸다고 쓰고 있었다. 앞으로 내가 문학상 같은 데 응모하게 될 일이 있을까 싶기는 하지만 혹여 그런 날이 올 때 김연수 씨가 심사를 맡지 않기만을 바랄 뿐이다.

감각의 제국

원제 愛のコリダ

감독 오시마 나기사

각본 오시마 나기사

배우 후지 타츠야, 마츠다 에이코, 나카지
마 아오이

제작년도 1976

상영시간 105분

제작사 Argos Films, Oshima Productions,
Shibata Organisation Inc.

거짓말

감독 장선우

각본 장선우

배우 이상현, 김태연, 전혜진, 최현주

제작년도 1999

상영시간 95분

제작사 신씨네

경마장 가는 길

감독 장선우

각색 하일지

배우 강수연, 문성근, 김보연, 윤일주

제작년도 1991

상영시간 138분

제작사 태흥영화㈜

고래사냥

감독 배창호

각본 최인호

배우 김수철, 이미숙, 안성기, 이대근

제작년도 1984

상영시간 112분

제작사 ㈜삼영필림

과부춤

감독 이장호

각본 임진택, 이장호

배우 박원숙, 이보희, 박정자, 박송희

제작년도 1983

상영시간 108분

제작자 박종찬

귀로

감독 이만희

각본 백결

배우 김진규, 문정숙, 전계현

제작년도 1967

상영시간 90분

제작사 세기상사

꽃잎

감독 장선우

각본 장문일, 장선우

배우 이정현, 문성근, 설경구, 박철민

제작년도 1996

상영시간 101분

제작사 미라신코리아㈜

꿈

감독 신상옥

각본 오영진

제작년도 1967

상영시간 91분

배우 신영균, 김혜정, 양훈, 한은진

제작사 안양필림

꿈

감독 배창호

각본 이명세, 배창호

배우 안성기, 황신혜, 정보석, 최종원

제작년도 1990

상영시간 93분

제작사 태흥영화㈜

나쁜 영화
감독 장선우
각본 장선우, 김수현 외 19인
배우 한슬기, 박경원, 이재경, 장남경
제작년도 1997
상영시간 125분
제작사 ㈜미라신코리아

난장이가 쏘아올린 작은 공
감독 이원세
각본 홍파
배우 전양자, 안성기, 김추련, 금보라
제작년도 1981
상영시간 100분
제작사 한진흥업㈜

너에게 나를 보낸다
감독 장선우
각본 장선우, 구성주
배우 문성근, 정선경, 여균동, 김부선
제작년도 1994
상영시간 109분
제작사 기획시대, 이우영상

들국화는 피었는데
감독 이만희
각본 선우휘
각색 유동훈
배우 신성일, 우연정, 오유경, 이경희
제작년도 1974
상영시간 102분
제작사 영화진흥공사

만다라
감독 임권택
각본 이상현, 송길한

배우 전무송, 안성기, 방희, 기정수
제작년도 1981
상영시간 105분
제작사 화천공사

만추
감독 이만희
각본 김지헌
배우 신성일, 문정숙, 김정철
제작년도 1966
상영시간 미상
제작사 대양영화사

미몽
감독 양주남
각본 최독봉
배우 문예봉, 유선옥, 이금룡
제작년도 1936
상영시간 47분
제작사 경성촬영소

바람난 가족
감독 임상수
각본 임상수
배우 문소리, 황정민, 윤여정, 김인문, 봉
태규, 성지루
제작년도 2003
상영시간 105분
제작사 명필름

바람 불어 좋은 날
감독 이장호
각본 이장호
배우 이영호, 안성기, 김성찬, 임예진
제작년도 1980
상영시간 113분
제작사 ㈜동아수출공사

바보선언

감독 이장호
각본 윤시몬
배우 이보희, 김명곤, 이희성, 김양희
제작년도 1983
상영시간 97분
제작사 ㈜화천공사

반도의 봄

감독 이병일
각본 함경호, 이병일
배우 김소영, 김일해, 서월영
제작년도 1941
상영시간 84분
제작사 명보영화사

병태와 영자

감독 하길종
각본 최인호
배우 손정환, 이영옥, 한진희, 백일섭
제작년도 1979
상영시간 115분
제작사 화천공사

사랑방 손님과 어머니

감독 신상옥
각본 임희재
배우 최은희, 전영선, 김진규, 한은진
제작년도 1961
상영시간 102분
제작사 신필림

삼포 가는 길

감독 이만희
각본 유동훈
배우 김진규, 백일섭, 문숙, 김기범
제작년도 1975
상영시간 95분

제작사 연방영화

서편제

감독 임권택
각색 김명곤
배우 김명곤, 오정해, 김규철
제작년도 1993
상영시간 112분
제작사 태흥영화사

성공시대

감독 장선우
각본 장선우
배우 안성기, 이혜영, 최봉, 정부미
제작년도 1988
상영시간 110분
제작사 황기성사단

성냥팔이 소녀의 재림

감독 장선우
각본 장선우, 인진미
배우 임은경, 김현성, 김진표
제작년도 2002
상영시간 125분
제작사 기획시대

성춘향

감독 신상옥
각본 임희재
배우 최은희, 김진규, 도금봉, 허장강
제작년도 1961
상영시간 107분
제작사 신필림

수절

감독 하길종
각본 한유림, 하길종
배우 하명중, 박지영, 이영옥, 윤일봉

제작년도 1973
상영시간 96분
제작사 화천공사

안개기둥
감독 박철수
각본 김상수
배우 최명길, 이영하, 박정자, 서갑숙
제작년도 1986
상영시간 115분
세작사 황기성사난

애마부인
감독 정인엽
각본 이문웅
배우 안소영, 임동진, 하명중, 하재영
제작년도 1982
상영시간 102분
제작사 연방영화㈜

어둠의 자식들
감독 이장호
각본 이장호
배우 나영희, 안성기, 김희라, 이대근
제작년도 1981
상영시간 100분
제작사 ㈜화천공사

어제 내린 비
감독 이장호
각본 최인호
배우 김희라, 이영호, 안인숙
제작년도 1974
상영시간 102분
제작사 국제영화흥업

연산군
감독 신상옥

각본 임희재
배우 신영균, 김진규, 도금봉, 신성일
제작년도 1961
상영시간 133분
제작사 신필림

예수의 마지막 유혹
원제 The Last Temptation of Christ
감독 마틴 스콜세지
각본 폴 슈레이더
배우 윌렘 데포, 하비 카이텔, 바버라 허시
제작년도 1988
상영시간 162분
제작사 Cineplex-Odeon Films, Universal
    Pictures

오발탄
감독 유현목
각본 이종기, 이이령
배우 김진규, 최무룡, 서애자, 김혜정
제작년도 1961
상영시간 107분
제작사 대한영화사

우묵배미의 사랑
감독 장선우
각본 장선우, 임종재
배우 박중훈, 최명길, 유혜리, 이대근
제작년도 1990
상영시간 114분
제작사 ㈜모가드코리아

월하의 공동묘지(기생월향지묘)
감독 권철휘
각본 권철휘
배우 강미애, 박노식, 도금봉, 정애란, 허
    장강, 황해
제작년도 1967

상영시간 89분
제작사 제일영화주식회사

자유부인
감독 한형모
각색 김성민, 이청기
배우 김정림, 박암, 노경희, 주선태
제작년도 1956
상영시간 124분
제작사 삼성영화사

조선해협
감독 박기채
각본 조세천운
각색 일본
배우 김신재, 문예봉, 남승민, 독은기
제작년도 1943
상영시간 75분
제작사 조선영화

증언
감독 임권택
각본 김강윤
배우 김창숙, 신일용, 박지훈
제작년도 1973
상영시간 125분
제작사 영화진흥공사

지원병
감독 안석영
각본 안석영
배우 최운봉, 이금룡, 문예봉, 김일해
제작년도 1941
상영시간 56분
제작사 동아영화사

집없는 천사
감독 최인규

각색 니시가메 모토사다
배우 김신재, 이욱하, 김일해
제작년도 1941
상영시간 73분
제작사 고려영화협회

짝코
감독 임권택
각본 송길한
배우 김희라, 최윤석, 방희, 김정란
제작년도 1980
상영시간 110분
제작사 ㈜삼영필림

청춘의 십자로
감독 안종화
각본 안종화
배우 이원용, 신일선, 박호, 김연실
제작년도 1934
상영시간 미상
제작사 금강키네마사

춘몽
감독 유현목
각본 김한일
배우 신성일, 박수정, 박암
제작년도 1965
상영시간 100분
제작사 세기상사주식회사

춘향
감독 김수용
각본 임희재
배우 홍세미, 신성일, 박노식, 윤인자
제작년도 1968
상영시간 130분
제작사 세기상사주식회사

춘향뎐

감독 임권택
각본 김명곤, 강혜연
배우 이효정, 조승우, 이정현, 김성녀
제작년도 2000
상영시간 136분
제작사 태흥영화㈜

춘향전

감독 홍성기
각본 유두연
배우 김지미, 신귀식, 김동원, 양미희
제작년도 1961
상영시간 110분
제작사 홍성기프로덕션

7인의 여포로

감독 이만희
각본 한우정
각색 이만희
배우 문정숙, 이민자, 구봉서, 유계선
제작년도 1965
상영시간 미상
제작사 합동영화주식회사

카인의 후예

감독 유현목
각본 이상현
배우 김진규, 문희, 박노식, 장동휘
제작년도 1968
상영시간 107분
제작사 한국영화주식회사

태양 닮은 소녀

감독 이만희
각본 김원두
배우 문숙, 신성일, 고영수
제작년도 1974

상영시간 76분
제작사 화천공사

파리에서의 마지막 탱고

원제 Ultimo Tango A Parigi
감독 베르나르도 베르톨루치
각본 베르나르도 베르톨루치, 프랑코 아
칼리
배우 말론 브란도, 마리아 슈나이더, 장
피에르 레오
제작년도 1972
상영시간 129분
제작사 Les Productions Artistes Associes,
Produzioni Europee Associati

하녀

감독 김기영
각본 김기영
배우 김진규, 주증녀, 이은심, 엄앵란
제작년도 1960
상영시간 108분
제작사 한국문예영화사, 김기영프로덕션

헨리 밀러의 북회귀선

원제 Henry & June
감독 필립 카우프만
각본 아나이스 닌, 로즈 카우프만, 필립
카우프만
배우 프레드 워드, 마리아 드 메데이로스,
우마 서먼
제작년도 1991
상영시간 131분
제작사 Walrus & Associates

화분

감독 하길종
각본 하길종
배우 하명중, 남궁원, 최지희, 윤소라

제작년도 1972
상영시간 85분
제작사 대양영화

화엄경

감독 장선우
각본 장선우
배우 오태경, 원미경, 이호재, 이혜영
제작년도 1993
상영시간 126분
제작사 태흥영화사

휴일

감독 이만희
각본 백결
배우 신성일, 전지연, 김성옥, 김순철
제작년도 1968
상영시간 73분
제작사 대한연합영화사

찾아보기
작품명

〈꿈〉 192, 238, 240, 242, 244, 245, 247

『꿈』 238

ㄱ

〈감각의 제국〉 62~65, 67, 69

『객지』 16

〈거짓말〉 50, 56~67, 70, 72, 77, 80, 81

〈검은 머리〉 164

〈경마장 가는 길〉 49, 50, 57, 58, 60, 71, 73, 74, 76

〈고래사냥〉 87, 88, 89

〈고려장〉 234, 235

〈공처가 삼대〉 141

『광장』 130, 203

〈구미호〉 253

〈국경〉 31, 269

〈군번 없는 용사〉 151

〈군용열차〉 107, 112, 117, 120, 121, 125, 266

〈귀로〉 155, 157, 161, 162

〈귀여워〉 84, 85

〈길소뜸〉 175, 176

〈김약국의 딸들〉 130, 132

〈깃발 없는 기수〉 175, 177, 182

〈꽃잎〉 49~52, 54, 55, 58, 71, 77, 78

ㄴ

〈나그네는 길에서도 쉬지 않는다〉 25

〈나쁜 영화〉 56~58, 71, 77, 79, 80, 82

〈난장이가 쏘아올린 작은 공〉 9, 21, 203, 206, 209, 216, 218, 220~222

『난장이가 쏘아올린 작은 공』 203~208, 220

「남원고사에 관한 세 개의 이야기와 한 개의 주석」 44

『남한산성』 108

〈내가 설 땅은 어디냐〉 150

『내게 거짓말을 해봐』 59, 62, 78

〈너에게 나를 보낸다〉 60, 71, 78, 79

『너에게 나를 보낸다』 78

〈노랑머리〉 79

〈눈물〉 80

ㄷ

〈다이알 112를 돌려라〉 154

〈도그빌〉 140

〈독립전야〉 122, 123

〈돌아오지 않는 해병〉 129, 146, 148, 159, 162, 164, 165

찾아보기 313